beck'sche reihe

W0053425

b^{sr}

Diese Länderkunde beschreibt umfassend und allgemeinverständlich das Land an der Schnittstelle von Orient und Okzident. Die Autoren bieten einen kompakten Überblick über die Geographie dieses «Subkontinents» sowie über die lange, kulturell höchst vielfältige Geschichte der Türkei von der ersten Besiedlung bis zur Gegenwart und informieren über Politik und Wirtschaft, Gesellschaft und Kultur der modernen Türkei. Ein eigenes Kapitel ist den innenpolitischen Problemfeldern gewidmet: der Politik gegenüber Minderheiten wie Kurden, Alewiten, christlichen und jüdischen Gemeinden sowie der politischen Rolle des Islam. Zur Sprache kommt auch das außenpolitische Spannungsfeld, in dem sich die Türkei befindet: als Teil der islamischen Welt und als Verbündeter der USA und Israels, als Partner der zentralasiatischen Turkstaaten und auf dem Weg zur EU-Mitgliedschaft. Unentbehrlich für alle, die sich knapp und auf dem neuesten Stand über den östlichen Nachbarn Europas informieren wollen.

Günter Seufert, Dr. phil., geb. 1955, arbeitet als Autor und Journalist in Istanbul und lehrt als Gastprofessor an der Cyprus University in Nikosia. Sein bei C. H. Beck erschienenes Buch *Café Istanbul* (2. Aufl. 1999) wurde von der Presse als «das beste deutsche Buch zum Verständnis der Türkei von heute» gelobt *(Der Tagesspiegel)*.

Christopher Kubaseck, geb. 1962 in Istanbul, Journalist und Übersetzer in Istanbul. Er hat u. a. einen Reiseführer «Türkei» verfaßt (mit C. K. Neumann, 1998).

Günter Seufert
Christopher Kubaseck

Die Türkei

Politik,
Geschichte,
Kultur

Verlag C. H. Beck

Für Joshua

Mit 10 Abbildungen und 5 Karten

Originalausgabe

© Verlag C. H. Beck oHG, München 2004
Gesamtherstellung: Druckerei C. H. Beck, Nördlingen
Umschlagbild: Moscheen in Istanbul, © J. Strachan/Robert Harding
Umschlaggestaltung: + malsy, Bremen
Printed in Germany
ISBN 3 406 51110 4

www.beck.de

Inhalt

Verzeichnis der Karten

Zur Aussprache türkischer Namen und Begriffe

Mit Ausnahme der folgenden Buchstaben werden alle Zeichen des türkischen Alphabets wie diejenigen des deutschen ausgesprochen:

c   *dsch* wie in «Dschungel»

ç   *tsch* wie in «Tscheche»

ğ   zwischen *a, ı, o* und *u* wie das deutsche Dehnungs-*h*, zwischen *e, i, ö* und *ü* wie das deutsche *j*

h   im Anlaut wie das deutsche *h*, im Auslaut wie das *ch* in «Bach»

ı   *i* ohne Punkt, wie das unbetonte *e* in «b*e*-enden»

j   stimmhaftes *sch* wie in «Garage»

s   stimmloses *s* wie in «aus»

ş   stimmloses *sch* wie in «scharf»

v   immer wie das *w* in «Wasser»

y   wie das *j* in «jeder»

z   stimmhaftes *s* wie in «Sonne»

Vorwort

Ein Buch über die Türkei zu schreiben, ist eine Gratwanderung. Nur wenige Länder evozieren so viele Bilder, Eindrücke und Emotionen wie die Türkei, und vielleicht sind diese Bilder, Eindrücke und Emotionen bei keinem Land so unterschiedlich, ja gegensätzlich wie hier. Ein Grund dafür ist die nahe Ferne, in der sich die Türkei zu uns befindet. Sie ist fern genug, um fremd zu sein, und nah genug, um einiges von ihr zu wissen. Das meint zunächst die räumliche Nähe, die in der Vergangenheit Kriege ermöglicht hat und heute den Wochenendtrip nach Istanbul erlaubt. «Nahe Ferne» zielt darüber hinaus auf die Präsenz von Türken in Europa, mit Berlin als der größten «türkischen Siedlung» außerhalb der Türkei und mit Nordrhein-Westfalen als der Region mit der dynamischsten türkischen Business-Community im Ausland. Aber auch im Hinblick auf Mentalität und Kultur sind wir der Türkei fern und nah zugleich. Der Islam als eine monotheistische Religion ist uns nicht völlig fremd, aber andererseits umgibt ihn die Aura des Exotischen, schwer Verständlichen, ja geradezu Gefährlichen. Vertraut scheinen uns an der Türkei die republikanische Verfassung mit ihren positiven Seiten wie politischer Teilhabe und Gewaltenteilung sowie der moderne Nationalstaat – selbst noch mit seinen negativen Seiten wie Nationalismus und Intoleranz. Andererseits war der türkische Staat Europäern wegen der bedeutenden Rolle des Militärs und der Politik gegenüber Minderheiten lange Zeit suspekt.

Die Dichte und Widersprüchlichkeit der Assoziationen zur Türkei haben freilich auch viel mit dem Land selbst zu tun, mit seiner Geschichte und nicht zuletzt mit dem grundlegenden Wandel in den letzten fünf oder zehn Jahren. Fast zweihundert Jahre lang verbanden Europäer mit der Türkei primär Probleme. Im

19. Jahrhundert bildete das immer schwächer werdende Osmanische Reich den Kern der «Orientalischen Frage», wie der «kranke Mann am Bosporus» am Leben erhalten werden könne, damit Rußland der Weg zum Mittelmeer versperrt und das Kräftegleichgewicht in Europa erhalten bliebe. Im Zeitalter der Nationalstaaten galten die Osmanen als Bedrücker der Völker auf dem Balkan. Im Ersten Weltkrieg setzten sie auf die deutsche – und damit auf die falsche – Karte, und ihr Reich wurde liquidiert. Zwar brachten die Gründung der modernen Republik und die Verwestlichung dem Land zwischen den Weltkriegen große Sympathien ein, doch nach dem Zweiten Weltkrieg traten wieder die dunklen Seiten in den Vordergrund: mangelnde Wirtschaftlichkeit, hohe Verschuldung, politische Instabilität und alle zehn Jahre ein Putsch des Militärs. Die türkischen Regierungen standen den Herausforderungen eher hilflos gegenüber, und ihre Politik verursachte eher neue Sorgen, als daß sie alte löste. Ein Heer von Arbeitsmigranten suchte sein Glück in Europa. Der Wunsch der Kurden nach kultureller Anerkennung wurde gewaltsam unterdrückt, und ihre Siedlungsgebiete blieben wirtschaftlich zurück. In der Abwehr kurdischen Protests und linker Politik gewann die Türkei das Ansehen eines Polizei- und Folterstaats. Auch mit dem Islam tat sich der oberflächlich verwestlichte Staat schwer. Eine islamistische Partei nach der anderen wurde verboten, und doch konnte nicht verhindert werden, daß 1996 ein Islamist Ministerpräsident wurde. Außenpolitisch gelang die Integration in die NATO und in das europäische Staaten- und Sicherheitssystem. Doch die Besetzung Nordzyperns führte erst zur Verstimmung mit den USA und behinderte dann den Weg der Türkei nach Europa.

Verglichen mit dieser Negativbilanz steht die Türkei seit wenigen Jahren ganz anders da. Die Aussicht auf Mitgliedschaft in der Europäischen Union hat die Reformer beflügelt und Teile der Elite für eine liberalere Politik gewonnen. Mehrere Änderungen der Verfassung, des Zivil- und des Strafrechts sowie einer Reihe anderer Gesetze haben die politischen Freiheiten ausgeweitet und Rechtsstaatsgarantien verstärkt. Der von Terror und Gegenterror geprägte Aufstand der kurdischen PKK ist vorbei, die kurdische Identität wurde öffentlich und offiziell anerkannt, und endlich werden kulturelle Rechte gewährt. Nach mehreren Krisen boomt heute die türkische Wirtschaft und hat weit über dem EU-Niveau liegende Wachstumsraten. Die Inflation ist auf dem niedrigsten Stand seit Jahrzehnten, und erstmals seit langem hat die Bevölkerung wieder Vertrauen in die Zukunft. Auch der Streit mit dem politischen Islam ist weitgehend beigelegt. In der muslimisch-konservativen Regierungspartei von Ministerpräsident Recep Tayyip Erdoğan trommeln ehemalige Islamisten für Europa und legen eine bislang unbekannte Reformdynamik an den Tag. Schon betrachten die USA und Teile der EU die Türkei als *das* Modell für die Versöhnung von Islam und Moderne und als Beweis dafür, daß man Demokrat werden und dabei Muslim bleiben kann. Nach dem 11. September und der rapiden Verschlechterung des Klimas zwischen «der Islamischen Welt» und «dem Westen» ist diese Botschaft besonders wichtig. Auch außenpolitisch hat sich das Land aus Sackgassen befreit. Die Türkei hat im Nordirak nicht interveniert, und auf Zypern hat sie den Wünschen der UN und der internationalen Staatengemeinschaft zur Vereinigung der Volksgruppen entsprochen. In Abstimmung mit Ankara stimmten die türkischen Zyprioten in großer Mehrheit für den Plan von UN-Generalsekretär Kofi Annan und zeigten sich zum Zusammengehen mit der griechischen Seite und zur Vereinigung der Insel bereit. In nur zehn Jahren hat sich die Türkei von einer Problemregion zum ernsthaften Kandidaten für die EU-Mitgliedschaft entwickelt. Das vorliegende Buch soll die historischen Voraussetzungen und die Dynamik dieses Wandels vor Augen führen. Wir hoffen, daß uns das zumindest teilweise gelungen ist.

Für wertvolle Unterstützung danken wir dem Institut der Deutschen Morgenländischen Gesellschaft in Istanbul, das uns seine Bibliothek und einen Arbeitsraum zur Verfügung stellte. Die Karten sind das Werk von Dr. Harald Schüler aus Nürnberg, dem wir ebenfalls herzlich danken. In Dr. habil. Christoph Schroeder, Universität Osnabrück, und Dieter Bednarz von der Auslandsredaktion des SPIEGEL hatten wir erste fachkundige Leser, die uns wertvolle Hinweise gaben. Fehler und Unzulänglichkeiten gehen allein auf unsere Rechnung.

Nikosia und Istanbul
im Mai 2004 *Günter Seufert & Christopher Kubaseck*

1. Fast ein Subkontinent – das Land

Auf dem Höhepunkt seiner Ausdehnung vereinte das Osmanische Reich Teile Asiens, Europas und Afrikas. Nach dem Ersten Weltkrieg und dem Befreiungskrieg blieb der Türkei lediglich Anatolien, und mit Ost-Thrakien auch ein kleiner Zipfel Europas. Und doch kann man das Kernland Anatolien fast als Subkontinent bezeichnen: Umringt vom Schwarzen Meer, dem Marmarameer, der Ägäis und dem östlichen Mittelmeer erstreckt sich die Türkei in nord-südlicher Richtung auf einer Länge von 500–600 km, von Westen nach Osten sind es etwas mehr als 1500 km. Dabei weist das Land vielfältige Klimazonen auf, die von den gemäßigten Breiten des Schwarzmeers im Norden über die vom Kontinentalklima beeinflußten Plateaus der zentralanatolischen Hochebene bis hin zu den subtropischen Küsten des Mittelmeeres im Süden reichen. Auch in west-östlicher Richtung könnten die Gegensätze kaum größer sein: Dem milden mediterranen Klima der Ägäis folgt das halbtrockene Steppenklima Zentralanatoliens, und im östlichen Landesteil mit dem unwirtlichen Hochgebirge Ostanatoliens verschärfen lange und schneereiche Winter die ohnehin schwierigen Lebensbedingungen. Herrschen im südlichen Antalya selbst im Winter milde Tagestemperaturen von 10–15° Celsius vor, so weist Kars im Nordosten des Landes eine Jahresdurchschnittstemperatur von lediglich 4,1° Celsius bei immerhin 183 Frosttagen im Jahr auf. Ebenso gegensätzlich stellt sich die Verteilung der Niederschlagsmengen dar: Fallen in der ringsum von hohen Gebirgsketten umschlossenen zentralanatolischen Hochebene geringe 300–500 mm Regen pro Jahr, so erreicht das am nordöstlichen Schwarzmeergebiet gelegene Küstengebiet bei Rize einen Jahresdurchschnitt von über 2000 mm.

Bestimmend für die vielfältigen Klimazonen des Landes sind neben der geographischen Lage der Landesteile vor allem die Faltengebirge, die Anatolien auf allen vier Seiten umschließen und bereits in direkter Nähe der Küste Höhen von über 3000 m erreichen können. Sie behindern nicht nur einen Temperaturausgleich durch das Meer, sondern bringen auch die Wolken zum Abregnen und bedingen hierdurch das semiaride Klima Zentral- und Ostanatoliens. Zusätzlich sorgt der insgesamt gebirgige Charakter des Landes – die durchschnittliche Höhenlage beträgt 1130 m – für ein relativ rauhes Klima.

97 Prozent der Türkei entfallen auf das asiatische Anatolien, und nur 3 Prozent auf das europäische Ost-Thrakien. Mit einer Fläche von 770 000 km² ist das Land mehr als dreimal so groß wie die alte Bundesrepublik Deutschland. Wie Spanien zwischen dem 36. und dem 42. Breitengrad gelegen, weist die Türkei jedoch eine erheblich größere Anzahl von Nachbarn und Landgrenzen auf: Die Grenze zu Syrien ist 877 km lang, die zu den ehemaligen Sowjetrepubliken Georgien und Armenien 610 km, zu Iran 454 km, zum Irak 331 km, zu Bulgarien 269 km und die zu Griechenland 212 km. Die Küstenlänge des Festlandes beträgt 7 205 km.

Geographische Konstanten

Die Auswirkungen des zerklüfteten Bodenreliefs auf die Landwirtschaft sowie auf die verkehrstechnische Erschließung des Landes lassen sich leicht ausmalen. Verschärft wird dieses Problem zusätzlich durch die steilen Faltengebirgsgürtel (Pontisches Gebirge im Norden und Taurus im Westen und Süden), die die starre Masse der zu Hochebenen abgeflachten Grundmassive im Innern des Landes umschließen. Diese sind selbst wiederum in mehrere Blöcke von Grundgebirgen geteilt, an deren Grenzen Längsbrüche entstanden, welche durch gegensätzliche tektonische Bewegungen für die hohe Erdbebenhäufigkeit im Lande verantwortlich sind. Der bedeutendste dieser Längsbrüche ist die große nordanatolische Lateralverschiebungsachse, die sich vom südöstlichen Bingöl ausgehend am südlichen Rand des Pontischen Gebirges über Bolu, Düzce und Adapazarı bis in die nördliche Ägäis erstreckt, dabei das Marmarameer in west-östlicher Richtung durchschneidet und dadurch auch die größte Stadt des Landes, Istanbul, gefährdet. Am 17. August 1999 forderte denn auch ein Erdbeben im Marmaragebiet etwa 40 000 Opfer. Kleinere parallel verlaufende Längsbrüche weiter südlich können ebenso verheerende Erdbeben auslösen. Im Süden der Türkei bedrohen dagegen Verwerfungsgräben in nord-südlicher Richtung das zentrale Mittelmeergebiet sowie die Region Adana.

Eine Vorzugslage weisen *Thrakien*, die *mittlere Ägäis* und die *Beckenebenen Zentralanatoliens* auf. Dort dominieren nur schwach zerschnittene Flächenreliefs mit geringen Höhenunterschieden von 50–150 m, die in Thrakien (Tal der Maritza) und der mittleren Ägäis (Täler des Bakırçay und Gediz sowie des kleinen und großen Menderes) zusätzlich durch großflächige und sehr fruchtbare Schwemmlandebenen ergänzt werden. Eine Vielzahl kleinerer und größerer Gebirgsschwellen zerteilt die Ebenen der Ägäis (Boz Dağı und Aydın Dağları) und Zentralanatoliens (Sultan Dağı, Emir Dağı, Murat Dağı und ihre Ausläufer), die jedoch vor allem durch Flußtäler verbunden sind. Inneranatolien wird durch ein über 100 000 km² großes abflußloses Gebiet geprägt. Seine Lehmböden zählen durch mittlerweile vielerorts vorhandene künstliche Bewässerung zu den fruchtbarsten des Landes.

Die sanft abgedachten und ohnehin nur zu mittleren Höhen aufsteigenden Gebirge der mittleren Ägäis stellen für Kultur und Verkehr nur geringe und leicht überwindbare Hindernisse dar. Dagegen ist der *Südwesten der Türkei* wesentlich stärker zerklüftet. Vor der Anlage der modernen Küstenstraßen waren hier die auf relativ kleinen Schwemmlandebenen liegenden Siedlungsgebiete vorwiegend auf die Küstenschiffahrt angewiesen. Die spärliche Besiedelung der dort unmittelbar an der Küste aufsteigenden Hochgebirge (Boncuk Dağları, Ak Dağı, Bey Dağları) zeugt von der Unwirtlichkeit und Unzugänglichkeit der Gebirgslandschaften des Hinterlands zwischen Bodrum und Antalya. Die Bucht von Antalya und die für ihre Baumwolle berühmte Çukurova im

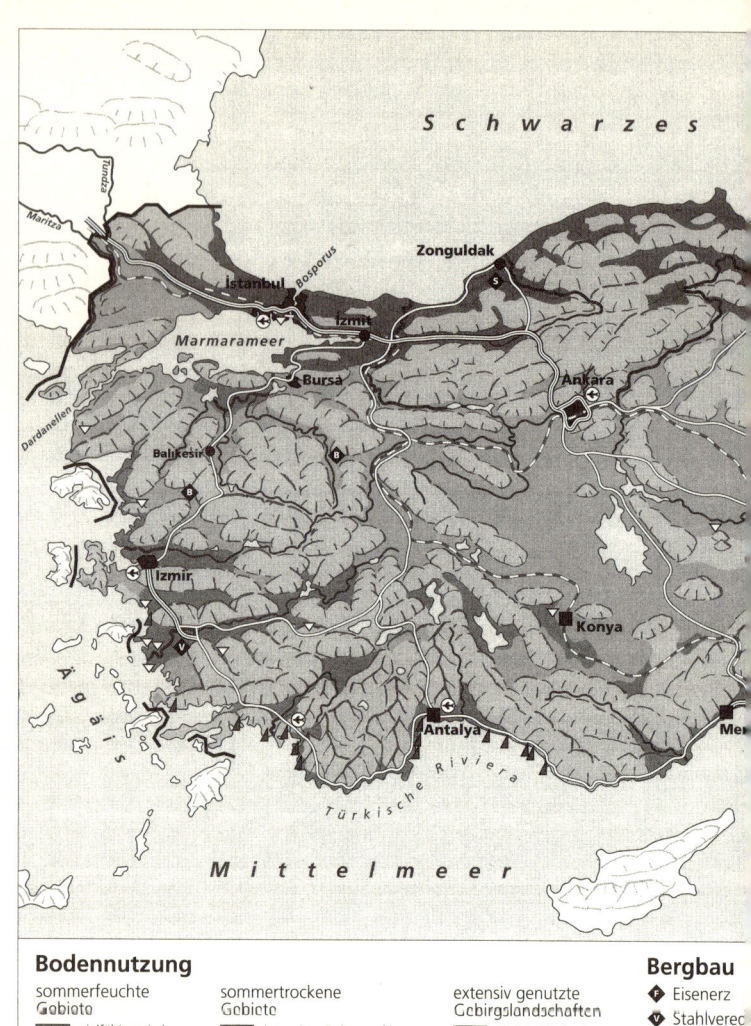

Bodennutzung

sommerfeuchte Gebiete

■ vielfältiger Anbau (Tee, Zitrusfrüchte, Haselnüsse, Tabak, Mais, Gerste, Weizen)

sommertrockene Gebiete

■ intensiver Anbau auf bewässerten Flächen (Baumwolle, Zitrusfrüchte, Tabak)

■ extensiver Anbau (Wein, Oliven, Feigen, Weizen, Gerste)

extensiv genutzte Gebirgslandschaften

□ Wald, Weidewirtschaft, Hochgebirge

Bergbau

◆ Eisenerz

◆ Stahlverec

◆ Steinkohle

◆ Braunkohl

◆ Kupfer

Landschaft und Wirtschaft in der Türkei: (nach Geografie heute, Heft 188/2001, Beihefter. S.II)

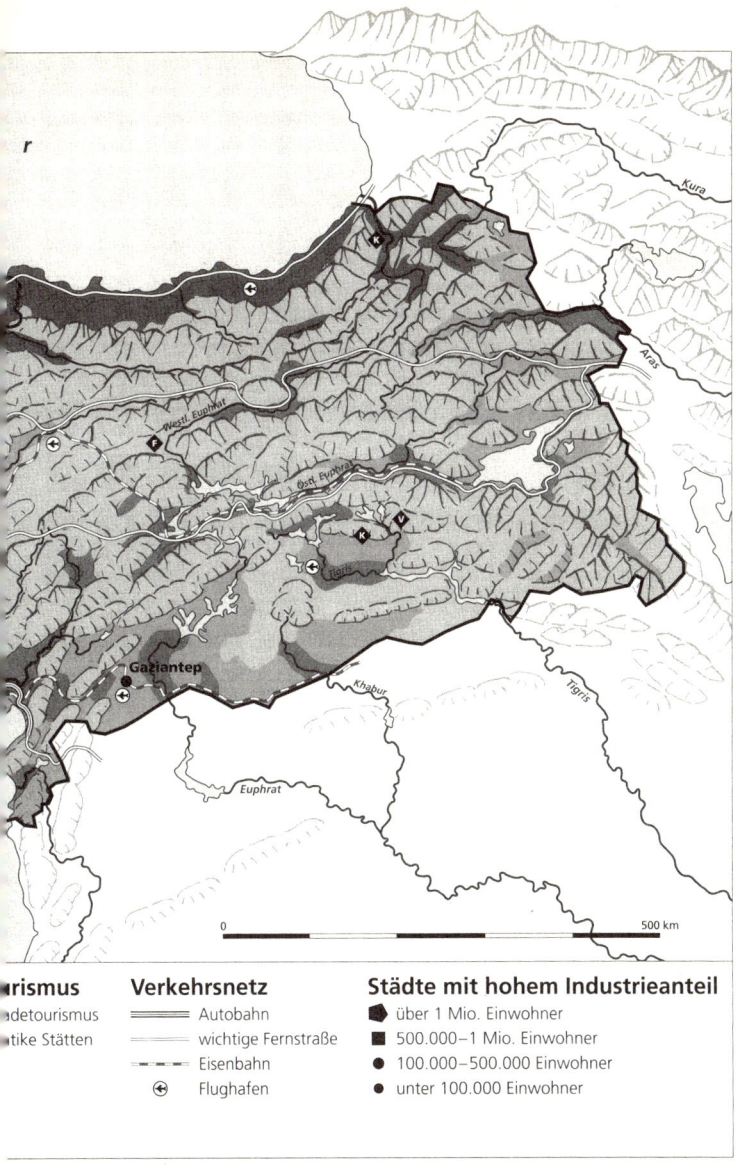

	Verkehrsnetz	Städte mit hohem Industrieanteil
rismus	**Verkehrsnetz**	**Städte mit hohem Industrieanteil**
detourismus	═══ Autobahn	🔴 über 1 Mio. Einwohner
tike Stätten	══ wichtige Fernstraße	■ 500.000–1 Mio. Einwohner
	▬ ▬ Eisenbahn	● 100.000–500.000 Einwohner
	✈ Flughafen	• unter 100.000 Einwohner

Großraum Adana sind die Hauptebenen an der *türkischen Südküste*. Sie werden getrennt vom zentralen südlichen Taurus, der zwischen Alanya und Silifke direkt bis an die Küste reicht. Während die Bucht von Antalya über ein halbes Dutzend Pässe mit dem südanatolischen Seengebiet verbunden ist, verfügt die Çukurova mit der Kilikischen Pforte zwischen den Massiven Bolkar Dağı und Ala Dağı nur über einen einzigen natürlichen Zugang zum zentralen Innenland.

In Ostanatolien dagegen finden sich lediglich eine Reihe recht kleiner Hochebenen wie diejenigen von Muş, Malazgirt, Iğdır und Van. Sie sind zwischen dem bis zu 4000 m ansteigenden Osttaurus, einer Reihe von Vulkanmassiven wie dem Süphan Dağı, dem Nemrut Dağı und dem Ararat (5167 m) eingelagert.

Etwa 1100 km lang und 150–200 km breit erstreckt sich das Pontische Gebirge vom Westen des Landes bis nach Osten. Bereits bei Kastamonu erreicht es eine Höhe von 2500 m (Ilgaz Dağları), um im Kaçkargebirge bei Rize auf fast 4000 m anzusteigen. Durchbrochen von den Flußtälern des Kızılırmak und des Yeşilırmak, die bei Bafra und Samsun fruchtbare Schwemmlanddeltas ausgebildet haben, riegelt das Pontische Gebirge das klimatisch bevorzugte, jedoch durch einen geringen Anteil an Flachland benachteiligte *Küstengebiet des Schwarzen Meeres* vom Hinterland ab. Nur wenige, erst in jüngster Zeit gut ausgebaute Paßstraßen verbinden das *östliche Schwarzmeergebiet* mit dem ostanatolischen Hochland.

Den Charakter einer Mittelgebirgslandschaft trägt dagegen das *Marmaragebiet* mit seinen Küstenlandschaften am Marmarameer, dem Bosporus und dem İzniksee. An den Seen Manyas und Uluabat finden sich zudem fruchtbare Schwemmlandebenen.

Die Türkei besitzt auch eine ganze Reihe stattlicher stehender Gewässer, dessen größtes, der Van-See, die sechsfache Größe des Bodensees erreicht. Der Tuz Gölü mit 1624 km² Fläche, doch lediglich 2–3 m Tiefe ist einer der salzigsten Seen der Welt (34 Prozent Salzgehalt). Durch seinen Mineraliengehalt hat er eine hohe wirtschaftliche Bedeutung, da aus ihm fast der gesamte Salzbedarf der Türkei gedeckt werden kann.

Die Verbindung von tektonisch aktiven Gebieten mit karstiger Grundstruktur ist für die hohe Anzahl der türkischen Thermalquellen verantwortlich (mehr als tausend), die vorwiegend in West-, Zentral- und Ostanatolien liegen und seit einigen Jahren auch touristisch im Rahmen von Wellnesskonzepten genutzt werden. Ausgedehnte Karstgebiete haben zahlreiche bisher weitgehend unerforschte Höhlen und unterirdische Flußsysteme ausgebildet, die zum Teil wohl auch das bisher als «abflußlos» angesehene südliche Zentralanatolien entwässern. Aus solchen Systemen speist sich zum Beispiel der stattliche Manavgat-Fluß in der Nähe der Touristenstadt Side, dessen Wasser zur besseren Nutzung ab 2005 mit Hilfe von Tankern nach Israel verkauft werden soll.

Ein bedeutender verkehrspolitischer Nachteil ist die Tatsache, daß das Land aufgrund der starken Jahresschwankungen keinen einzigen schiffbaren Fluß aufweist, obwohl die Flüsse der Türkei durchaus eine beachtliche Länge besitzen. So erreichen Euphrat und Tigris auf türkischem Gebiet eine Länge von 1263 km bzw. 523 km, gefolgt vom Kızılırmak (1182 km) und Sakarya (824 km) sowie dem Seyhan (560 km) und dem Büyük Menderes (529 km).

Der gebirgige Charakter des Landes stellt sich dagegen im Hinblick auf anderweitige Nutzungen der Flüsse durchaus als Vorteil dar. So wird zum Beispiel die Anlage von Stauseen und damit neuer Bewässerungssysteme ermöglicht. Wegen des hohen Gefälles bietet sich auch die Nutzung von Wasserkraft zur Stromerzeugung an. Diese Möglichkeit wird vor allem seit Beginn der achtziger Jahre mit beachtlichen Kapazitätssteigerungen wahrgenommen. Trotzdem überwiegen bei der Erzeugung von Elektrizität bis heute thermische Kraftwerke, die fossile Brennstoffe verbrauchen. So erzeugte die Türkei 2002 12 474 MW durch Wasserkraftwerke und 21 286 MW durch thermische. Dieses Verhältnis wird sich allerdings in den kommenden Jahren deutlich ändern, da das Staatliche Wasserverwaltungsamt der Türkei (DSİ) für die nächste Zukunft eine deutliche Ausweitung der Kapazität der Wasserkraftwerke plant. Bis 2020 sollen Wasserkraftwerke mit einer Leistung von 30 000 MW ausgebaut werden.

Diese Maßnahmen sind in der Tat dringend notwendig. Bereits 1998 verbrauchte das Land insgesamt 75 Millionen Tonnen erdöl-äquivalenter Energieeinheiten (Mtoe), wovon mit 28 Mtoe lediglich 37,3 Prozent aus eigenen Quellen erzeugt werden konnten. Dabei wird der Energiebedarf für das Jahr 2020 auf 318 Mtoe geschätzt. Zur Zeit nutzt die Türkei alternative, erneuerbare Energiequellen wie geothermische Kraftwerke, Windkraftwerke und Biomasse nur in geringem Ausmaß. Dabei bieten die vielen Thermen und die ständigen Winden ausgesetzten Küsten wirtschaftlich rentable Bedingungen für erstere. Sonnenenergie wird auf privater Basis bereits seit ungefähr 20 Jahren in den Küstengebieten in einfacher Form zum Erwärmen des Brauchwassers genutzt.

Von den 28 Mio. ha landwirtschaftlich nutzbarer Fläche müssen 5,5 Mio. ha bewässert werden. Daneben lassen sich natürlich auch auf den durch Niederschläge bewässerten Gebieten mit Hilfe künstlicher Bewässerung erhebliche Ertragssteigerungen erzielen. Das Staatliche Wasserverwaltungsamt konnte 2001 insgesamt 2,3 Mio. ha Fläche bewässern. Eine deutliche Ausweitung dieses Potentials ist mit dem gigantischen Südostanatolienprojekt (GAP) geplant, der Stauung der Flüsse Euphrat und Tigris durch ein System von insgesamt 22 Stauseen. Neben der Gewinnung von zusätzlicher Energie soll das Projekt die Bewässerung von weiteren 1,7 Mio. ha Land in der Provinz Urfa ermöglichen.

Allerdings stehen ökologische Bedenken der Verwirklichung einiger Projekte im Wege. So bedrohen acht geplante Stauseen das grüne Tal des Munzurflusses in der Provinz Tunceli mit seinen insgesamt 1500 Pflanzenarten (davon 228 endemischen), die unter anderem wilden Bergziegen und Braunbären Lebensraum und Nahrung bieten. Ähnliches gilt für das bisher weitgehend unberührte Tal Fırtına Vadisi im östlichen Schwarzmeergebiet, das 537 Baum- und Straucharten, 109 Vogel-, 23 Säugetier- und 21 Reptilienarten beheimatet. Die schwierige Gratwanderung zwischen der Nutzung erneuerbarer Energien und dem Schutz natürlicher Biotope wird nur mit einer Kontrolle der staatlichen Akteure durch engagierte türkische Wissenschaftler und Umweltschützer erfolgreich zu bewältigen sein.

Natürliche Ressourcen und ihre Ausbeutung

Schon in vorgeschichtlicher Zeit wurden Kupfer und Bronze genutzt, und die Entdeckung des Eisens ging vermutlich sogar direkt von Anatolien aus. Auch in der Antike blieb Anatolien ein wichtiger Rohstofflieferant. So bezogen die Römer aus Kleinasien beispielsweise Eisen, Silber, Kupfer, Blei sowie Mineralien zur Farbengewinnung. Reiche Marmorfundstätten ließen zudem Bildhauerschulen entstehen, die über Jahrhunderte Statuen in alle Provinzen des Römischen Reiches exportierten. Das bedeutendste Beispiel ist die antike Stadt Aphrodisias in der heutigen Provinz Denizli: Statuen aus dem leicht rosafarbenen Marmor der antiken Steinbrüche des Baba Dağı fanden sich sogar im weit entfernten Spanien.

Anders war es zur Zeit der Republik. Bis in die Mitte der achtziger Jahre hinein verhinderten restriktive Gesetze und Verordnungen eine stärkere Nutzung der reichlichen Marmorreserven. Erst nach einer gesetzlichen Neuordnung (1985) konnte die Türkei bis zum Jahr 2000 ihre Marmorexporte um das 50fache steigern. Heute ist das Land einer der bedeutendsten Marmorlieferanten der Welt.

Ähnliches gilt auch für weniger wertvolle, doch wirtschaftlich rentabel förderbare Natursteine wie Granit und Basalt. Im Falle des Basalts kann die Türkei aufgrund der kürzeren Transportwege nach Europa selbst mit China konkurrieren, das reiche Lagerstätten und günstigere Lohnkosten aufweist.

Eine Vorzugsstellung aufgrund großer Reserven und wirtschaftlich rentabler Förderungsmöglichkeiten besitzt die Türkei auch im Hinblick auf Kaolin und andere Erden, die vor allem bei der Herstellung von Keramik eine Rolle spielen. Durch diesen Vorteil und gestützt auf eine alte Kunsthandwerktradition – es sei auf die berühmten Fliesen aus İznik und Kütahya verwiesen, die noch heute Moscheen und Paläste aus osmanischer Zeit zieren – ist der türkische Keramiksektor weltweit der fünftgrößte.

Weiterhin kontrolliert das Land 35 Prozent des Welthandels mit dem chemischen Grundstoff Bor, denn 60 Prozent der weltweit bekannten Reserven finden sich in der Türkei. Lagerstätten von Metallen wie Gold, Blei, Kupfer, Chrom und Silber sind zwar vorhanden, können aber aufgrund mangelnder Studien und der geringen Mittel und Risikobereitschaft potentieller Investoren noch nicht voll ausgeschöpft werden. Im Falle der reichen Goldreserven bei Bergama sprechen auch umweltpolitische Gründe dagegen.

Ähnliches gilt für industriell nutzbare Mineralien wie Magnesit, Barit, Feldspat, Bentonit, Perlit, Dolomit und den fast ausschließlich bei Eskişehir vorkommenden Meerschaum. Aufgrund mangelnder Erforschung der bekannten Lagerstätten und schlechter Vermarktungsmöglichkeiten lassen sich eine ganze Reihe weiterer Mineralien, darunter Asbest, Fluorit, Olivin, Sepiolit und Phlogobit nicht nutzen.

Die bis heute weitgehend unbefriedigende Verwertung der Bodenschätze Anatoliens ist unter anderem in einer gering ausgeprägten Bergbautradition des Osmanischen Reiches begründet. Bodenschätze galten unter den Osmanen als Staatsbesitz, dessen Ausbeutung gegen Abgabe eines Fünftels der Produktion an Privatpersonen vergeben wurde. Der osmanische Staat war der Hauptabnehmer und konzentrierte sich vornehmlich auf die Gewinnung von Metallen zur Waffenherstellung und Münzprägung. Erst im Zuge der Reformperiode, die zu Beginn des 19. Jahrhunderts einsetzte, wurden Konzessionen an in- und ausländische Investoren vergeben. So begann 1848 beispielsweise der Abbau der Kohlelager von Ereğli, die noch heute den Brennstoff für viele Thermalkraftwerke des Landes liefern. Ein erstes Bergbaugesetz, das die Förderung von Bodenschätzen auf eine zeitgemäße Grundlage stellte, wurde, noch in osmanischer Zeit, im Jahre 1906 erlassen. Es sollte bis 1954 gültig bleiben.

Im Zuge der nationalen Industriepolitik in der Frühzeit der Republik wurde schließlich am 14. Juni 1935 das noch heute federführende «Institut zur Suche und Erforschung von Bodenschätzen» (MTA) gegründet. Aufgrund mangelnder privatwirtschaftlicher Investitionsbereitschaft rief der türkische Staat gleichzeitig einen Konzern unter dem Namen ETİBANK ins Leben, der mit der Ausbeutung und Bewirtschaftung der durch das MTA entdeckten Bodenschätze beauftragt wurde. Beachtliche Erfolge im Ausbau des Bergbauwesens und der Ausbeutung einiger wichtiger Rohstoffe folgten. Doch eine bürokratische Herangehensweise, die politisch motivierte Aufblähung des Personalbestandes und mangelnde Konkurrenz haben die ETİBANK und ihre Subunternehmen stark beeinträchtigt. Innovation und wirtschaftliches Handeln waren unter diesen Bedingungen schwer möglich. Deshalb versucht die Türkei seit Mitte der achtziger Jahre, die öffentlichen Großbetriebe zu privatisieren, allerdings mit bescheidenem Erfolg. Die einzige Ausnahme ist der Zulieferersektor der Bauwirtschaft. Hier konnten vor allem zementherstellende Betriebe, die aufgrund des anhaltend boomenden Siedlungsbaus wirtschaftlich besonders lukrativ sind, schnell privatisiert werden.

2001 konnten lediglich etwas mehr als 535 Mio. US-Dollar aus dem Export von Bodenschätzen erzielt werden. Angesichts des beachtlichen Potentials wäre dieser Betrag sicherlich in kurzer Zeit zu steigern, wenn durch gesetzliche Neuordnungen eine bessere Investitionssicherheit geschaffen würde.

Die Anbindung ans Meer

Die Gestade der Türkei sind vor allem durch den Gegensatz zwischen längs und quer zur Ausrichtung der Gebirge verlaufenden Küstenstreifen geprägt. Im Norden und im Süden dominieren Längsküsten, lediglich in der Ägäis und dem östlichen Teil des Marmarameeres herrschen Querküsten vor. Nur bei dieser Küstenform kann das Meer weit in die tektonischen Grabenzonen eindringen und geschützte, natürliche Hafenbuchten bilden. Wegen des bedeutend höheren Anteils an Längsküsten gibt es im Verhältnis zur Küstenlänge nur eine sehr geringe Zahl natürlicher Häfen von hoher Qualität. Nur an der Westküste haben sich neun große Golfe ausbilden können, die 30 bis 100 Kilometer weit in das Land eindringen: die Buchten von Gökova, Güllük, Kuşadası, Izmir, Çandarlı und Edremit sowie die von Erdek, Gemlik und İzmit am Marmarameer.

Am Schwarzen Meer und an der Südküste mußten mit Hilfe großangelegter Wellenbrecher und Molen die Häfen Samsun, Zonguldak und Trabzon im Norden und Antalya und Mersin im Süden künstlich geschaffen werden. Beide Küsten sind jedoch trotzdem auch heute verkehrstechnisch benachteiligt, da sie durch die angrenzenden Gebirge vom Hinterland abgeschnürt sind.

Doch auch die Buchten der Ägäis mit ihrer Anbindung an das Binnenland sind nicht problemlos nutzbar. Aufgrund der sedimentreichen Flüsse, die an ihrem Rande ins Meer münden, sind sie seit alters von der Verlandung bedroht. Im Falle des Großen Menderes, des Gediz und des Bakır Çayı ist dieser Prozeß bereits weit fortgeschritten. Wie verheerend sich die Schwemmlandbildung auswirken kann, läßt sich eindrücklich an antiken griechischen Städten verfolgen. Myus und Priene an der ehemaligen Bucht von Milet zum Beispiel wurden bereits vor Beginn unserer Zeitrechnung durch die angeschwemmten Landmassen des Mäanders von der See abgeschnitten. Ganz ähnlich erging es später auch Ephesus. Die Stadt der Artemis konnte sich lange – unter anderem durch die Anlage eines Kanals – gegen den Verlust des Seezugangs wehren. In einer Zeit wirtschaftlicher Schwäche aber wurde ihr Hafen vernachlässigt und verlandete schnell endgültig. Aus archäologischer Sicht kann diese Niederlage gegen die Kräfte der Natur durchaus als Glücksfall gewertet werden: Durch die Aufgabe Prienes und die Verlegung des Siedlungsbereiches des alten Ephesus weiter ins Landesinnere (heutiges Selçuk) sind uns Reste klassischer und kaiserzeitlicher Siedlungen erhalten geblieben, die bei einer kontinuierlichen Nutzung bis in die Neuzeit kaum so gut konserviert geblieben wären.

In der Neuzeit drohte der Bucht von Izmir, an der der wichtigste Exporthafen der Türkei liegt, die Verlandung. Schon 1886/87 mußte deshalb ein 6 km langer Kanal gebaut werden, mit dessen Hilfe der dafür verantwortliche Fluß Gediz Çayı in ein altes, weiter nördlich am äußeren Rande der Bucht mündendes Bett verlagert werden konnte.

Der Bosporus, der bei Istanbul das Schwarze Meer mit dem Marmarameer verbindet, und die Dardanellen, die weiter westlich für die Anbindung an die Ägäis sorgen, leiten den Überschuß des Schwarzmeerwassers, der durch die Vielzahl einmündender osteuropäischer Flüsse entsteht, ins Mittelmeer ab. Die erstaunliche Strömungsgeschwindigkeit, mit der das Schwarzmeerwasser durch den Bosporus fließt, läßt sich leicht erkennen, wenn man Schwimmer beobachtet, die an der engsten Stelle der Meerenge bei Rumelihisarı in atemberaubendem Tempo am Ufer vorbeigetrieben werden. Da das Mittelmeer einen höheren Salzgehalt besitzt, existiert im Bosporus ferner eine Tiefenströmung in umgekehrter Richtung. Zonen unterschiedlichen Salzgehaltes und unterschiedlicher Konzentration von nährenden Schwemmstoffen sind die Folge und sorgen für den sprichwörtlichen Fischreichtum des Bosporus, der sich sowohl in der Artenvielfalt als auch in der Fangzahl äußert. So gelten Fische während der Hauptsaison auch heute noch in Istanbul als das «Fleisch der Armen».

Eine gegensätzliche Lage herrscht dagegen an der buchtenlosen türkischen Riviera. Anders als an den zahlreichen Buchten der Ägäis und des türkischen Südwestens bietet das Meer dort nur wenigen Fischen Lebensraum. So kommt es, daß der Tourist in Antalya anstatt des vermeintlich «frischen» Fischs oft genug aus Istanbul herbeitransportierten Bosporusfang verzehrt.

Flora, Fauna und Naturschutz

Umweltzerstörung auf der einen Seite und weitgehend geschützte, großflächige Rückzugsgebiete auf der anderen – die Türkei zeigt sich auch im Hinblick auf die Erhaltung von Flora und Fauna als ein höchst widersprüchliches Land. Die Metropole Istanbul frißt sich tagtäglich wie ein Geschwür in die Landschaft hinein. Und doch bergen die Wälder in unmittelbarer Nachbarschaft der Millionenstadt auf 5110 km² nahezu 2000 Pflanzenarten.

Verantwortlich für die weiterhin hohe Artenvielfalt und die Existenz wertvoller Rückzugsgebiete sind eine ganze Reihe von Faktoren: die immer noch geringe Bevölkerungsdichte, der gebirgige und teilweise unwirtliche Charakter des Landes, der lediglich die Kultivierung von 26 Prozent der Fläche erlaubt, sowie traditionelle Nutzungsweisen. Vor allem die noch bis zum Ende des 19. Jahrhunderts weitverbreitete nomadische Weidewirtschaft ist segensreich gewesen, obwohl insbesondere sie in der Vergangenheit zu Unrecht für die Zerstörung von Wäldern verantwortlich gemacht wurde. Dabei haben sich gerade in Gegenden wie den südanatolischen Gebirgen, die bis zum Ende des 19. Jahrhunderts weitgehend unbesiedelt waren und lediglich von Nomaden durchzogen wurden, besonders artenreiche und wertvolle Wälder erhalten.

In groben Zügen lassen sich drei Vegetationszonen unterscheiden: mediterrane Wälder und Macchien, die Feuchtwälder des Schwarzmeergebietes sowie die Trockenwälder und Steppen des Binnenlandes.

Milde, regenreiche Winter und trockene Sommer prägen die *subtropisch-mediterranen Wälder der türkischen Ägäis- und Mittelmeerküsten*. Hier herrschen immergrüne Hartlaubwälder vor, weil winterliche Feuchtigkeit ein Abwerfen des Laubes unnötig macht, die sommerliche Trockenheit indessen eine Reduktion der Feuchtigkeitsausscheidung erfordert. Kermeseiche, Steineiche, Erdbeerbaum, Terebinthe, Johannesbrotbaum, Myrthe und Wildolive können sich in geschützten Lagen zu stattlichen Wäldern entwickeln. Menschliche Nutzung und klimatische Benachteiligung degradieren diese Wälder an vielen Stellen zu niedrigwüchsiger Macchia. Daneben existieren ausgedehnte Kiefernwälder, in feuchteren Gebieten auch Auwälder mit Ulmen und Platanen. Der Taurus dagegen bietet – je nach Höhenlage – Lebensraum für Schwarzkiefer, Wacholder, die kilikische Tanne und vor allem recht große Bestände der sonst so seltenen Libanonzeder.

Besonders hohe Feuchtigkeit und der mildernde Einfluß des Meeres ermöglichen die große Artenvielfalt der *Feuchtwälder des Schwarzmeergebietes*. In den von menschlichen Einflüssen verschonten Gegenden in Küstennähe kommen neben der Hainbuche auch sommergrüne Eichen, Platanen, Ulmen, Linden, Eschen und Ahorn vor, teilweise sogar Buchen. Aufgrund der milden Winter können sich Mittelmeersträucher wie Lorbeer,

Kirschlorbeer, Stechpalme, Buchsbaum, Erdbeerbaum und Myrthe halten. Bis in eine Höhe von 1000 m finden sich Buche, Hainbuche, Ulme, Esche, Linde, Edelkastanie, Platane und Walnuß, bis zur Waldgrenze bei 2000 und 2100 Metern Höhe folgen Tanne und die kaukasische Fichte, daneben auch die Waldkiefer. Farne und Bartflechten zeugen von hoher Luftfeuchtigkeit und verleihen den Wäldern ein urwaldartiges Gepräge.

Getreideanbau und Weidewirtschaft bei semiaridem Klima prägen seit Jahrtausenden die durch menschliche Nutzung entstandene *Steppe des Binnenlandes*. Vorherrschendes Merkmal sind die ausgedehnten Getreidefelder und Steppen, in denen einzelne Bäume darauf hinweisen, daß hier – wie früher – Wald existieren könnte. Die Steppe Zentralanatoliens ist durch Überweidung degradiert, naturbelassen würde sie kniehohe Gräser und Sträucher aufweisen. In den vor allem in Gebirgen erhaltenen Restwäldern gibt es Populationen von Kiefernarten, Wacholder und sommergrüne Eichen. Im Osten des Landes schränken quer zur Richtung der Niederschläge verlaufende Täler und Hänge die Existenzbedingungen für Wälder ein, verschärft noch durch sehr trockene Sommer und harte Winter, die zu Krüppelwuchs führen. Daher gibt es jenseits der Linie Erzurum–Van–Ararat schließlich gar keine Wälder mehr. Da, wo bewässert werden kann, sorgen Obstbäume und die zur Gewinnung von Bauholz angelegten Pappelhaine für das oasenartige Erscheinungsbild der Städte und Dörfer.

Das Ausmaß des pflanzlichen und tierischen Artenreichtums der Türkei erschließt sich dem Besucher bei Ausflügen in abgelegenere und gering besiedelte Gebirgstäler, Wälder, in die Küstendeltas der Flüsse und in Feuchtgebiete. Erst dort kann der Reisende nachvollziehen, daß Anatolien die Heimat von acht Wildformen wichtiger Kulturpflanzen ist und Hunderte medizinisch genutzter Heilkräuter aufweist. Mehr als 200 Zierpflanzen und Schnittblumen stammen aus Kleinasien, und 254 weltweit gefährdete Pflanzen wachsen hier.

Diese Artenvielfalt ist nicht zuletzt auf die geographische Lage zwischen Europa, Asien und – als Anrainer des Mittelmeeres – auch Afrika zurückzuführen. So zählt die US-amerikanische Naturschutzorganisation Conservation International für das Mittelmeerbecken 25 000 Pflanzenarten und 770 Wirbeltiere. Von diesen entfällt ein bisher noch nicht gänzlich erforschter, jedoch hoher Teil auf die türkischen Mittelmeergebiete. Mit dem Braunbären, dem anatolischen Leoparden, dessen Existenz im lykischen Gebirge vermutet wird (zuletzt wurde ein anatolischer Leopard am 17. Januar 1974 beim Dorf Bağözü in der Provinz Ankara gesichtet und erlegt), und der Mönchsrobbe beherbergt die Türkei drei der am stärksten vom Aussterben bedrohten Säugetierarten.

Das ökologische System des Kaukasus, zu dem der Nordosten des Landes gehört, gibt mit seinen weitgehend von Umweltzerstörung verschont gebliebenen Hoch- und Mischwäldern 7000 Pflanzenarten Lebensraum, davon 1700 endemischen (darunter Wildformen der Schneeglöckchen, die hier ihren Ursprung haben); gefährdete Tierarten wie Braunbär, Wildziege, Bergziege, Wolf und Luchs haben sich hier halten können.

Auch das Amanosgebirge, das sich von der südlichsten Provinz Hatay bis nach Kahramanmaraş erstreckt, ist ein einzigartiges Ökosystem. An den Westhängen der am Golf von İskenderun ansteigenden Gebirgsbarriere fallen Niederschläge von 1100 mm im Jahresdurchschnitt und sichern damit die Existenz von insgesamt 1580 Pflanzenarten, von denen 251 als endemisch gewertet werden. Hier hat sich inselförmig das südlichste Verbreitungsgebiet der europäisch-sibirischen Flora halten können. Die Streifenhyäne hat dort ihr einziges Biotop in Kleinasien. Zugleich ist dieses Gebirge eine der wichtigsten Stationen der Zugvögel, die von Europa über Kleinasien nach Afrika ziehen, darunter neben vielen anderen Weißstörche sowie die selteneren Schwarzstörche.

Vielen gefährdeten Vogelarten bieten vor allem Feuchtgebiete Lebensraum, in Anatolien beispielsweise das Sumpfgebiet Sultan Sazlığı und der Manyas-See. Auch die Deltas von Flüssen zählen dazu. Das des Gediz-Flusses beherbergt 250 der 426 heimischen Vogelarten, darunter eine gefährdete Pelikanart und Flamingos.

Bisher steht lediglich 1 Prozent der Landesfläche unter Naturschutz. Viele internationale Organisationen wie zum Beispiel der WWF arbeiten jedoch zusammen mit lokalen Gruppen intensiv an der Erforschung der Fauna und Flora und setzen sich für eine deutliche Ausweitung der Nationalparks und Naturschutzgebiete ein. Gab es 1992 landesweit gerade einmal 20 Vogelbeobachter, so existieren heute bereits 18 Vereine, die sich die Beobachtung und den Schutz von Vögeln zum Ziel gesetzt haben.

Kulturlandschaften und Siedlungsweisen

Die Türkei läßt sich in sechs klimatogeographische Zonen unterteilen: 1) den mediterranen Saum, 2) den pontischen Saum an der Küste des Schwarzen Meeres, 3) das westliche Binnenland, 4) die Gebirgslandschaften des Binnenlandes, 5) die Ebenen und Plateaus des Binnenlandes und schließlich 6) die Gebirge und Plateaus Ostanatoliens. In allen diesen Zonen gibt es Gebiete, in denen der Anbau von Spezialkulturen besonders lohnend ist und wie die Siedlungsweise das Bild der Landschaft entscheidend prägt.

Das Osmanische Reich beschränkte bis zur Zeit der Reformen im 19. Jahrhundert persönlichen Grundbesitz mit wenigen Ausnahmen auf den Hof des Bauern und auf Gärten. Ackerland wurde dagegen als Staatsland aufgefaßt und seine Bewirtschaftung gegen die Zahlung des Zehnten vergeben. Deshalb dominiert als Siedlungsform das meist geschlossen angelegte Dorf. Dieses umgibt in der Regel ein Ring von Gärten, an den sich Felder und Weiden anschließen.

In gebirgigen Lagen, wo der Ackerbau gegenüber der Viehzucht geringe Bedeutung besaß und relativ kleine Bodenflächen intensiv bewirtschaftet wurden, finden sich statt des geschlossenen Dorfes eher kleine Weiler. Schließlich existiert neben der nahezu vollkommen verschwundenen rein nomadischen Lebensweise die Yaylawirtschaft weiter, eine Form der Transhumanz, bei der vor allem in dünn besiedelten Gebieten neben der dörflichen Dauersiedlung sommerliche Weideplätze genutzt werden. Diese liegen meist relativ hoch im Gebirge und bieten dem Weidevieh zusätzlich Futter und der Bevölkerung die Möglichkeit der Flucht vor der Hitze der tiefergelegenen Dauersiedlung. Heute werden

Auf der trockenen Hochebene Anatoliens – hier im phrygischen Tal zwischen Eskişehir und Afyon – ist fast nur Getreideanbau möglich. Bescheiden sind auch die Fahrzeuge der Bewohner. – Foto: Christopher Kubaseck

diese Yayla genannten Sommeralpen fast nur noch von Hirten besucht. Der Großteil der Bevölkerung verbleibt dagegen im eigentlichen Dorf. Andere Yaylas haben sich zu «Sommerdörfern» einer Bevölkerung entwickelt, die ihren Hauptwohnsitz in nahegelegene Großstädte verlegt hat, ihre Heimatbindung jedoch auf diese Weise aufrechterhält.

Den *mediterranen Saum* der Türkei prägen der Anbau von Oliven und Feigen (vorwiegend an der Ägäis und im südlichen Marmaragebiet), Zitrusfrüchten (an der türkischen Riviera), einer 1912 aus China eingeführten Bananenart (vor allem zwischen Alanya und Anamur), daneben auch von Weizen und Gerste sowie Schaf- und Ziegenhaltung. In den fruchtbaren und leicht zu bewässernden Schwemmlandebenen wird zusätzlich intensiv Baumwolle und Tabak angebaut. Daneben hat im Laufe der letzten 20 Jahre an der Südküste die Treibhauskultur (vor allem Gemüse) eine große Bedeutung gewonnen.

Die hohe Niederschlagsmenge am *pontischen Saum* ermöglicht neben der Haltung von Großvieh auf den immergrünen Weiden auch die Bebauung von Hanglagen mit bis zu 30 Prozent Neigung, die andernorts kaum bewässert werden können. Hier dominieren Mais und Haselnüsse, in den Intensivanbaugebieten des klimatisch bevorzugten östlichen Schwarzmeergebietes werden Zitrusfrüchte und vor allem der landeseigene Tee kultiviert.

Das *westliche Binnenland* bietet neben Getreide in erster Linie Baum- und Gartenkulturen gute Bedingungen. Feige, Wein, Maulbeere und Tabak gehören hier zu den wichtigsten Produkten. Daneben finden Schafe und Ziegen auf Gebirgs- und Buschwaldweiden Nahrung.

In den *Gebirgslandschaften des Binnenlandes* gibt es neben der auch hier üblichen Getreideproduktion vor allem winterharte Obstkulturen wie Äpfel, Birnen, Pflaumenarten, Aprikosen und Wein. In bewässerten Gärten werden Gemüse gezogen. Schafe und Ziegen grasen auf Gebirgs- und Waldweiden, im Winter werden sie dagegen in Ställen gehalten.

Als Kornkammern dienen seit jeher die *Ebenen und Plateaus des Binnenlandes*. Trockenanbau von Hartweizen und Gerste wird durch kleine Gartensäume rings um die Dörfer ergänzt. Die Haltung von Schafen und Ziegen ist nur lohnend, wenn in ausreichendem Maße hochgelegene Sommerweiden vorhanden sind. Dort, wo bewässert werden kann, hat sich seit den dreißiger Jahren die Anpflanzung von Zuckerrüben verbreitet, durch unsachgemäße Bewässerung droht hier aber Versalzung.

In den *Gebirgen und Plateaus Ostanatoliens* können lediglich 10 Prozent der Fläche bebaut werden, weshalb die Haltung von Schafen und Ziegen auf sommerlichen Bergweiden eine wesentlich höhere Bedeutung besitzt. Nur in den Beckenebenen an Flüssen oder Seen wie zum Beispiel dem Van-See ist der intensive Anbau von Getreide und Zuckerrüben möglich, daneben werden Obst und Gemüse angepflanzt. Neuere Bewässerungsprojekte wie die Anlage des Atatürk-Staudammes im Rahmen des gigantischen Südostanatolienprojektes (GAP) sollen hier die Chancen für eine Landwirtschaft in größerem Rahmen erhöhen.

Verwaltungsstrukturen

Die Türkei versteht sich als ein einheitlicher Staat, dessen Verwaltung laut Artikel 123 der Verfassung von 1982 «auf den Prinzipien der Zentralisierung und Dezentralisierung basiert». Diese Prinzipien sucht der Staat durch die Zentralverwaltung einerseits und Institutionen der lokalen Selbstverwaltung andererseits umzusetzen.

Der Zentralverwaltung obliegt die Feststellung und Umsetzung grundlegender politischer, administrativer und ökonomischer Entscheidungen. Diese Aufgaben vollzieht sie auf 2 Ebenen: In den zentralen Institutionen der Hauptstadt (Amt des Präsidenten, Ministerrat und Fachministerien) sowie in den Provinzen und Kreisen, in denen die Zentralverwaltung durch Gouverneure (*vali*) oder Landräte (*kaymakam*) vertreten wird. Daneben sind sämtliche Fachministerien auf Provinz- und Kreisebene durch Direktorate repräsentiert.

Die Türkei ist in 81 Provinzen und 872 Kreise gegliedert. Diese werden ausschließlich zu Planungszwecken (nicht aber im Hin-

Die Provinzen der Türkei

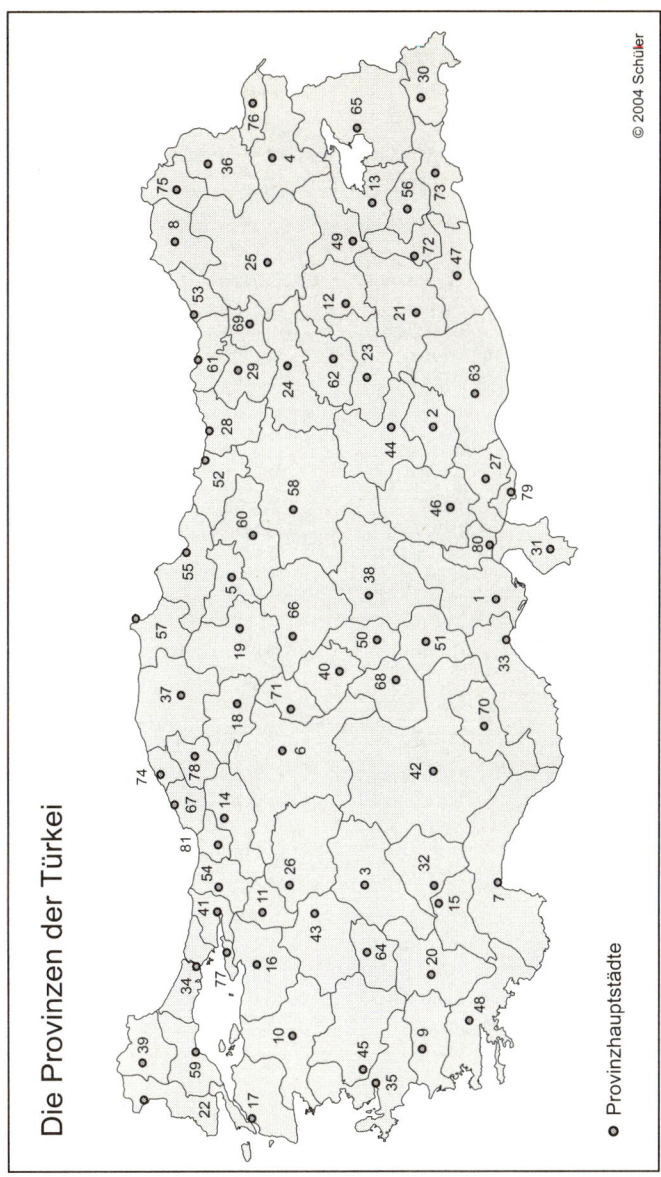

© 2004 Schüler

○ Provinzhauptstädte

Die Provinzen der Türkischen Republik

Die Nummern sind die offiziellen Kennziffern der Provinzen, die sich beispielsweise auch auf Autokennzeichen finden. Die Provinzen 68–81, die nicht alphabetisch eingereiht sind, wurden später gegründet.

Nr.	Provinz	Hauptstadt	Fläche (km²)	Einwohnerzahl 2000
1	Adana	Adana	12 788	1 849 478
2	Adıyaman	Adıyaman	7 614	623 811
3	Afyon	Afyon	14 230	812 416
4	Ağrı	Ağri	11 376	528 744
5	Amasya	Amasya	5 520	365 231
6	Ankara	Ankara	25 706	4 007 860
7	Antalya	Antalya	20 591	1 719 751
8	Artvin	Artvin	7 436	191 934
9	Aydın	Aydın	8 007	950 757
10	Balıkesir	Balıkesir	14 292	1 076 347
11	Bilecik	Bilecik	4 307	194 326
12	Bingöl	Bingöl	8 125	253 739
13	Bitlis	Bitlis	6 707	388 678
14	Bolu	Bolu	10 037	270 654
15	Burdur	Burdur	6 887	256 803
16	Bursa	Bursa	10 963	2 125 140
17	Çanakkale	Çanakkale	9 737	464 975
18	Çankırı	Çankırı	7 388	270 355
19	Çorum	Çorum	12 820	597 065
20	Denizli	Denizli	11 868	850 029
21	Diyarbakır	Diyarbakır	15 355	1 362 708
22	Edirne	Edirne	6 276	402 606
23	Elazığ	Elazığ	9 153	569 616
24	Erzincan	Erzincan	11 903	316 841
25	Erzurum	Erzurum	25 066	937 389
26	Eskişehir	Eskişehir	13 652	706 009
27	Gaziantep	Gaziantep	6 207	1 285 249
28	Giresun	Giresun	6 934	523 819
29	Gümüşhane	Gümüşhane	6 575	186 953
30	Hakkari	Hakkari	7 121	236 581
31	Hatay	Hatay	5 403	1 253 726
32	Isparta	Isparta	8 933	513 681
33	İçel	Mersin	15 853	1 651 400
34	İstanbul	İstanbul	5 220	10 018 735
35	İzmir	İzmir	11 973	3 370 866
36	Kars	Kars	9 442	325 016

37	Kastamonu	Kastamonu	13 108	375 476
38	Kayseri	Kayseri	16 917	1 060 432
39	Kırklareli	Kırklareli	6 550	328 461
40	Kırşehir	Kırşehir	6 570	253 239
41	Kocaeli	Kocaeli	3 626	1 206 085
42	Konya	Konya	38 157	2 192 166
43	Kütahya	Kütahya	11 875	656 903
44	Malatya	Malatya	12 313	853 658
45	Manisa	Manisa	13 810	1 260 169
46	Kahramanmaraş	Kahramanmaraş	14 327	1 002 384
47	Mardin	Mardin	8 891	705 098
48	Muğla	Muğla	13 338	715 328
49	Muş	Muş	8 196	453 654
50	Nevşehir	Nevşehir	5 467	309 914
51	Niğde	Niğde	7 312	348 081
52	Ordu	Ordu	6 001	887 765
53	Rize	Rize	3 920	365 938
54	Sakarya	Sakarya	4 817	756 168
55	Samsun	Samsun	9 579	1 209 137
56	Siirt	Siirt	5 406	263 676
57	Sinop	Sinop	5 862	225 574
58	Sivas	Sivas	28 488	755 091
59	Tekirdağ	Tekirdağ	6 218	623 591
60	Tokat	Tokat	9 958	828 027
61	Trabzon	Trabzon	4 685	975 137
62	Tunceli	Tunceli	7 774	93 584
63	Şanlıurfa	Şanlıurfa	18 584	1 443 422
64	Uşak	Uşak	5 341	322 313
65	Van	Van	19 069	877 524
66	Yozgat	Yozgat	14 123	682 919
67	Zonguldak	Zonguldak	3 481	615 599
68	Aksaray	Aksaray	7 626	396 084
69	Bayburt	Bayburt	3 652	97 358
70	Karaman	Karaman	9 163	243 210
71	Kırıkkale	Kırıkkale	4 365	383 508
72	Batman	Batman	4 694	456 734
73	Şırnak	Şırnak	7 172	353 197
74	Bartın	Bartın	2 140	184 178
75	Ardahan	Ardahan	5 576	133 756
76	İğdir	Iğdır	3 539	168 634
77	Yalova	Yalova	674	168 593
78	Karabük	Karabük	4 074	225 102
79	Kilis	Kilis	1 338	114 724
80	Osmaniye	Osmaniye	3 320	458 782
81	Düzce	Düzce	1 014	314 266

Quelle: Türkisches Innenministerium (www.icisleri.gov.tr)

blick auf Verwaltungseinheiten) den geographischen Gebieten Marmara, Ägäis, Mittelmeer, Zentralanatolien, Schwarzmeer, Ostanatolien und Südostanatolien zugeordnet.

Nach den Angaben des türkischen Innenministeriums gibt es 3 216 Städte und 35 115 Dörfer. Obwohl der Staat landesweit einheitliche Lebensbedingungen schaffen will, sind die Unterschiede in der Größe und Besiedlung der Provinzen beträchtlich. So besitzt die in Zentralanatolien gelegene flächenmäßig größte Provinz Konya das Maximum an 206 Städten bei einer nur etwas überdurchschnittlichen Zahl von Dörfern. Die höchste Zahl an Dörfern weist die von der Fläche her zweitgrößte Provinz Sivas in Ostanatolien mit 1236 ländlichen Siedlungen auf. Dagegen gibt es dort lediglich 46 Städte. Das Minimum an Dörfern zeigt die flächenmäßig kleinste Provinz Yalova mit 44 Dörfern, dagegen ist die Zahl von 15 Städten für diese Provinz mit lediglich 212 km² Fläche hoch zu nennen. Die geringste Zahl von Städten weist die südostanatolische Provinz Kilis mit 5 Städten auf. Von einer einheitlichen Verteilung von Dienstleistungen durch Städte kann also nicht gesprochen werden.

Dies gilt unter anderem auch für die Einwohnerzahl. Leben in Sivas in jeder Siedlung (Städte inbegriffen) durchschnittlich nur 588 Einwohner, so erreichen Siedlungen in der westanatolischen Provinz Balıkesir mit durchschnittlich 1124 Einwohnern fast die doppelte Größe. Ähnliches gilt für die Bevölkerungsdichte: Müssen sich in der Provinz Istanbul 1753 Einwohner einen Quadratkilometer Fläche teilen, so steht in der östlichen Nachbarprovinz Kocaeli 57 Einwohnern ein Quadratkilometer Fläche zur Verfügung.

Auch der Entwicklungsstand der Provinzen unterscheidet sich erheblich. Hier führt Istanbul vor Ankara, İzmir, Kocaeli, Bursa und dem nordwestanatolischen Eskişehir. Die Schlußlichter dagegen bilden Muş am Van-See, gefolgt von dem an der iranischen Grenze gelegenen Ağrı, sowie Bitlis, Şırnak und Hakkari: sämtlich Städte im vorwiegend kurdisch besiedelten Osten des Landes.

Ein weiteres Problem liegt darin, daß Provinzhauptstädte bei staatlichen Dienstleistungen deutlich bevorzugt werden. Als

Kommunen mit hoher Einwohnerzahl erhalten sie hohe finanzielle Zuwendungen der Zentralregierung. Meist weisen sie auch eine besondere wirtschaftliche Dynamik auf. Dementsprechend deutlich unterscheidet sich der Entwicklungsgrad der Provinzhauptstädte von demjenigen im Rest der Provinz. Der deutliche Gegensatz zwischen hochentwickelter Provinzhauptstadt und ländlichen Siedlungen vom Range einer Kreishauptstadt, deren äußeres Erscheinungsbild oft dem eines übergroßen Dorfes entspricht, prägt die meisten anatolischen Provinzen.

Die lokale Selbstverwaltung wird durch die Provinzsonder-, Kommunal- und Dorfverwaltungen wahrgenommen, welche die Bevölkerung mit Dienstleistungen vor Ort versehen sollen. Sie sind als Korporationen des öffentlichen Rechts konzipiert, und ihre Funktionäre werden gewählt bzw. staatlich eingesetzt. Die Einheitlichkeit der Verwaltung und der geleisteten Dienste soll durch eine rigide Kontrolle durch die Zentralverwaltung gewährleistet werden.

Von diesen drei Instanzen besitzen die Kommunalverwaltungen aufgrund ihrer weitgefaßten Entscheidungsbefugnisse die größte Bedeutung. Kommunen können alle Siedlungen mit einer Einwohnerzahl von mehr als 2 000 Personen auf Antrag der Bevölkerung oder des Provinzgouverneurs werden. Eine Kommune besitzt drei Selbstverwaltungsorgane: die Stadtverordnetenversammlung, das städtische Exekutivkomitee und den Bürgermeister. Die Entscheidungsbefugnis über sämtliche städtische Belange liegt dabei bei der Stadtverordnetenversammlung, deren Mitglieder in freien und geheimen Wahlen für eine Dauer von fünf Jahren gewählt werden. Das städtische Exekutivkomitee dagegen setzt sich aus dem Bürgermeister, den beamteten Vorsitzenden der städtischen Ämter und einer je nach Größe der Stadt variierenden Zahl von Stadtverordneten zusammen. In enger Zusammenarbeit mit dem von der Stadtverordnetenversammlung auf fünf Jahre gewählten Bürgermeister führt das städtische Exekutivkomitee die Entscheidungen der Stadtverordnetenversammlung aus. Der Bürgermeister beeinflußt als Vertreter der Mehrheitspartei(en) in der Stadtverordnetenversammlung kommunale Entscheidungen. Er leitet die Exekutive und ist der offizielle Repräsentant der Kommune auch bei Rechtsstreitigkeiten.

Nachdem eine Reihe türkischer Großstädte wie zum Beispiel Istanbul, Ankara und Izmir mit mehr als einer Million Einwohnern ihren Aufgaben auf der Basis des Kommunalgesetzes nicht mehr gerecht werden konnten, wurde 1984 ein Gesetz erlassen, das die Etablierung von Großstadtverwaltungen in Form eines zweistufigen Modells vorsah. Danach wurden bisher fünfzehn Großstädte in mehrere Kreise unterteilt, die neben der gewöhnlichen Kreisverwaltung auch kommunale Selbstverwaltungsorgane erhielten. Ihnen übergeordnet sind die Institutionen der Großstadt, geleitet von einem Oberbürgermeister, einer zu gleichen Teilen aus den Stadtverordneten der untergeordneten Kreise gewählten Stadtverordnetenversammlung und einem städtischen Exekutivkomitee. Trotz einer in manchen Belangen unklaren Kompetenzaufteilung hat sich diese Neuordnung für türkische Großstädte wie zum Beispiel Istanbul mit seinen geschätzten 12 Millionen Einwohnern in der Praxis bewährt.

Alle drei Instanzen der lokalen Selbstverwaltung sind auf staatliche Mittel angewiesen, da ihre Budgets nur zu einem sehr geringen Teil aus kommunalen Steuern und Gebühren bestritten werden können. Bei der Vergabe nach komplizierten Schlüsseln werden die Kommunen deutlich bevorzugt. Provinzen und Dörfer hingegen verfügen nur über einen geringen finanziellen Spielraum. Darüber hinaus weist die rentenkapitalistische Ausrichtung der türkischen Gesellschaft den Städten eine besondere Rolle zu. Angesichts unzulänglicher Renten, eines rudimentären sozialen Netzes und der Unsicherheit wirtschaftlicher Investitionen ist Immobilienbesitz für einen Großteil der Bevölkerung noch immer die beste Möglichkeit einer finanziellen Absicherung. Die Entscheidungsbefugnis über die Ausweisung von Bauland und die Art der Bebauung liegt bei der Stadtverordnetenversammlung der Kommunen. So entscheiden deren Sitzungen oft über das wirtschaftliche Schicksal der betroffenen Bürger. Aufgrund der finanziellen Bevorzugung der Kommunen ist die Zahl der Städte in den vergangenen 20 Jahren bedeutend angewachsen. Der danach

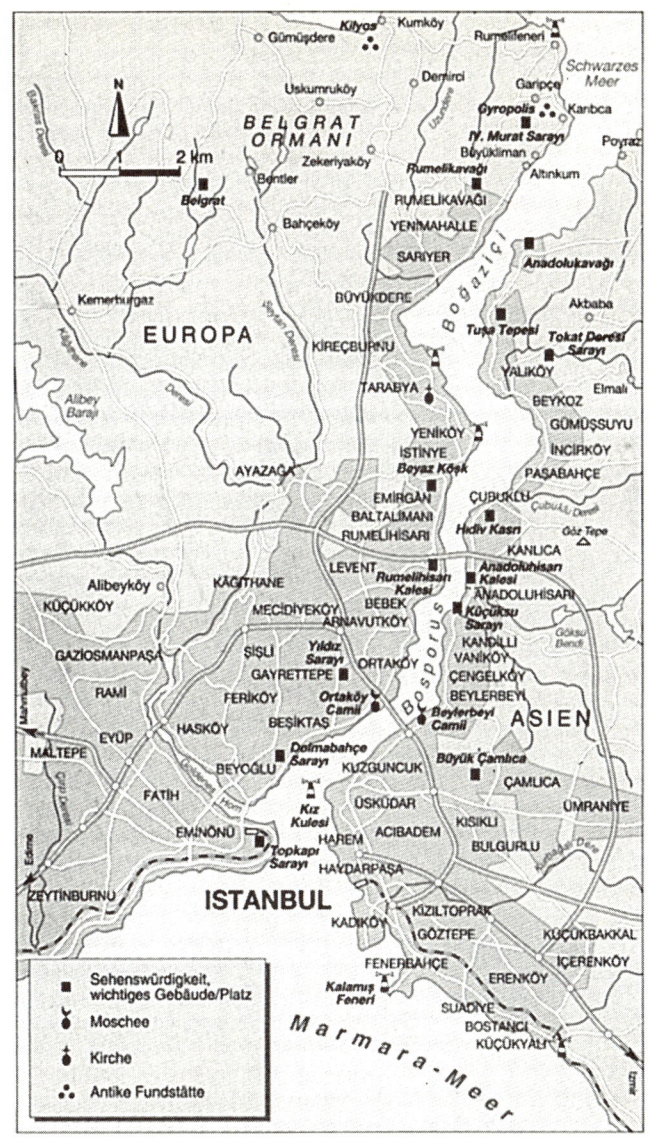

Der Großraum Istanbul

einsetzende Bauboom hat traditionslose Ortschaften entstehen lassen, die oftmals äußerlich kaum den Charakter einer vollentwickelten Stadt tragen.

Dagegen haben eine höhere Sensibilität für städtebauliche Erfordernisse, die Zunahme qualifizierten Personals, eine verbesserte finanzielle Ausstattung sowie das Engagement fähiger Bürgermeister dazu beigetragen, daß sich größere Städte während der letzten Jahrzehnte eher positiv entwickelten. So wurden nicht nur in Istanbul und Ankara Erholungsgebiete eingerichtet, bedeutende Verbesserungen im öffentlichen Nahverkehr erzielt und die Infrastruktur deutlich ausgebaut. Auch in Provinzstädten wie beispielsweise Eskişehir und Isparta sowie in vielen Tourismuszentren an den Küsten war der Fortschritt beachtlich. Dort reicht das Spektrum der Neuerungen von der Anlage von Boulevards, Promenaden, Plätzen, Grünanlagen und Parks bis hin zu städtischen Kulturzentren, Theatern und Sinfonieorchestern. Diese Entwicklungen könnten im Verein mit dem auch in der Provinz deutlich zunehmenden Engagement zivilgesellschaftlicher Organisationen einen Ausgleich zur kulturellen und wirtschaftlichen Konzentration auf die Metropolen des Landes schaffen.

2. Kaleidoskop der Kulturen – die Geschichte Anatoliens

Frühe Spuren: die Vorgeschichte

Die Geschichte menschlichen Lebens reicht in Anatolien weit zurück. Die ältesten Werkzeugfunde stammen aus Dursunlu bei Konya und lassen sich auf etwa 600 000 Jahre v. Chr. datieren. Es handelt sich um einfache Steinwerkzeuge und Knochen erjagter Tiere. Bereits für diese Zeit zeichnet sich die Ausprägung unterschiedlicher Kulturen ab, die durch die Art der Werkzeuge bestimmt werden können: Fanden sich im Südosten Anatoliens Handbeile eines bestimmten Typs in hoher Zahl, so fehlten diese im Nordwesten Anatoliens fast vollständig, während dort andere Feuersteinwerkzeuge von hoher Qualität verwendet wurden.

Gegen 60 000 v. Chr. (mittleres Paläolithikum) tritt eine neue Vielfalt der verwendeten Steinwerkzeuge auf. Aufgrund feinerer Bearbeitungstechniken entstanden Speer- und Pfeilspitzen, die durch ihre aerodynamische Gestaltung ein zielgerichteteres Jagen ermöglichten. Wichtigste Fundstätte ist die 30 km nordwestlich von Antalya gelegene Höhle von Karain.

Im Spätpaläolithikum ließ das Absplittern kleiner Stücke des Feuersteins durch Pressen und indirektes Schlagen feinere Werkzeuge entstehen. Diese erlaubten nun auch das Schnitzen von Holz, Knochen und Horn. Gleichzeitig wurden Einbäume hergestellt, die zu einer besseren Verwertung der Nahrung aus dem Meer verhalfen. So verwundert es nicht, daß die Küsten Anatoliens in dieser Zeit dichter besiedelt waren als das karge und kühle Binnenland. Den Seetransport belegen Obsidianfunde auf den ägäischen Inseln. Dieses vulkanische Glas, das sich hervorragend zur Herstellung von scharfen Werkzeugen eignet, gibt es dort nicht. So vermutet man, daß auch die Insel Zypern zu jener Zeit erstmals von Menschen besiedelt wurde.

Nachdem sich bereits im Mesolithikum eine Tendenz zur Veränderung des Speiseplans (größere Bedeutung von Meeresfrüchten und Pflanzen gegenüber dem Fleisch) und der Anlage dauerhafter Siedlungen abgezeichnet hatte, markierte der Beginn des Neolithikums das Entstehen von nahrungsmittelproduzierenden Dorfgemeinschaften. Dieser Prozeß vollzog sich in Anatolien zwischen dem 11. und 7. vorchristlichen Jahrtausend in der Ebene von Konya sowie in Südostanatolien. Das in der Archäologie «Neolithisches Paket» genannte Spektrum umfaßt Getreidesorten wie Weizen, Gerste, Roggen, Hirse, Wicke, Hülsenfrüchte und Haustiere wie Schafe, Ziegen, Rinder und Schweine. Die Übernahme dieser neuen Nahrungsmittel, die nicht allerorts gleichzeitig vonstatten ging, spiegelt sich auch in der Entwicklung der Architektur wider. Dies läßt sich gut an der nahe bei Diyarbakır gelegenen Siedlung Çayönü nachvollziehen, die von etwa 10 000–7 000 v. Chr. durchgängig bewohnt war: Die anfänglich als einfacher Unterschlupf gebauten Rundhütten wurden zunächst zu lehmüberzogenen Zweigflechthütten mit rechteckigem Grundriß weiterentwickelt. Später wurden Ziegel aus einer Mischung von Lehm und Stroh verwendet, die erst luftgetrocknet, bald jedoch gebrannt wurden. Dadurch konnte man Wände und Dachkonstruktion voneinander trennen, so daß Lehmhäuser der Art entstanden, die noch heute im Südosten Anatoliens genutzt werden. Wichtig ist auch die Aufteilung der Nutzflächen in Vorrats-, Nahrungsmittelzubereitungs- und Wohnbereiche. Gegen Ende dieser Periode, um 7 000 v. Chr., gab es erste planmäßig angelegte dörfliche Siedlungen mit geometrisch angeordneten Häuserzeilen wie beispielsweise Nevali Çori bei Urfa.

Hier wie auch in Hallan Çemi, in den jüngsten Schichten des bereits erwähnten Çayönü und in Göbekli Tepe südlich von Urfa finden sich Bauten, die offensichtlich nicht als Wohnraum genutzt wurden. Vermutlich handelte es sich bei diesen Bauten um Tempel. Sie scheinen jedenfalls für eine neue Art der sozialen Organisation zu sprechen, die durch größere Arbeitsteilung und Spezialisierung entstanden sein muß.

Vom Dorf zur Stadt

Parallel zur Entwicklung spezialisierter Bereiche innerhalb der Häuser erfolgte in der Zeit vor 6 500 v. Chr. die Erfindung der Tongefäße. Wann sie auftauchten und damit den Beginn des «keramischen Neolithikums» markierten, läßt sich nicht nachweisen, da die ersten Exemplare ungebrannt waren. Sie konnten nur überdauern, wenn sie durch eine Brandkatastrophe zufällig haltbar gemacht wurden.

Sicher ist jedoch, daß Tongefäße, die ab etwa 6 500 v. Chr. auch gebrannt wurden, vor allem aufgrund der zunehmenden Verwendung von Getreide und Hülsenfrüchten an Bedeutung gewannen, denn diese Nahrungsmittel mußten in Gefäßen gekocht oder mit Wasser zu Teig verarbeitet werden. Wie solche Gefäße vor der Erfindung der Töpferscheibe hergestellt wurden, läßt sich noch heute in entlegenen Gebieten Anatoliens studieren: Der gereinigte Lehm wird in lange, dünne Stränge gerollt, die man anschließend übereinanderlegt, um das Gefäß danach von Hand zu formen und zu glätten. Ähnlich wie die erst in allerjüngster Zeit aufgegebenen Dreschschlitten (Holzbretter, an deren Unterseite scharfe Feuersteinsplitter eingelassen werden) bezeugt auch dies, wie nachhaltig die Erfindungen des Neolithikums das Leben der Menschen bis in die Gegenwart hinein geprägt haben.

Durch die Tongefäße war eine planmäßige Vorratswirtschaft möglich. Dies sicherte nicht nur das Überleben der dörflichen Gemeinschaften in Zeiten von Mißernten, sondern entband auch vom Zwang ständiger Nahrungsmittelbeschaffung. Die Folgen der Freisetzung von Energien, die zuvor zur Bewältigung des täglichen Überlebenskampfes eingesetzt werden mußten, lassen sich eindrucksvoll an der Fundstätte Çatal Höyük bei Konya studieren. Die in den fünfziger Jahren ausgegrabene Großsiedlung beeindruckt durch die großen künstlerischen Leistungen ihrer

Bewohner: Lebendige Wandbilder, aus Lehm geschaffene Rinder-
köpfe von kultischer Bedeutung, weibliche Idole, geschmackvolle
Töpferwaren und höchst differenziert ausgestaltete Wohnungen
überraschen nicht nur durch ihr hohes Alter, sondern auch durch
ihre ausgefeilte ästhetische Gestaltung.

Diese Entwicklung beschränkt sich nicht nur auf Çatal Höyük.
Das «neolithische Modell» breitete sich nach der Mitte des 7. Jahr-
tausends schnell über ganz Anatolien aus. Bald folgten weitere
Errungenschaften. So fand man in der Siedlung Kuruçay bei Bur-
dur erste Befestigungsanlagen: Bereits um 6 000 v. Chr. war diese
Siedlung von einer Mauer mit Türmen umgeben.

Doch die Vorratswirtschaft sollte sich nicht nur auf die materielle Kultur des neolithischen Menschen auswirken. Sie ermöglichte eine Produktion, die über die unmittelbaren Bedürfnisse
hinausging. Die Folge war die Herausbildung spezialisierter gesellschaftlicher Gruppen, die nicht mehr mit der Nahrungs-
beschaffung beschäftigt waren. Solche Schichten bildeten sich zunächst im Südosten Anatoliens, am nördlichen Rand des «fruchtbaren Halbmonds», heraus. Für die frühe Stratifizierung waren im
Zweistromland interessanterweise vor allem Umweltbedingungen
verantwortlich. In Zentralanatolien konnte man sich nicht nur auf
regelmäßige Regenfälle verlassen, sondern neben dem Getreideanbau auch Viehwirtschaft betreiben, die bei Mißernten das Überleben der Dorfgemeinschaften sicherte. Im Zweistromland war man
in weit höherem Maße auf den Anbau von Getreide angewiesen,
der zudem durch oft gänzlich ausbleibende Regenfälle gefährdet
war. So wurde dort die Verwaltung der Ernte – und später auch die
künstliche Bewässerung – zu einer lebenswichtigen Aufgabe, die
nur durch eine straffere Organisation der Gesellschaft zu sichern
war. Damit verlagerte sich die soziale Dynamik der Neolithischen
Revolution in das Zweistromland, von dem nun die bedeutendsten sozialen und kulturellen Impulse ausgehen sollten.

Hier entstand im 5. Jahrtausend v. Chr. die Obeyd-Kultur, zu
deren Errungenschaften einerseits die Serienproduktion von Ke-
ramikwaren, andererseits die Verwendung von Tonsiegeln zu zählen sind, aus denen sich später Schriftzeichen entwickeln sollten.

Die vor allem in Getreidelagern gefundenen Tonsiegel weisen auf ein zentralisiertes Lager- und Verteilungssystems hin. Dies ging vermutlich mit der Etablierung einer Schicht von Priestern und Verwaltern einher, die die Verteilung von Tempeln aus leiteten. Mit der Herausbildung von Verwaltungsgebieten (Gebäudekomplexe, die nicht als Wohnung genutzt wurden) innerhalb der Siedlungen (so zum Beispiel in Tell Gawra im nördlichen Mesopotamien) vollzog sich der Übergang von der selbstgenügsamen Dorfgemeinschaft zur Stadt, die sich von den Produkten der sie umgebenden ländlichen Siedlungen ernährt und diese zugleich verwaltet. Da sich die so entstehende Oberschicht durch die Verwendung von Schmuck, kunstvollen Waffen und Alltagsgeräten von der Bevölkerung abzuheben bemühte, weitete sich der Handel bedeutend aus. So zog die Kultur Mesopotamiens alsbald den Südosten Anatoliens in ihren Bann, wo sich die Lagerstätten der Metalle (zunächst vor allem Kupfer und Gold) befanden, die nun eine große Bedeutung erlangten.

Zur selben Zeit verloren die prächtig entwickelten dörflichen Großsiedlungen Zentralanatoliens an Bedeutung – vor allem wohl durch Einfälle von Hirtennomaden. Darauf deutet der Rückzug von den fruchtbaren Ebenen Zentralanatoliens in schwer erreichbare und leicht zu verteidigende Siedlungen am Saum der Gebirge hin. So sollte es bis zum Beginn des 3. Jahrtausends v. Chr. dauern, bis sich, über die Händler des Zweistromlandes und über den sich ausbreitenden Seeverkehr, sowohl in Zentralanatolien als auch an der Küste der nördlichen Ägäis erste städtische Siedlungen herausbildeten.

Händler und Fürsten

Einer der wichtigsten Gründe für einen neuen Entwicklungsschub in Anatolien war die zunehmende Bedeutung der Metalle, nach denen die folgenden geschichtlichen Perioden benannt werden sollten: die Kupferzeit (ca. 5000–2800 v. Chr.) und die Bronzezeit (ab ca. 2800 v. Chr.). Obwohl Kupfer in Anatolien bereits im

9. Jahrtausend v. Chr. genutzt und zu Perlen, Nadeln und Angelhaken verarbeitet wurde, stammte das Rohmaterial dieser Zeit aus zufällig gefundenen Stücken reinen Kupfers. Erst nachdem man entdeckt hatte, daß sich erhitztes Kupfer leichter weiterverarbeiten ließ, lernte man, daß man das Metall aus Erzen herausschmelzen konnte. Werkzeug aus der Siedlung Yumruktepe bei Mersin (etwa 5000–4900 v. Chr.) besteht nachweislich aus Kupfer, das aus Erzen extrahiert wurde.

Zu Beginn der Bronzezeit hatte der Handel mit Kupfer bereits eine solche Bedeutung, daß das begehrte Erz in Bergwerken abgebaut wurde. In dieser Periode gelang eine bahnbrechende Erfindung: die Mischung der beiden weichen Metalle Kupfer und Zinn zur wesentlich härteren Bronze. Ausschlaggebend hierfür war die erhebliche Ausweitung der Handelstätigkeit. Denn Anatolien ist wohl reich an Kupfer, besitzt jedoch keine Zinnvorkommen, die man damals hätte ausbeuten können. In welchen Regionen Zinn damals abgebaut wurde, ist noch umstritten. Schriftliche Quellen aus dem 2. Jahrtausend v. Chr. beweisen, daß das Metall von assyrischen Kaufleuten nach Anatolien gebracht wurde. Auf dem Seeweg kam es etwa zur gleichen Zeit in die durch Homers Epen berühmt gewordene Stadt Troja an der Meeresenge der Dardanellen.

An der Stelle des 1871 von Schliemann ausgegrabenen Siedlungshügels war bereits im Jahre 2920 v. Chr. eine Stadt mit einer Verteidigungsmauer entstanden. Die Existenz von Waffen und Werkzeugen aus Kupfer und Bronze, die – wie durch eine Gußform für eine Speerspitze belegt – schon in Formen gegossen wurden, legt nahe, daß auch Handel getrieben wurde. Dieser sollte die Grundlage für den späteren Reichtum der Stadt bilden.

In Anatolien sorgte der neue Wohlstand aus der Metallproduktion für die Entstehung lokaler Fürstentümer, zu deren bekanntesten das im nördlichen Zentralanatolien gelegene Alacahöyük gehört. Die reichen Beigaben aus insgesamt 13 sogenannten «Königsgräbern» beweisen den hohen Stand der Metallverarbeitung im 3. Jahrtausend v. Chr.: Vor allem Schmuckstücke aus Gold, Silber und Bronze, die gegossen, getrieben, mit anderen Metallen überzogen und gelötet wurden, zeigen eine ausgereifte Goldschmiedekunst.

Um das Jahr 2000 v. Chr. drangen aus dem Norden die Hethiter, ein indoeuropäisches Volk, ein. Sie fanden neben der hochentwickelten Zivilisation der anatolischen Schmiedekünstler auch assyrische Händler vor, die etwa zur gleichen Zeit zehn Handelskolonien in Kleinasien gegründet hatten. In der größten dieser Kolonien, bei Kaneš in der Nähe von Kayseri, wurden die ersten schriftlichen Quellen für die Geschichte Anatoliens entdeckt. Die assyrischen Händler hinterließen ein Archiv von mehreren tausend Keilschrifttafeln, auf denen sie ihre Geschäftstätigkeiten penibel verzeichnet hatten.

Die kämpferischen Hethiter, die Pferde und Streitwagen besaßen, konnten auf der zentralanatolischen Hochebene zunächst kleine Fürstentümer gründen. Doch die neue Herrscherschicht war dünn und muß wohl auch von der kulturellen Überlegenheit ihrer neuen Untertanen beeindruckt gewesen sein. So taten die Neuankömmlinge etwas höchst Ungewöhnliches: Sie nahmen den Namen eines Volkes an, das sie beherrschten – den Namen der *Hatti*. Im Laufe weniger Jahrhunderte konnten die Hethiter ein Vielvölkerreich gründen, das ab 1750 v. Chr. eine zentrale Verwaltung in der Hauptstadt Hattuša erhielt. Insgesamt wurden acht verschiedene Sprachen gesprochen – vorwiegend indoeuropäische Sprachen des anatolischen Zweigs. Geschrieben wurde in der Keilschrift und den hethitischen Hieroglyphen.

Das Bewußtsein von der anfänglichen kulturellen Unterlegenheit sowie das Wissen um die Notwendigkeit von Toleranz in einem Vielvölkerstaat müssen die Gründe dafür gewesen sein, daß sich das Großreich der Hethiter in vieler Hinsicht ganz erheblich von seinen Nachbarn unterschied. In einer Zeit, in der Körper- und Todesstrafen allgemein üblich waren, galt im Rechtssystem der Hethiter, das in Form von 200 auf Keilschrifttafeln übermittelten Gesetzen zum Teil erhalten ist, nicht das Prinzip der Vergeltung, sondern vielmehr das der Wiedergutmachung oder Entschädigung. So wurden etwa Mörder einer Person, die für den Unterhalt einer Familie verantwortlich war, dazu verurteilt, selbst für diese Familie zu sorgen. Die Hethiter unterschieden auch zwischen Mord und Totschlag. Auffällig ist die weitgehende Gleichberechtigung der Frau, die als eigenständige Person galt und ein Recht auf Erbschaft hatte. Zudem hinterließen sie die erste bekannte Verfassung der Geschichte und – zusammen mit ihrem Vertragspartner Ägypten – auch den ersten bekannten Friedensvertrag zwischen zwei Reichen. Mit den «Pestgebeten» des Königs Muršili tritt uns ein reifes literarisches Werk entgegen, das in seiner offenen Selbstkritik und der Auseinandersetzung mit der Grausamkeit der Götter höchst modern anmutet.

Doch gegen 1200 v. Chr. fand das für seine Zeit so fortschrittlich wirkende Großreich der Hethiter zusammen mit der prachtvollen Hauptstadt Hattuša ein jähes Ende: durch den Einfall der sogenannten «Seevölker», die auch Ägypten heimsuchten, zeitgleich mit den dorischen Wanderungen, die das «dunkle Zeitalter» in Griechenland anbrechen lassen sollten.

Übergang und Neuorientierung

«Nicht hielt irgend ein Land stand vor ihnen von Hatti an. Kode, Karkemisch, Arzawa, Alasia waren vernichtet. Sie schlugen Feldlager auf... in Amurru. Sie richteten seine Leute zugrunde, als wären sie nie gewesen. Sie kamen, indem ein Feuer vor ihnen herging, auf Ägypten zu.» (Ramses II.)

Um 1180 v. Chr. wurde Troja in Schutt und Asche gelegt, und zur gleichen Zeit finden die schriftlichen Aufzeichnungen in der Hethiterhauptstadt Hattuša ihr Ende. Auch die oben wiedergegebene Klage Ramses' II. (reg. 1200–1168 v. Chr.) über die Angriffe der «Seevölker» paßt recht gut zur Völkerwanderung mutmaßlich thrakischer Stämme, die den gesamten Nahen Osten verwüsteten.

Mit den Hethitern, die lediglich im Südosten Anatoliens kleine Fürstentümer bewahren konnten, erstarb in Zentralanatolien der Gebrauch der Schrift, bis die thrakischen Phryger im 8. Jahrhundert v. Chr. das griechische Alphabet übernahmen. In künstlerischer Hinsicht jedoch standen die Phryger, nachdem sie sich assimiliert hatten, ihren Vorgängern kaum nach. Das Wiederaufleben glanzvoller kultureller Leistungen in Anatolien sollte zwar vier Jahrhunderte dauern. Doch nach dieser Zeit der Dunkelheit hinterließen die Phryger in Gordion, ihrer Hauptstadt (später berühmt geworden durch den «Gordischen Knoten» Alexanders des Großen), hervorragende Schmiedearbeiten, Holz- und Elfenbeinschnitzereien, Textilien und Tonwaren, die auch die griechische Kultur beeinflußten. Beeindruckende Grabbeigaben wurden im großen Tumulus in Gordion gefunden.

In der ersten Hälfte des 7. Jahrhunderts v. Chr. fiel das Phrygerreich den Kimmerern zum Opfer, einem weitgehend unbekannten Volk aus den Steppen Südrußlands. Daß dadurch nicht alle kulturellen Traditionen getilgt wurden, zeigen die beeindruckenden Kybele-Monumente, die die Phryger in der ersten Hälfte des 6. Jahrhunderts im sogenannten «Phrygischen Tal» zwischen Eskişehir und Afyon schufen. Das bedeutendste ist das sogenannte «Grab des Midas» bei Yazılıkaya im Süden Eskişehirs, das 17 m hoch in einen Felsen geschlagen ist. Es repräsentiert die Front eines Gebäudes und faßt die Kultnische in geometrischem Muster ein.

Etliche phrygische Monumente ähnlicher Art zeigen deutlich griechischen Einfluß und weisen auf eine tiefgreifende Neuorientierung Anatoliens hin: Das Land löst sich weitgehend von nahöstlichen Einflüssen und nimmt Kontakt mit der Welt der Griechen auf.

Archaik und Klassik

Die Phryger waren nicht die einzigen Erben der Hethiter. Mit diesen sprachlich enger verwandt waren die Lyder und Lykier, die ebenfalls zur anatolischen Gruppe der indoeuropäischen Sprachfamilie zu rechnen sind. Dies belegen die spärlichen, in modifizierter griechischer Schrift in Stein geschlagenen Inschriften, die in Westanatolien entdeckt wurden. Beiden Völkern gelang es ungefähr zur gleichen Zeit wie den Phrygern, regional bedeutende Reiche in Westanatolien zu gründen. Die Lyder mit ihrer Hauptstadt Sardes siedelten im Hinterland der ägäischen Küste zwischen dem Mäander (Büyük Menderes) und dem Hermos (Gediz Çayı); der Herrschaftsbereich der Lykier mit der Hauptstadt Xanthos dagegen umfaßte die Südwestküste Anatoliens vom heutigen Fluß Dalaman Çayı bis zur antiken Stadt Olbia wenige Kilometer westlich der Touristenmetropole Antalya. Zwischen diesen beiden lag das Land der Karer, deren Herkunft bisher nicht entschlüsselt werden konnte. Antike Quellen belegen, daß sich die Karer – bei Herodot auch Leleger genannt – selbst als bodenständige Bewohner Anatoliens ansahen. Sprachlich nicht zum anatolischen Zweig des Indoeuropäischen gehörig, können die Karer jedoch genauso wie ihre Nachbarn kulturell als Erben der Hethiter angesehen werden.

Ab etwa 1000 v. Chr. begannen die Griechen, von den Inseln der Ägäis kommend, ihre Städte zu gründen. Sie besiedelten die Küstenstreifen Ioniens (in der Umgebung des heutigen Izmir) und Äoliens (weiter nördlich gegenüber der Insel Lesbos gelegen) und drangen allmählich nach Westanatolien vor, wo sie ganz neue Impulse gaben. Zunächst lebten die Einwanderer in einfachen Behausungen und bestritten ihren Lebensunterhalt von den landwirtschaftlichen Produkten ihrer Umgebung. Kulturell blieben sie von ca. 1050–750 v. Chr. in der Hauptsache von Festlandgriechenland beeinflußt. Erste Hinweise auf die später in Handel, Kunst und Kultur vorherrschende Rolle der Ionier gibt die Gründung des Ionischen Bundes im 9. Jahrhundert v. Chr. Er umfaßte die kleinasiatischen Städte Erythrai, Klazomenai, Kolophon, Teos, Ephesus, Milet, Myus, Priene und Phokäa sowie die Inseln Samos, Lebedos und Chios.

Ungefähr gleichzeitig mit der Überwindung der Folgen des «dunklen Zeitalters» durch die anatolischen Nachfolger der Hethiter sollte auch die Welt der Ionier einen kulturellen und politischen Aufschwung erfahren. Dieser kam, wie der Doyen der türkischen Archäologie, Ekrem Akurgal, vermutet, trotz aller Beiträge der griechischen Kultur erst durch den Kontakt mit der Kultur Anatoliens zustande.

Der Zeus-Tempel von Euromos aus römischer Zeit zählt zu den besterhaltenen in ganz Kleinasien. – Foto: Christopher Kubaseck

Die materielle Grundlage für die Blüte der ionischen Kultur bildete der Handel, der besonders mit der Kolonisierung des Marmarameeres und seit der Mitte des 7. Jahrhunderts v. Chr. auch des Schwarzen Meeres an Umfang gewann. Den Beginn der Kolonisierung der Küstenlandschaften beider Meere leiteten vermutlich die Kimmerer ein. Durch ihre Einfälle in Kleinasien (696 v. Chr. eroberten sie die lydische Hauptstadt Sardes) wurde der Überlandhandel gestört, so daß sich die ionischen Städte neue Handelspartner suchen mußten. Vor allem Milet gründete bedeutende Städte am Schwarzen Meer, die – wie Sinope (Sinop) und Trapezus (Trabzon) – oft bis heute ihren ursprünglichen Namen tragen.

Während sich die Beziehungen der anatolischen Königreiche nach Festlandgriechenland stabilisierten und die Lyder durch erste Münzprägungen das Geld erfanden, stiegen die ionischen Städte an der kleinasiatischen Küste zu kultureller Blüte auf. Mitte des 6. Jahrhunderts entstand der monumentale Artemistempel in Ephesus. Dichter wie Hesiod (um 700 v. Chr.) schufen neue Formen der Poesie, und vorsokratische Denker wie Thales von Milet (624–546 v. Chr.), Anaximander von Milet (611–546), Anaxagoras von Klazomenai (500–428) und Heraklit von Ephesus (540–480) begründeten die wissenschaftlich-rationale Philosophie. Gleichzeitig kamen wichtige Einrichtungen der griechischen Stadt auf, die sich in der Folge im gesamten griechischen Kulturraum ausbreiten sollten: Tempel, Theater und Stadien. Dabei setzte sich der feine und harmonische ionische Stil zusehends gegen die machtvolle Wucht des dorischen durch.

Eine Zäsur in politischer, kaum dagegen in kultureller Hinsicht erfuhr das griechische Kleinasien durch die Eroberung der Perser. 585 v. Chr. hatten die Achämeniden Anatolien bis zum antiken Fluß Halys (heute Kızılırmak) erobert, der die Grenze zum Reich der Lyder bildete. 546 v. Chr. folgte dann der Sieg Kyros' des Großen über Kroisos, den König der Lyder. Daraufhin stießen die Perser weiter vor und annektierten auch die ionischen Städte, die jedoch nach den Schlachten von Salamis (480 v. Chr.) und Plataia (479 v. Chr.) ihre Unabhängigkeit zurückgewinnen konnten. Im 4. Jahrhundert v. Chr. spielten diese eine künstlerisch und kulturell führende Rolle in der griechischen Welt. Von ihnen ausgehende Einflüsse setzten sich auch in persisch beherrschten Gebieten wie zum Beispiel in Karien durch, das unter König Mausolos (377–353 v. Chr.) weitgehend gräzisiert wurde. Mit dem berühmten Grab des Königs (nach dem seither monumentale Grablegen dieser Art «Mausoleum» genannt werden) entstand dort eines der Sieben Weltwunder der Antike. Ähnliches gilt trotz einer stabileren selbständigen Tradition auch für Lykien, wo besonders am Ende des 5. und zu Beginn des 4. Jahrhunderts bedeutende Kunstwerke wie das Heroon von Limyra und das Nereiden-Monument von Xanthos geschaffen wurden.

Griechische Kultur durchdrang die westanatolischen Völker Die Oberschicht und Teile der Bevölkerung übernahmen das griechische Alphabet und allmählich auch die griechische Sprache. All dies war Teil eines Prozesses, den die Eroberungszüge Alexanders des Großen (336–323 v. Chr.) intensivierten: die Hellenisierung Anatoliens.

Hellenismus und Römerherrschaft

334 v. Chr. brach der jugendliche Alexander mit einem Heer von etwa 30 000 Soldaten, vorwiegend Makedonen, zu einem Feldzug gegen die Achämeniden auf, die er überraschend schnell aus Anatolien vertreiben und in Persien endgültig besiegen konnte. Nachdem er – fast nebenbei, so scheint es – Syrien, Phönizien, Palästina und Ägypten erobert hatte, überschritt Alexander der Große 326 v. Chr. den Indus, zog nach Indien und stieß dort bis zur Mündung des Indus vor. Drei Jahre später starb er, nach Babylon zurückgekehrt, an Fieber, ohne einen durchsetzungsfähigen Erben zu hinterlassen.

Unter den Feldherren Alexanders, die die eroberten Provinzen unter sich aufteilten, entspannen sich bald die sogenannten «Diadochenkämpfe», die bis ins Jahr 280 v. Chr. anhielten. Während dieser Wirren sollte ein einfacher makedonischer Offizier, Philetairos, seine Chance nutzen und ein Königreich gründen, das die Geschicke Anatoliens wesentlich beeinflußte: Das westanatolische Pergamon wurde zu einem bedeutenden Zentrum der hellenistischen Kultur.

Philetairos war von Lysimachos, einem der Feldherren Alexanders des Großen, als Kommandant der Burg von Pergamon eingesetzt worden. Lysimachos hatte nach dem Tode Alexanders Thrakien zugesprochen bekommen und später auch das nordwestanatolische Bythinien erobern können. In Pergamon sollte Philetairos einen Schatz von 9 000 Talenten Silber (180 000 kg) bewachen. Diese Aufgabe erfüllte er getreulich über 20 Jahre hinweg, bis er sich nach Intrigen der Gemahlin des greisen Lysimachos 282 v. Chr. gegen den König erhob und auf die Seite von dessen Gegner Seleukos schlug. Als dieser bald darauf ermordet wurde, machte sich Philetairos endgültig unabhängig. Geschickt taktierend konnte er im folgenden seinen Machtbereich sichern und diesen seinem Erben Eumenes hinterlassen.

Eumenes I. (reg. 263–241 v. Chr.) konnte das Herrschaftsgebiet Pergamons durch einen Sieg über Antiochos I., den Herrscher des

Seleukidenreiches, bedeutend ausweiten. Doch erst Attalos I. (reg. 241–197 v. Chr.) gelang es, durch seinen Sieg gegen die nach 279 in Anatolien eingefallenen Kelten, die führende Rolle Pergamons in Kleinasien zu unterstreichen. Er nahm daraufhin die Königswürde und den Beinamen *Soter* (der Retter) an. Die Erfolge gegen die Kelten brachten Pergamon nicht nur Ruhm und Ehre. Sie wurden auch zu einem wichtigen Aspekt der politischen Propaganda des Königreiches. Dies läßt sich zum Beispiel an den berühmten Friesen des Pergamonaltars (heute in Berlin) studieren. Hier ist der Kampf der olympischen Götter gegen die Kinder der Erdmutter Gaia dargestellt. Dies kann auch als eine Verherrlichung des Kampfes der «zivilisierten» pergamenischen Hellenen gegen die «barbarischen» Kelten aufgefaßt werden. Wie wichtig das ideologische Programm des unter Attalos II. (reg. 197–159 v. Chr.) errichteten Altars den Pergamenern gewesen sein muß, zeigt die Tatsache, daß dieser etwa viermal so groß wie der ehrwürdige Athene-Tempel der Stadt war.

Pergamon, das den Anspruch hatte, Vertreter der hellenistischen Zivilisation zu sein, konnte in der Tat mit den großen Zentren der griechischen Welt, mit Alexandria, Antiochien und Athen, konkurrieren. Der Ehrgeiz, die berühmte Bibliothek von Alexandria zu übertreffen, sollte zu einem der ersten Exportverbote der Geschichte führen, denn Ägypten unterband die Ausfuhr von Papyrus nach Pergamon. Hier soll deshalb das nach der Stadt benannte Pergament erfunden worden sein – eine Entdeckung, die mittelbar auch die Entstehung gebundener Bücher einleitete. Der Dynastie gelang es zudem, einige der bedeutendsten Gelehrten der Zeit an ihren Hof zu ziehen. Auch die Herrscher selbst widmeten sich Studien – Attalos I. der Geographie, über die er eine Abhandlung verfaßte, und Attalos III. der Botanik. Wie die Funde belegen, war Pergamon auch ein Zentrum der Bildhauertätigkeit; die Skulpturen zeichnen sich durch freie und kreative Interpretation der klassischen Vorbilder aus.

Eine Vorstellung von der Wirkung, die von Pergamon ausgegangen sein muß, vermittelt die Ausdehnung des Reiches: 183 v. Chr. reichte es von den Dardanellen im Norden bis zum

Mittelmeer im Süden (wo Attalos II. Antalya gründete, die Touristenmetropole, deren Name noch heute an den Gründer erinnert) und von der Ägäis im Westen bis vor Ankara im Osten.

Attalos II. führte sein Reich eng an Europa: Er und seine Nachfolger verbündeten sich während der makedonischen Kriege mit den Römern, die sie gegen Philipp V. von Makedonien unterstützten. Dieses Bündnis blieb bestehen, bis der kinderlose Attalos III. (reg. 138–133 v. Chr.) sein Reich testamentarisch den Römern vermachte.

Durch die Römer, die die hellenistische Kultur in vielerlei Hinsicht bewahrten, verlor Anatolien in der Mitte des 1. Jahrhunderts v. Chr. seine Unabhängigkeit. Doch unter der «Pax Romana» sollten das gesamte Land und vor allem die Städte an der Ägäis und der Südküste in Frieden und Reichtum aufblühen. Neben Milet und Ephesus entwickelten sich seit der Vernichtung der Piraten im östlichen Mittelmeer unter Pompeius auch zuvor weniger bedeutende Städte wie Perge und Aspendos zu bedeutenden Metropolen. Ihre Ruinen zeugen noch heute von Wohlstand und Pracht. Der intensive Handel im Bereich des zum römischen Binnenmeer verwandelten Mittelmeers band Kleinasien in einen Kulturraum ein, der von Spanien bis zum Euphrat und von Afrika bis nach Britannien reichte.

Hoch über den Gipfeln des östlichen Taurus, auf dem Nemrut Dağı bei Adıyaman, zeugen indessen ein gigantischer Tumulus nebst kunstvoll gearbeiteter Statuengruppen von dem Versuch einer Synthese zwischen Ost und West. Dort hat sich Antiochos I. von Kommagene (reg. 62–32 v. Chr.) ein Denkmal gesetzt, das seine Abkunft von dem Perserkönig Dareios (reg. 522–486 v. Chr.) und, durch seine Mutter, von Alexander dem Großen anschaulich machen sollte. Dabei sollen die Götterstatuen des Heiligtums griechische und persische Götter miteinander gleichsetzen und so einen gemeinsamen Pantheon schaffen, in dem Apollo mit Mithras und Zeus mit Ahuramazda vereint werden. Doch dieser Traum von einer friedlichen Synthese, der hier einen so gewaltigen künstlerischen Ausdruck gefunden hat, endete 72 n. Chr., als Vespasian Kommagene zum Teil der römischen Provinz Syria machte.

Die Geburt von Byzanz

Wer kennt sie nicht zumindest dem Namen nach: Die Briefe an die Epheser, Kolosser und Galater, aus denen Pfarrer und Pastoren während ihrer Predigt gerne zitieren? Doch an wen sich diese Briefe des Apostels Paulus richteten, wird den meisten unbekannt sein. Als bekannte Ruinenstätte in der Nähe des Ferienortes Kuşadası mag Ephesus einigen ein Begriff sein, doch das bisher noch nicht ausgegrabene Colossai werden viele ebenso wenig einordnen können wie die drei nach Anatolien eingewanderten keltischen Stämme, die sich als Galater in der Umgebung Ankaras niederließen.

Es dürfte gleichfalls unbekannt sein, daß der Verfasser der Briefe selbst aus der Stadt Tarsus stammte, die heute noch gleichnamig westlich der Metropole Adana existiert. Der unter dem Namen Saulus als Jude mit römischem Bürgerrecht im Südosten der heutigen Türkei geborene Apostel Paulus war wesentlich dafür verantwortlich, daß sich das Christentum nach seiner Entstehung im Heiligen Land über die damalige Weltstadt Antiochia (heute Antakya) schnell in Anatolien ausbreitete. Drei Missionsreisen führten den nach dem Erweckungserlebnis auf der Reise nach Damaskus zum Paulus gewandelten ehemaligen Zeltmacher nach Kleinasien. Eine Aufzählung der Stationen liest sich wie das Inhaltsverzeichnis eines Reiseführers der griechisch-römischen Ruinenstädte der Türkei: Derbe, Lystra, Iconium, Antiochia in Pisidia, Perge, Attaleia, Ephesus, Assos, Milet, Patara, Smyrna, Pergamon, Hierapolis, Colossai und Laodikeia. Das südliche Zentralanatolien, die Südküste und die Ägäis hatte Paulus seit 45 bereist, bevor er im Jahre 60 aufgrund der Anschuldigung, er habe die Heiligkeit des Tempels verletzt, in Jerusalem festgenommen und zur Verhandlung seines Prozesses nach Rom gebracht wurde. Dort fand er zwischen 62 und 67 während der Christenverfolgungen unter Kaiser Nero den Tod.

So steht die Lebensgeschichte des Paulus sinnbildlich für die schnelle Verbreitung und die unbarmherzige Verfolgung des Christentums bis zum Toleranzedikt von Mailand, erlassen unter Konstantin dem Großen (reg. 306–337). Die immer wieder aufflammenden Christenverfolgungen wurden dadurch ausgelöst, daß die Christen eines der wichtigsten einenden Elemente des Römischen Reiches in Frage stellten: den Kult der Staatsgötter. Damit schlossen sie sich aus der Gemeinschaft der römischen Bürger aus und wurden als «Verräter an den vaterländischen Gesetzen» betrachtet. Gerade während der Krisenzeiten, in denen sich das Imperium nur unter größten Mühen gegen das Andringen feindlicher Völker an fast allen Grenzen wehren konnte, wurde die staatsfeindliche Haltung der Christen als bedrohlich empfunden. So kam es vornehmlich unter starken Kaisern, die wie Diokletian (reg. 284–305) Macht und Einheit des Reiches durch Reformen erneuern wollten, zu blutigen Verfolgungen im großen Stil. Die Verbote Diokletians mußten aufgrund des passiven Widerstands der inzwischen stark angewachsenen Christengemeinden schon unter Galerius im Jahre 311 zurückgenommen werden. Um das Christentum zur Staatsreligion zu machen, bedurfte es im zentralistisch verwalteten Militärstaat des spätrömischen Reiches freilich der Entscheidung des Herrschers.

Die Abwendung von der bis zu diesem Zeitpunkt vorherrschenden Macht des alten, heidnischen Roms sollte unter Konstantin auch in einem symbolischen Schritt erfolgen: Am 11. Mai 330 weihte der Kaiser die griechische Bosporusstadt Byzantion zur neuen Hauptstadt des Reiches und benannte sie nach sich selbst Konstantinopel. Der Wechsel der Hauptstadt spiegelte zugleich die wirtschaftliche Überlegenheit des östlichen Reichsteils wider, in dessen Nähe, auf dem Balkan, zudem die am heftigsten umkämpften Reichsgrenzen lagen. Obwohl Konstantinopel in bewußter Anlehnung an Rom ähnlich organisiert wurde – Senat, Kapitol, 14 Stadtregionen und Kaiserpalast entsprachen den Institutionen der alten Hauptstadt – zeigten die zahlreichen Kirchen die Abkehr von der alten Staatsreligion.

Länger als ein Jahrtausend sollte Byzanz existieren, das antike Erbe bewahren und durch die Synthese römischer Verwaltungs- und Militärtraditionen mit dem Christentum griechischer Prägung bis in die Neuzeit wirken. Die bauliche Entwicklung der strategisch günstig zwischen den Kontinenten und an einer der wichtigsten Wasserstraßen der Antike gelegenen Stadt brachte die neue staatliche und gesellschaftliche Ordnung zum Ausdruck. Unter Theodosius II. (reg. 408–450) wurden alle heidnischen Tempel zerstört und die heute noch existierenden Landmauern errichtet. Justinian I. (reg. 527–565), dem es noch einmal gelang, weite Teile des inzwischen untergegangenen weströmischen Reiches zurückzuerobern, ließ mit der Hagia Sophia (537 vollendet) die in ihrer Zeit größte Kirche der Christenheit errichten. Mit einer halben Million Einwohnern wurde Konstantinopel damals die bedeutendste Stadt Europas und des Mittleren Ostens.

Dem byzantinischen Staat wurden in der Folge stets neue Anpassungsleistungen abverlangt. Der Ansturm germanischer Stämme ließ die römische Zivilisation in Westeuropa untergehen. Hierauf folgte die Expansion der islamischen Welt seit der 2. Hälfte des 7. Jahrhunderts. Schließlich erstarkten slawische Völker, die den Balkan besiedelten. Kriege und Tributzahlungen brachten das oströmische Reich immer wieder an den Rand des Abgrunds. Sie führten gleichzeitig zu gesellschaftlichen Veränderungen, die ihrerseits Verwaltungsreformen nach sich zogen. So verdankt Byzanz sein Überleben denn auch weniger beharrlicher Wahrung der Tradition als vielmehr der erstaunlichen Kreativität und Flexibilität, mit der Staat und Gesellschaft auf Entwicklungen in- und außerhalb der Reichsgrenzen reagierten.

Die enge Verknüpfung von Staat und Religion, die Eusebios von Caesarea, der Berater Konstantins des Großen durch das Motto: «ein Reich, ein Kaiser, ein Gott» postulierte, stellte Reich und Bevölkerung jedoch häufig vor gefährliche Zerreißproben. Kirchliche Streitfragen nahmen so zwangsläufig die Form innenpolitischer Auseinandersetzungen an.

Unter Justinian I. verschärfte der Gegensatz zwischen orthodoxem und arianischem Bekenntnis die Feindschaft zwischen den oft als Bundesgenossen angesiedelten «Barbaren» und dem Reich. Dieser Gegensatz förderte zudem die Bindung der Germanen an den Bischof von Rom und damit mittelbar das spätere Schisma zwischen Rom und Byzanz. Und auch innerhalb des Reiches sorgte die Auseinandersetzung über das Verhältnis von göttlicher und menschlicher Natur in Christus für die Spaltung der monophysitischen östlichen Provinzen von den orthodoxen westlichen. Dies erleichterte die Eroberung Ostsyriens und Ägyptens durch die Araber im 7. Jahrhundert. Doch auch theologische Streitfragen ohne mittelbare außenpolitische Folgen schwächten das Reich. So konnte der Bilderstreit erst nach einem Jahrhundert erbitterter Auseinandersetzungen überwunden werden.

Eine Reform der Reichsverwaltung wurde zunächst durch den Verlust der westeuropäischen Provinzen und die aggressive Politik der Bulgaren auf dem Balkan notwendig. Unter Heraklios (reg. 610–641) reagierte das Byzantinische Reich mit der Einführung der «Themenverfassung». Benannt nach der Grundeinheit des byzantinischen Heeres, dem *Thema*, wurden jeweils mehrere Provinzen zu einem Militär- und Verwaltungssystem zusammengefaßt, das dem Militärstrategen unterstellt wurde. Dadurch wurden straffe, zentralisierte Einheiten geschaffen, die dem Byzantinischen Reich die Abwehr der arabischen Expansion ermöglichten. Trotz der Betonung der militärischen Exekutive gegenüber der zivilen Verwaltung hatte diese Reform auch positive gesellschaftliche Auswirkungen: Das zuvor dominierende Söldnerheer wurde aufgelöst, und die Soldaten als freie Bauern in ihren Militärbezirken angesiedelt. Dadurch konnte sich das Reich nicht nur den Sold zur Unterhaltung des Heeres sparen, sondern auch durch die Besteuerung der neuen Bauern zusätzliche Einkünfte erzielen. Gleichzeitig entstand eine soziale Schicht freier, selbstbewußter und staatstreuer Siedler, die innenpolitisch in jedem Falle positiver wirkten als unbeständige Söldner, die durch die Unterstützung von Thronprätendenten Bürgerkriege auslösen konnten.

Weltgeschichtlich bedeutend wurde die Konsolidierung des Byzantinischen Reiches durch die Christianisierung und kulturelle Durchdringung der slawischen Reiche und auch Rußlands im Laufe des 9. und 10. Jahrhunderts. Andererseits führte der Verlust der reichen Ostprovinzen an die islamischen Reiche der Umayyaden und Abbasiden in dieser Zeit zu immensen wirtschaftlichen

Problemen, die zur Folge hatten, daß die Themenverfassung aufgegeben werden und dem Pronoia-System weichen mußte. Nun überließ der Staat das Land Großgrundbesitzern, die aus dem Gewinn der Bewirtschaftung Soldaten zu stellen hatten. Diese Großgrundbesitzer wurden jedoch bald so mächtig, daß sie sich ihren Verpflichtungen entziehen konnten. Die damit einhergehende Schwächung der Zentralregierung brachte das Oströmische Reich im Jahre 1204 an den Rand des Unterganges: Die Kreuzritter eroberten Konstantinopel, plünderten die Stadt und errichteten ihr «lateinisches Kaiserreich». In Trapezunt und Nikaia hielten sich zwar griechische Reiche, und von dort aus konnte Konstantinopel 1261 zurückerobert werden. Doch trotz der nun einsetzenden «palaiologischen Renaissance», die noch einmal Kunstwerke und Bauten von höchstem Rang hervorbrachte (so die Chora-Kirche mit ihren Mosaiken), hatte Byzanz nun als Weltmacht ausgespielt. Mit den Türken hatte das Reich längst einen Gegner bekommen, dem es nach langem Abwehrkampf erliegen sollte.

Der Aufstieg des Osmanischen Reiches

Die Sprecher von Turksprachen, die heute in kleineren und größeren Völkern über ein von Polen bis zum westlichen China und vom Mittelmeer bis zu den Flüssen Sibiriens reichendes Gebiet verteilt leben, stammen ursprünglich aus Zentralasien, aus dem Gebiet des Altai-Gebirges. Recht unsichere Hypothesen stellen das Türkische aufgrund grammatischer Ähnlichkeiten in die Nähe der mongolischen und mandschu-tungusischen Sprachen. Frühe schriftliche Nachrichten über die Türken stammen aus den chinesischen Annalen, wo sie als *T'u-küe* erwähnt werden, nachdem sie im Jahre 552 ein Reich im Westen Chinas gegründet hatten. Diesem folgten weitere multiethnische Stammeskonföderationen.

Obwohl es auch türkische Völker mit buddhistischer, christlicher und – im Falle der Chasaren in Südrußland – auch jüdischer Religion gab, nahmen die meisten Turkvölker seit dem 10. Jahrhundert den Islam an, als erste die Karachaniden in Innerasien.

Weitere türkisch-muslimische Reiche in Zentralasien und später auch in der russischen Steppe folgten.

Für die Geschichte der heutigen Türkei ist jedoch die Dynastie der Seldschuken von entscheidender Bedeutung, die über Persien stetig in Richtung Westen expandierte. Mit Toğrıl Bey (reg. ca. 1037–1063), der von al-Qa'im, dem Abbasidenkalif in Bagdad als Sultan eingesetzt wurde, übernahm das Reich der Großseldschuken die Kontrolle des Kalifats.

Seit Beginn des 11. Jahrhunderts waren immer wieder turkmenische Reiter der Seldschuken in das armenisch-byzantinische Grenzgebiet Anatoliens eingefallen. Bereits 1071 konnte Alp Arslan (reg. 1063–1072), der Nachfolger Toğrıl Beys, den byzantinischen Kaiser Romanos IV. Diogenes bei der Stadt Malazgirt (Mantzikert) in der Nähe des Van-Sees im Osten der heutigen Türkei besiegen. Byzanz konnte seine Verteidigungsstellen in Anatolien nach dieser Schlacht nicht mehr behaupten, so daß die Nomadenkrieger der Seldschuken Kleinasien, das durch seine trockenen Hochebenen für ihre Lebensweise hervorragend geeignet war, in wenigen Jahren in Besitz nahmen. In rascher Folge entstanden türkische Fürstentümer, die 1077–1078 durch einen Heerführer der Großseldschuken, Süleyman, geeint und zum Sultanat der Anatolischen Seldschuken (Rum-Seldschuken) zusammengefaßt werden sollten. Nach der Eroberung Konstantinopels durch die Kreuzritter im Jahre 1204 erreichte das seldschukische Reich mit seiner Hauptstadt Konya unter Sultan Alaeddin Kaikubad I. (reg. 1220–1237) rasch seinen Höhepunkt. Lediglich die kleinen byzantinischen Reiche von Nikaia (heute İznik) und Trapezunt (Trabzon) konnten ihre Unabhängigkeit wahren.

Anatolien blühte unter den Seldschuken auf: Da die griechischen, armenischen und vielerorts angesiedelten slawischen Bauern nurmehr die recht geringe, religionsgesetzlich für nichtislamische Untertanen vorgeschriebene Kopfsteuer zu zahlen hatten, konnten sie besser wirtschaften als unter der drückenden Steuerlast der Byzantiner. Zudem blühten durch die beeindruckenden infrastrukturellen Maßnahmen, zum Beispiel den Bau von noch heute erhaltenen Karawanseraien, auch Handel und Handwerk in

Armenische Meister zogen die Seldschuken zu den Steinmetzarbeiten ihrer Gebäude heran. Hier Details von der Fassade der Karatay Medrese in Konya. – Foto: Christopher Kubaseck

den Städten auf. Moscheen, Medresen und Grabdenkmäler der Seldschuken, verziert durch feinste Steinmetzarbeiten, zählen zu den baulichen Meisterleistungen des Islam. Doch mit dem Einfall der Mongolen, die das Seldschukenheer 1243 schlugen, wurde diese Glanzzeit nur allzu bald beendet. Das Reich löste sich in eine Reihe kleiner Fürstentümer auf, und Grenzstreitigkeiten und Beutezüge untereinander waren nun an der Tagesordnung.

Eines der kleinsten türkischen Fürstentümer in der Nachfolge der Seldschuken war das Herrschaftsgebiet des Stammesführers Osman im Nordwesten, sozusagen in der Pufferzone zwischen dem türkischen Anatolien und den verbliebenen byzantinischen Territorien gelegen. Dies gab Osman (reg. ca. 1281–1326) die Chance, sein Gebiet auf Kosten der «Ungläubigen» auszudehnen.

Er hatte dabei so großen Erfolg, daß ihm bald immer größere Gruppen beutelustiger Nomadenkrieger zuströmten. So konnte Osman seine bescheidenen Weidegründe von ursprünglich etwa 1500 km² bis zu seinem Tode auf über 18 000 km² vergrößern und mit der Stadt Bursa die erste Hauptstadt seines Reiches erobern. Seinem Sohn Orhan (reg. 1326–1360) gelang es, dem entstehenden Sultanat Nikaia und Nikomedia (das heutige İzmit) sowie bis 1345 auch das türkische Fürstentum Karesi am Marmarameer einzuverleiben. Nach der Heirat mit der Tochter des byzantinischen Thronprätendenten Johannes Kantakuzenos setzte Orhan 1349 nach Europa über, wo er dem mittlerweile zum Kaiser gekrönten Schwiegervater gegen einen Angriff der Serben zu Hilfe kam. Bereits 1354 hatten sich die Osmanen dann auch an der Nordküste des Marmarameers etabliert. Bei seinem Tode hinterließ Sultan Orhan bereits ein Reich von 75 000 km² Größe.

Unterdessen waren erste Ansätze einer Verwaltung entstanden, die durch die Verschmelzung von zivilen und militärischen Aufgaben – Gouverneure der Provinzen (Sandschak) waren stets hohe Militärführer – die spätere Entwicklung des Reiches prägen sollten. Die Rechtsprechung über die Zivilbevölkerung, die im Gegensatz zur Situation in Europa nicht leibeigen war und auch nicht der Jurisdiktion von Lehensträgern unterstand, lag bei zentral bestellten Richtern (Kadi). Bereits unter Orhan zerfielen die Stammesverbände der Nomadenkrieger, und es bildeten sich eine mit Pfründen auf Lebenszeit belehnte Kavallerie und besoldete Fußtruppen heraus. Zur Zeit Murads I. (reg. 1360–1389), der das Reich durch Eroberungen in Europa und Anatolien weiter vergrößerte, wurde mit den Janitscharen (*yeni çeri* = Neue Truppe) eine aus jugendlichen Kriegsgefangenen zusammengesetzte Fußtruppe geschaffen, die dem Sultan bedingungslos ergeben war. Sie bildete ein verläßliches Gegengewicht zu anderen Truppenteilen und den noch verbliebenen anatolischen Vasallenfürsten. Dieses stehende, besoldete Heer wurde so erfolgreich, daß es über Jahrhunderte mit Hilfe der regelmäßig unter der nichtmuslimischen Bevölkerung des Balkans vorgenommenen «Knabenlese» (*devşirme*) ergänzt wurde. Ein Fünftel der männlichen Kinder wurde eingezogen und türkischen Familien zugeteilt, bei denen sie Türkisch lernten und islamisiert wurden. Danach folgte der Truppendienst, oder, im Falle besonders begabter Kinder, der Palastdienst, der Aufstiegschancen bis in höchste Ränge bot. Etliche Wesire, Großwesire und auch der berühmteste Baumeister des Osmanischen Reiches, Mimar Sinan, stammten aus der Reihe dieser Sultanssklaven. Die Bezeichnung «Sklave» ist allerdings mit Vorsicht zu gebrauchen: Obwohl der Sultan uneingeschränkt über Leib und Leben dieser Untergebenen verfügen konnte, hatten diese doch in anderen Belangen Rechtssicherheit und persönliche Freiheit wie alle anderen Untertanen des Landes auch.

1402 sollte das Osmanische Reich eine Katastrophe erfahren, die Ähnlichkeiten mit der Niederlage der Seldschuken gegen die Mongolen aufwies: Bayezid I. (reg. 1389–1402) unterlag bei Ankara Timur (in Europa auch Tamerlan genannt), dem zentralasiatischen Welteroberer, der es sich zum Ziel gesetzt hatte, das Reich Tschingis Khans zu erneuern. Im Gegensatz zu den Seldschuken sollten sich die Osmanen von dieser Niederlage, mit der keine Besetzung des Landes verbunden gewesen war, erholen. So konnte Mehmed II. (reg. 1451–1481), Urenkel des besiegten Bayezid I., 1453 Konstantinopel erobern, und die Eroberung Italiens, eingeleitet durch die Besetzung Otrantos – Mehmed II. sah sich als Nachfolger der byzantinischen Kaiser –, scheiterte lediglich an seinem frühen Tod. Den Höhepunkt seiner Macht erreichte das Osmanische Reich unter Süleyman dem Prächtigen (reg. 1520 bis 1566), in der Türkei mit dem Beinamen *Kanuni*, der Gesetzgeber, bekannt. Sein Herrschaftsbereich erstreckte sich von Algerien bis zum Jemen, von Bosnien bis an den Persischen Golf, im Norden reichte er bis Moldawien und zur Krim.

Die Osmanen verdankten ihren Erfolg einer ganzen Reihe von Faktoren. Ihr Reich besaß nicht nur eine – den europäischen Mächten fehlende – stehende Armee, die mit modernsten Feuerwaffen ausgerüstet war. Es besaß überdies eine gut strukturierte Verwaltung, die eine vergleichsweise geringe Steuerlast auf alle Bauern, Händler und Handwerker verteilte. Erhebliche Einnahmen konnten aus Fernhandel, Tributzahlungen und Eroberungs-

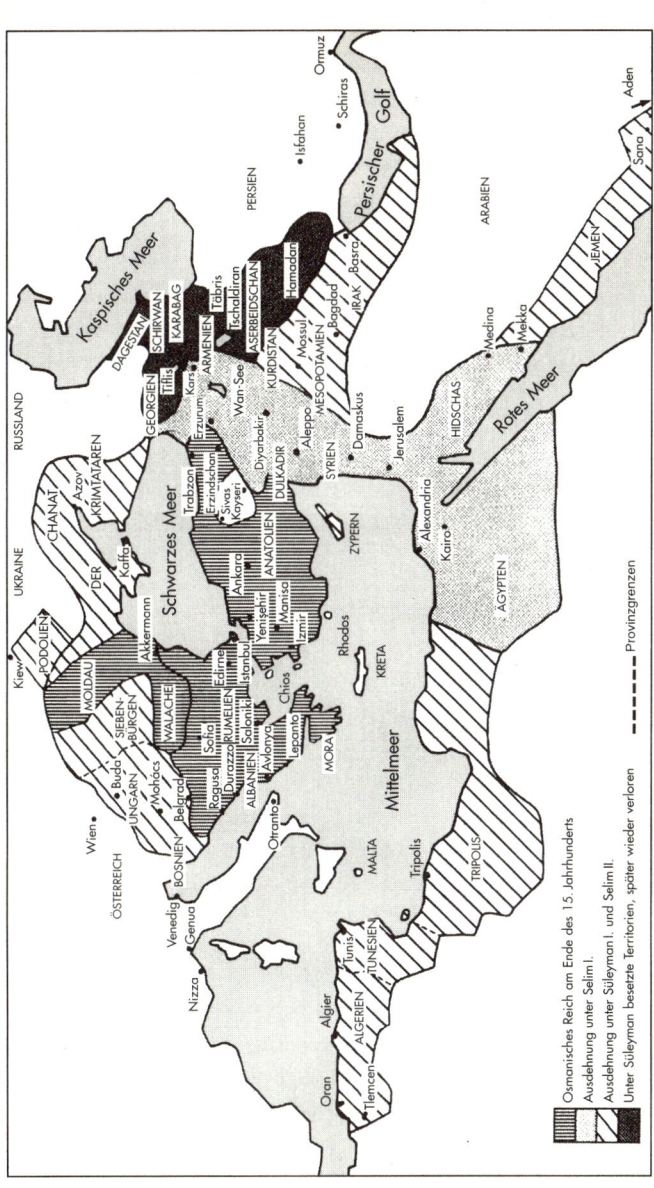

Das Osmanische Reich im 16. Jahrhundert. Geographische Bezeichnungen der heutigen Zeit (Armenien, Aserbaidschan, Bulgarien, Österreich, Serbien, Ukraine) sind lediglich als Orientierungshilfen gedacht.

Quelle: Robert Mantran (Hrsg.), Histoire de l'Empire ottoman, Paris: Fayard 1989, S. 140.

zügen erzielt werden. Dazu herrschte bis zur Zeit Süleymans des Prächtigen weitgehend das Leistungsprinzip: Da es keinen Adel gab, wurden Posten in Militär und Verwaltung mit Personen besetzt, die sich durch ihre Kenntnisse und Fähigkeiten hervorgetan hatten. Dies galt auch für die Sultane selbst, die in jungen Jahren als Provinzgouverneure eingesetzt wurden und beim Ableben ihres Vorgängers oft genug um den Thron kämpfen mußten.

Mit dem gescheiterten ersten Versuch, Wien zu erobern, war das Osmanische Reich im Jahre 1529 indessen an seine militärischen Grenzen gestoßen. In der Folgezeit machten sich innere Verfallsanzeichen ebenso bemerkbar wie die Folgen einer veränderten geopolitischen Situation. Nach der Entdeckung des Seewegs nach Amerika und nach Indien riß Europa den Fernhandel an sich – von dem zuvor das Osmanische Reich als «Endstation» der Seidenstraße am Mittelmeer profitiert hatte. Wirtschaftlich erstarkt war Europa nach dem Ende des Dreißigjährigen Krieges in der Lage, militärisch gegen die Osmanen vorzugehen. Unterdessen gerieten die osmanischen Herrscher in ihrem riesigen Palast in das Spinnennetz der Hofintrigen. Durch ein elaboriertes Zeremoniell von der Umwelt abgeschottet – man verzichtete nach 1603 auf die Ausbildung der Prinzen als Provinzgouverneure –, besetzten die Sultane die höchsten Ränge immer öfter mit Verwandten oder Favoriten der Sultansmütter, die nun große Teile der Macht an sich rissen. Lediglich einer Reihe hervorragender Großwesire – so Sokollu Mehmed Pascha oder die Familie der Köprülü im 17. Jahrhundert – gelang es, inneren Verfall und Territorialverluste bis zur Niederlage vor Wien im Jahre 1683 hinauszuschieben.

1808, als Mahmud II. (reg. bis 1839) Sultan wurde, hatte das Osmanische Reich die demütigenden Friedensschlüsse von Karlowitz (1699), Passarowitz (1718) und Küçük Kaynarca (1774) mit den entsprechenden Verlusten von Krim, Teilen der Walachei sowie Bosnien und Serbien hinnehmen müssen. Auch die Oberherrschaft über Nordafrika galt nur noch nominell. Der Verfall des Pfründesystems in Anatolien hatte zudem nahezu unabhängige Feudalfamilien entstehen lassen, die sogenannten «Talfürsten» (*derebey*). Und auch die zuvor so disziplinierte Truppe der

Janitscharen war zu einem unabhängigen Machtfaktor geworden, der die Absetzung von Sultanen hatte erwirken können. Ihnen fiel auch der reformorientierte Selim III. (reg. 1789–1807) zum Opfer, der eine moderne Armee hatte aufstellen wollen.

Sein Nachfolger Mahmud II. ließ sich deshalb Zeit mit solchen gefährlichen Projekten. Er einigte sich zunächst mit den «Talfürsten», um – so gesichert – allmählich eine neue, disziplinierte Truppe, die *Nizam-ı Cedid*, aufzubauen, mit deren Hilfe er sich durchsetzen konnte. 1826, bei einem neuerlichen Aufstandsversuch der Janitscharen, nutzte er die neue Armee dazu, die ehemalige Elitetruppe niederzumetzeln. Nach diesem «Heilsamer Vorfall» (*vaka-ı hayriye*) genannten Ereignis war der Weg für Reformen – unter nun mit absolutistischer Machtfülle ausgestatteten Herrschern – frei.

3. Vom Sultanat zur Demokratie

Am 29. Oktober 1923 verkündete Staatspräsident Mustafa Kemal, der später Atatürk genannt werden sollte, die Gründung der Republik Türkei, und in den zehn darauffolgenden Jahren erlebte die türkische Gesellschaft einen rasanten Schwenk weg von islamischen Vorschriften, orientalischen Bräuchen sowie religiösen Symbolen hin zur Übernahme europäischer Gesetze, westlicher Kleidung und nationalistischer Ideologie. Die Republik führte staatliche Institutionen nach westlichem Vorbild ein, lehrte abendländische Philosophie und verordnete ihren Bürgern europäischen Lebensstil. Es galt, ein modernes Land und eine moderne Bevölkerung zu schaffen. Europa war die Heimat der Moderne, und wer Europa glich, der war modern. Was das Ancien Régime betraf, benahm sich die kemalistische Kulturrevolution wie andere geglückte Revolutionen auch: Sie malte die vorangegangene Ordnung schwarz in schwarz. Bei den Osmanen habe Willkürherrschaft des Sultans die türkische Nation versklavt und ein verknöcherter Islam allem Fortschritt den Weg verbaut.

Die Modernisierer übernahmen damit die damals gängigen Ansichten vom Orient, der als rückständig, despotisch, undemokratisch, kurz, als das genaue Gegenteil Europas gezeichnet wurde. Unbeachtet blieb, daß bahnbrechende Neuerungen politischer Natur schon unter osmanischer Herrschaft eingeführt worden waren, daß begleitet von «islamischer Rhetorik» Staatsbürgerrechte gewährt worden waren, und daß die Republik ohne die vorangegangenen Reformen nicht möglich gewesen wäre. Umgekehrt wurde wenig Notiz davon genommen, wie schwer die politische Hypothek wog, die die Republik übernommen hatte. Stichworte sind die autoritäre Lenkung der republikanischen Erneuerung von oben, ihr zentralistischer Charakter, die Fixierung auf Bürokratie und Staat, die Vernachlässigung materieller Fragen sowie die tiefe kulturelle Kluft zwischen Reformern und der Masse der Bevölkerung.[1] Reich und Republik sind sich deshalb – im Positiven wie im Negativen – näher, als auf den ersten Blick zu vermuten wäre.

Die Anfänge moderner Staatlichkeit und Politik

Als Mahmud II. 1826 die Janitscharen niedermetzeln ließ, war das Osmanische Reich noch ein durch und durch traditioneller Staat. Scharmützel oder ausgewachsene Kriege des Sultans mit seinen Lehnsmännern zeigen, wie weit das Reich vom Gewaltmonopol moderner Staaten entfernt war. Auch von einer Bevölkerung mit gleichen Rechten und Pflichten, wie sie moderne Staaten haben, konnte keine Rede sein. Das Volk war in zwei Klassen und vier Religionsgemeinschaften geteilt. Zur herrschenden Klasse gehörte der Hof, sein Militär, die Bürokraten und die islamischen Gelehrten, die als Kadi (Richter) und Verwalter der Städte tätig waren. Sie alle zahlten keine Steuern und herrschten im Namen des Sultans über die Untertanen, die von ihrer Hände Arbeit oder vom Handel lebten. Zwar bestand die Oberklasse fast ausschließlich aus Muslimen, doch die Masse der Muslime gehörte der Unterklasse an und zahlte Steuern wie die Angehörigen anderer Religionen auch. Die größten nichtmuslimischen Gruppen, griechische und armenische Christen sowie Juden, waren nicht nur Glaubens-, sondern auch Verwaltungs- und Sozialgemeinschaften, und man nannte sie *millet*. Sie besaßen eigene Schulen und Krankenhäuser, und ihre geistigen Oberhäupter sprachen Recht unter ihren Angehörigen. Der Preis für diese kulturelle Freiheit war eine – im Vergleich zu den Muslimen – höhere Steuer, für deren Eintreibung die Geistlichkeit verantwortlich war. Ein gemeinsames Staatsbürgerbewußtsein, wie es moderne Nationen kennen, ist bei einer derart organisierten Bevölkerung schwerlich zu erwarten.

Auch wirtschaftlich war das Land alles andere als eine Einheit. Der Hof und seine Bürokratie waren die größten Kunden, und unter den *millet* war der wirtschaftliche Austausch ähnlich gering wie zwischen den verschiedenen Regionen des Riesenreiches. Finanziert wurde der Bedarf des Staates durch eine Kriegsökonomie, die dem Sultan stets neues Land zur Lehnsvergabe lieferte und damit die Kriegsmaschinerie am Laufen hielt. Als die Eroberungen endeten, Kriege wegen des technischen Fortschritts immer teurer wurden und die europäischen Seemächte den Überlandhandel der Seidenstraße schwächten, lief das Staatsschiff der Osmanen schnell auf Grund. Jetzt galt es, den technischen Vorsprung Europas aufzuholen, die Armee zu reorganisieren, das Land und seine Bevölkerung zu einigen und die Bewohner zum eigentlichen Produktionsfaktor zu machen.

Die Zeit drängte, denn schon 1832 war das Reich erstmals in seiner Existenz bedroht. Mehmed Ali, osmanischer Statthalter in Ägypten, erhob sich gegen den Sultan und fügte den Osmanen in der Ebene von Konya eine schwere Niederlage zu. Zum Glück für den Sultan fürchtete der russische Zar Nikolaus I. den mit Frankreich verbündeten Mehmed Ali mehr als die Osmanen, und russische Truppen verhinderten, daß der Usurpator den Thron in Istanbul übernehmen konnte. Der Ernst der Lage beflügelte den Reformeifer des Sultans. Er liquidierte in großer Zahl die Lehen, vereinheitlichte erstmals die Verwaltung, gründete ein Außenministerium und führte die allgemeine Dienstpflicht ein. Beamte und Offiziere wurden an neuen, technischen Lehranstalten ausgebildet. Der Turban wurde abgeschafft, und muslimische und nichtmuslimische Männer wurden gleichermaßen dazu verpflichtet, den roten Fez zu tragen, so daß religiöse Unterschiede an der Kleidung nicht mehr sichtbar waren. Der Sultan ernannte jetzt auch Nichtmuslime zu Bürokraten und erlaubte, daß türkische Zeitungen erschienen: die Geburt der öffentlichen Meinung unter den Osmanen.

1839, nur sieben Jahre später, war das Reich schon wieder auf ausländische Hilfe angewiesen. Erneut drohte Mehmed Ali und rieb bei Nizib an der heutigen Grenze zu Syrien die Armee der Osmanen auf. Nur die gemeinsame Intervention von England, Rußland und Österreich verhinderte, daß Kleinasien die Beute der Ägypter wurde und unter französischen Einfluß geriet. Das Reich blieb erhalten, doch die Retter forderten Reformen, um es besser in den von ihnen kontrollierten Weltmarkt eingliedern zu können. Noch im selben Jahr verkündete der neue Sultan Abdülmecid I. das «Großherrliche Handschreiben» *(Hatt-ı Şerif)* von Gülhane, das «die Neuordnungen» (kurz: *tanzimat*) einleitete. Es garantierte die Unverletzlichkeit der Person, des Eigentums und der Würde seiner Untertanen gleich welchen Standes und welcher Religion, die Abschaffung der Steuerpacht und die einheitliche Regelung des Steuerwesens, die Öffentlichkeit von Gerichtsverhandlungen, die Verrechtlichung der Aushebung von Rekruten und die Herabsetzung der Militärdienstzeit. 1843 wurde – für manche islamische Länder noch heute undenkbar – die Todesstrafe für den Abfall vom Islam abgeschafft. 1847 entstanden Handelsgerichte, vor denen erstmals das Zeugnis eines Nichtmuslimen dem eines Muslim gleichstand, und 1850 wurden beratende Vertretungen der Untertanen, in denen auch Nichtmuslime saßen, am Hof des Sultans und am Sitz der Provinzgouverneure eingerichtet. Im selben Jahr wurde die Türkische Akademie und 1854 die erste Universität gegründet. Das Türkische wurde als Umgangssprache neu entdeckt und die eigene Geschichte in Beziehung zu Europa neu betrachtet.

1853 erforderte die nächste große Bedrohung des Reichs erneut ausländische Hilfe, und der nächste große Reformschritt folgte. Diesmal brauchten die Osmanen Rückendeckung gegen Zar Nikolaus I. Gegen ihn sprangen im Krimkrieg England, Frankreich und das Königreich Sardinien dem neuen Sultan Abdülaziz bei. 1856, nur 18 Tage nach dem Waffenstillstand, der die Russen stoppte, verkündete der Sultan das nächste «Kaiserliche Handschreiben». Mit diesem *Hatt-ı Hümayun* erlangten die Selbstverpflichtungen des Sultans aus dem Gülhane-Erlaß von 1839 Gesetzeskraft. Von nun an hatten auch Nichtmuslime Zugang zum Staatsdienst, selbst die Militärschulen nahmen Nichtmuslime auf, und die Ungleichbehandlung von Christen und Juden bei der Steuer hatte ein Ende. Schon ein Jahr zuvor war die Zeugenschaft von Nichtmuslimen bei Strafprozessen zugelassen worden. Damit war im Handels- und im Strafrecht das islamische Recht gebrochen, die einst muslimische Herrscherklasse auch für Angehörige anderer Religionen geöffnet und Ungleichbehandlung bei der Steuer abgeschafft.

So war zum ersten Mal in der Welt des Islam der Religion das Monopol darauf entzogen, Begründung von Recht und Gesetz, sozialer Ordnung und Status zu sein. Denn so sehr islamische Theologie und Tradition den Schutz der nichtmuslimischen Untertanen forderten, rechtliche Gleichheit von Nichtmuslimen und Muslimen hatten sie nicht vorgesehen. Dem Zuwachs an Freiheit für die Nichtmuslime stand freilich keine ähnliche Statusverbesserung für die Muslime gegenüber, politische Rechte wurden nämlich nicht gewährt. Ziel war nicht, die Untertanen an der Macht zu beteiligen, sondern ein absolutistisches Regime zu sichern. Die Gleichstellung der Nichtmuslime mit den Muslimen verdankte sich zum einen dem Druck der ausländischen Mächte. Zum anderen sollte damit der inneren Auflösung des Staates entgegengewirkt werden. Denn das Reich bröckelte an allen Fronten, und besonders die christlichen Gebiete begehrten auf. Zu Beginn des 19. Jahrhunderts reihte sich in Serbien ein Aufstand an den anderen. 1829 erlangten die Griechen ihre Unabhängigkeit. 1861 mußte der Sultan für das Libanongebirge eine autonome Verwaltungseinheit (Sandschak) einführen, und 1862 kam es zu Aufständen in Armenien, denen 1866 auf Kreta und 1867 in Bulgarien weitere folgten. Der militärische Druck der Europäer und die Unruhe unter den Nichtmuslimen – für die Elite rund um den Istanbuler Sultanshof waren sie ein einziges Knäuel von feindlichem Komplott und treulosem Verrat. Die Gleichstellung der Minderheiten und die Gewährung von Rechten waren kein Selbstzweck, sondern Instrumente zur Rettung eines nach wie vor muslimisch geprägten Staates. Die Reformen brachten zwar mehr Freiheit, sie waren jedoch kein Ausdruck eines Freiheitswillens unter den Muslimen, sondern wurden von oben gegen die Masse der Muslime durchgesetzt. Wie sollte es auch anders sein – ein muslimisches Bürgertum, das Forderungen nach Freiheit und politischen Rechten erhoben hätte, gab es nicht.

Die wirtschaftlichen Folgen der Reformen waren zweischneidig. Rechtssicherheit und einem langsam wachsenden Markt stand eine größere Abhängigkeit vom Ausland gegenüber. Der Weg war frei für ausländische Unternehmen, die sich Konzessionen sicherten und das Land mit Industrieprodukten überschwemmten. Eine eigene osmanische Industrie wurde nicht aufgebaut, und viele Handwerkstraditionen starben aus. Wurde 1820 in Bursa auf 100 Webstühlen anatolisches Tuch produziert, waren es 1861 als Folge des Imports von englischem Kattun nur noch 30. Im gleichen Zeitraum überlebten in der Stadt von 1000 Seidenspinnern ganze 75. Schon 1838 hatte England den Abschluß eines Freihandelsvertrags erzwungen, und die anderen westlichen Mächte zogen nach. 1856 wurde mit englischem Kapital die Osmanische Bank gegründet, die 1863 zur Reichs- und Notenbank der Osmanen wurde. Der Krimkrieg wurde mit Anleihen aus Europa finanziert, und das Reich verschuldete sich schwer. Einheimische Unternehmer waren zu 90 Prozent Angehörige der Minderheiten, meist Kompradore ausländischer Firmen. Die junge Unternehmerschaft war deshalb nach ethnischer Zugehörigkeit gespalten und konnte oder wollte keine gemeinsamen Interessen formulieren.

Forderungen nach politischer Beteiligung und Bürgerrechten

Der Unmut gegen die Reformen, die den außenpolitischen Niedergang nicht aufhalten und die wirtschaftliche Stagnation nicht überwinden konnten, formierte sich erstmals im Putschversuch von 1859. Hinter ihm stand eine sonderbare Koalition aus islamischen Rechtsgelehrten (Ulema) und jüngeren, weltlich gebildeten Offizieren und Beamten. Letztere, Absolventen der neuen Lehranstalten, waren selbst Früchte der Reformperiode. Sie forderten erstmals politische Rechte, eine Verfassung, konstitutionelle Monarchie und Pressefreiheit, kurz: eine Kontrolle der Regierung. Die liberalen Forderungen dieser Gruppe, der «Neuosmanen», waren gepaart mit ihrem Bekenntnis zum muslimischen Charakter des Staates, in dem sie mitbestimmen wollten. In ihren Augen hatten sich die Bürokraten rund um den Sultan allzuweit von der Be-

völkerung entfernt und betrieben eine verantwortungslose Verwestlichung. Die Reformen nutzten primär den ausländischen
Mächten und den religiösen Minderheiten. Die Reformer selbst
seien bloße Nachäffer Europas, dächten nur technokratisch und
hätten kein Gespür dafür, daß die Bevölkerung auch kulturell und
politisch zusammengeführt werden müsse.

Die kritische Sicht der Neuosmanen auf «die Fremden» vereinte
sie mit den Ulema. Doch anders als diese verstanden die Neuosmanen den Islam nicht als Auftrag, die Herrschaft von Muslimen
über Nichtmuslime wiederherzustellen. Sie begriffen den Islam
und sein religiöses Recht als Legitimation dafür, sich gegen die Regierung des Sultans zu stellen und im Namen einer übergeordne-
ten Wahrheit Mitsprache zu verlangen. Damit übernahm der Islam
bei ihnen die Funktion, die im Europa der Aufklärung die Vorstellung vom Naturrecht spielte. So wichtig die Religion für die
Neuosmanen bei der Infragestellung der absoluten Macht des
Sultans und seiner Regierung war, so wenig sollte sie bei der Vereinigung des Volkes die zentrale Rolle spielen. Die Neuosmanen
propagierten keine islamische, sondern eine «osmanische Nation», die alle Angehörigen des Reiches umfassen sollte, egal ob
Muslim, Jude oder Christ. Sie alle sollten sich der Dynastie, und
mehr noch dem osmanischen Vaterland, verbunden fühlen. Damit
war die Idee vom territorialen Staat geboren, die für die Republik
eine zentrale Rolle spielen sollte.

Die Revolte wurde niedergeschlagen, einige Führer abgeurteilt,
und maßgebliche Köpfe flüchteten nach London und Paris.
Die Anschauungen der Neuosmanen faßten jedoch Fuß, und als
1876 das Reich durch Aufstände auf dem Balkan und diploma-
tischen Druck der Großmächte wieder einmal am Rande des
Abgrunds stand, formierten sich in Istanbul 40 000 Studenten
der Medresen zu einer gewaltigen Demonstration. Der Sultan
ernannte den Gouverneur der «Donauprovinz» – das Wort «Bulgarien» war wegen der bulgarischen Nationalbewegung nicht
erlaubt – Mithat Pascha zum Chef des Kabinetts. Dieser hatte sich
durch Kritik an der alten Regierung hervorgetan und stand den
Neuosmanen nahe. Noch im selben Jahr wurde Sultan Abdülaziz

abgesetzt, die erste Verfassung wurde erlassen, und im Frühjahr 1877 trat zum ersten Mal in der islamischen Welt ein Parlament zusammen, dessen Mitglieder zu zwei Fünfteln Nichtmuslime waren.

Der neue Sultan Abdülhamid II. erwies sich jedoch als entschlossener Herrscher. Er schickte das Parlament bereits nach drei Monaten in eine unbestimmte Sitzungspause und löste es nur ein Jahr nach seiner Gründung auf. Gelegenheit dazu gab ihm der russisch-türkische Krieg, in dem die Osmanen bis auf Ostthrakien alle Gebiete auf dem Balkan verloren. Je bedrohlicher die Lage wurde, desto höher stieg der Druck, den Staat durch seine Angleichung an Europa gegen die Europäer zu stärken. Diesem Zwang konnte sich auch Abdülhamid nicht entziehen. Zwar hob er für 30 Jahre alle politischen Freiheiten auf, doch in der Bürokratie, beim Militär, in Schule und Hochschule trieb er die Europäisierung auf die Spitze. Mit Abdülhamid II. erreichte das osmanische Modell der Modernisierung «von oben» seinen Höhepunkt.[2] Reformgesetze wurden autoritär ohne Mitwirkung der Bevölkerung erlassen. Der Sultan baute das Kommunikationswesen aus, zentralisierte die Verwaltung weiter und dehnte die Kontrolle des Staates weit in die Gesellschaft hinein aus. Er gründete die Fakultät für Staatswissenschaft (*mülkiye*) und die Kriegsakademie (*harbiye*), deren Besuch noch in der Republik den Weg in die höchsten Staatsämter öffnen sollte.

Auch in anderer Hinsicht erwies sich der letzte osmanische Despot als modern und auf der Höhe seiner Zeit. Abdülhamid II. erkannte, daß die altehrwürdige Form der Legitimation von Herrschaft nicht mehr ausreichte, besann sich seiner Würde als Kalif, Herrscher der Gläubigen, und propagierte die Einheit der islamischen Welt. Ihre mehrheitlich christlichen Gebiete waren den Osmanen ohnehin längst entglitten, auf sie mußte keine Rücksicht mehr genommen werden. Aus Kairo holte er den berühmten Cemaleddin Afghani nach Istanbul. Afghani predigte den Panislamismus, und Abdülhamid II. stellte sich propagandistisch an die Spitze der weltweiten islamischen Bewegung gegen den europäischen Kolonialismus. Nicht nur im eigenen Reich wurde sein Ruf gehört, er fand Anklang auch in Libyen und Indien, im Kaukasus und in Arabien.

Die weltweite muslimische Sympathie löste jedoch keine Probleme. Wirtschaftlich war das Reich am Ende. 1875 mußte der Sultan den ersten und 1881 den zweiten Staatsbankrott anmelden. Im selben Jahr errichteten die europäischen Staaten die «Dette Publique Ottomane», eine Schuldenverwaltung, die in eigener Regie direkt auf die Reichtümer des Landes zugriff. In mehr als 700 Zweigstellen zogen Tausende von Agenten der «Dette» Steuern ein und erhoben die Feudalabgaben. Um sich England und Frankreich nicht vollkommen auszuliefern, gewährte der Sultan dem wilhelminischen Deutschland 1888 die Konzession für die Anatolische Eisenbahn und 1903 den Zuschlag für die Bagdadbahn. Das Osmanische Reich wurde zur Bühne des imperialistischen Wettstreits der Europäer. Auf dem Berliner Kongreß hatte sich England 1878 zum Schutzherrn der Armenier aufgeschwungen. Wilhelm II. dagegen setzte auf die Muslime. Auf seiner Orientreise versprach der Deutsche Kaiser 1898 in Damaskus «den 250 Millionen Mohammedaner(n), die in allen Ländern der Welt leben, … daß der Deutsche Kaiser zu allen Zeiten ihr Freund sein wird.»[3]

Die Spaltung zwischen Muslimen und Christen war Ende des 19. Jahrhunderts besiegelt. Der Versuch, ein osmanisches Volk zu kreieren, war gescheitert, bevor er richtig begonnen hatte.

Die Opposition gegen den Sultan formierte sich in den Militär- und Verwaltungsschulen, die er selbst eröffnet hatte. Allen Reformen zum Trotz waren Militär und Bürokratie fest in muslimisch-türkischer Hand geblieben. Schon 1889 schlossen sich in der Medizinschule des Heeres Studenten im Geheimen zum «Komitee Einheit und Fortschritt» (İttihâd ve Terâkkî) zusammen. Die Gruppe zog schnell andere Oppositionelle an. Auf einem Kongreß in Paris im Jahre 1902 kam es zu erbitterten Richtungskämpfen. Die eine Seite hielt am eher liberalen Osmanismus fest. Sie propagierte den gleichberechtigten Einschluß der sprachlichen Minderheiten, der Kurden und Araber, eine fast föderale Organisation des Reiches und den Islam als Dach des gemeinsamen Staates. Die andere Seite bestand auf einer klaren türkischen Führung, auf striktem Zentralismus und wollte Distanz zur Religion. Die pro-türkische Seite siegte, und die «Jungtürken» wurden zur Keimzelle des späteren türkischen Nationalstaats und der Republik. Ihr Zentrum war ab 1906 Saloniki, das Fenster der Osmanen nach Europa. Als Abdülhamid II. 1908 begann, in Istanbul die Zellen der Jungtürken zu zerschlagen, zogen die ersten jungtürkischen Regimenter in die Berge, und Tausende von Freiwilligen strömten ihnen zu. Der Sultan kapitulierte und setzte die alte Verfassung von 1876 erneut in Kraft. Als islamisch-konservative Truppenteile zehn Monate später die neue Regierung stürzten, schlugen jungtürkische Regimenter die Rebellen zurück, und das Komitee übernahm direkt die Macht. Am Vorabend des Ersten Weltkriegs herrschte in Istanbul das jungtürkische Militär-Triumvirat aus Cemal, Talaat und Enver Pascha. Schon 1912 war das Kriegsrecht verkündet und 1913 waren alle Parteien verboten worden. Osmanismus und Panislamismus hatten als Ideologien ausgedient, und türkischer Nationalismus bestimmte Denken und Handeln der Regierung. Im Namen des Nationalismus hatten die Balkanvölker ihre eigenen Staaten gegründet und der osmanischen Elite eindrucksvoll die Schlagkraft der neuen Ideologie bewiesen. Auch die Regierung der Jungtürken setzte jetzt alles auf die Idee von der Nation. Türkisch wurde zur einzigen amtlichen Sprache, das Schulwesen der Minderheiten und die nichttürkische Unternehmerschaft gerieten unter Druck. Seinen Höhepunkt fand der nationale Wahn mit der Vertreibung der Armenier und der Auslöschung armenischen Lebens in Anatolien.

Über ihre Istanbuler Kaufleute und Bankiers eng mit Europa verbunden, hatte bei den Armeniern die Idee des Nationalismus schon seit den siebziger Jahren des 18. Jahrhunderts Wurzeln geschlagen. Auslandsorganisationen, die stärkste von ihnen die Daschnaken, forderten nicht nur Gleichheit und Autonomie, sondern einen armenischen Nationalstaat in Anatolien. Lokale Aufstände und Terroranschläge sollten die Aufmerksamkeit Europas auf die «armenische Frage» lenken und die Großmächte dazu bringen, Druck auf die Osmanen auszuüben.[4] In Ostanatolien prallte die Idee vom armenischen Nationalstaat mit kurdischem Nomadentum zusammen. Als Teil seiner modernisierenden und zentralistischen Reformen hatte das Reich nur wenige Jahrzehnte vorher die kurdischen Stämme zur Seßhaftigkeit gezwungen, und Kurden überfielen armenische Dörfer, um ihre Ansprüche auf Land durchzusetzen. Sultan Abdülhamid II. nutzte die Spannungen, formierte eine kurdische Miliz, genannt «Hamidiye», und schickte sie im Herbst 1894 zu einem ersten großen Massaker gegen die Armenier. Die Rivalität der Großmächte verhinderte, daß der öffentlichen Entrüstung in Europa Taten folgten. In den nächsten beiden Jahren wiederholten sich die Ereignisse in kleinerem Ausmaß: Massaker der Hamidiye und europäische Proteste, die der Konkurrenz der Großmächte wegen ohne Folgen blieben. Zwischen Armeniern und Kurden in Ostanatolien entwickelte sich eine Atmosphäre des «wir oder ihr», und als die türkische Elite begann, ihr eigenes Nationalstaatsprojekt zu verfolgen, war die Katastrophe vorprogrammiert.

Der heraufziehende Krieg überschattete die Frontenbildung in Europa. Im Mai 1913 riefen die Daschnaken zur Errichtung einer autonomen armenischen Region auf. Zusammen mit Frankreich und Rußland zwangen die Briten im März 1914 die jungtürkische Regierung, der Einsetzung von zwei europäischen Inspektoren mit weitgehenden Vollmachten zuzustimmen. Der Ausbruch des Krieges verhinderte die Ausführung dieser Pläne, die der Grundsteinlegung eines armenischen Nationalstaats in Ostanatolien gleichgekommen wären.

Nachdem England, Frankreich und Rußland sich geweigert hatten, die Sicherung der Grenzen des Reichs zuzusagen, zogen die Jungtürken an der Seite der Mittelmächte in den Krieg. In Istanbul rief die hochste theologische Autorität, der Scheich ül-Islam, den Dschihad, den Heiligen Krieg der Muslime, gegen die Entente aus. Nach anfänglichen Erfolgen erlitten die türkischen Truppen an der Nordfront eine schwere Niederlage. Von armenischen Nationalisten als Befreier begrüßt, rückten russische Truppen nach Ostanatolien vor. Armenische Truppenteile der osmanischen Armee desertierten und schlossen sich den Russen an, und eine armenische

Guerilla führte hinter den osmanischen Linien Krieg. Am 24. April 1915 wurden die ersten 2345 armenischen Aktivisten verhaftet und einen Monat später fiel die Entscheidung zur «Umsiedlung (tehcir) der armenischen Bevölkerung aus dem Kriegsgebiet» nach Zor, in die Wüste Syriens. Nur die Armenier Istanbuls und Izmirs blieben von der Deportation verschont. 600 000 bis 800 000 der damals 1,5 Millionen armenischen Einwohner Anatoliens fielen der Aktion zum Opfer.[5] Hunger, Seuchen und Übergriffe der lokalen Bevölkerung allein können die hohe Zahl der Toten nicht erklären. Vereinzelt sprechen heute auch türkische Historiker von einer geplanten Aktion der paramilitärisch organisierten Regierungspartei «Einheit und Fortschritt» und ihres Geheimdienstes «Teşkilat-ı Mahsusa». Die Todesschwadrone dieses Staats im Staate hätten systematisch gemordet, teilweise gegen den Widerstand, teilweise aber auch mit Unterstützung der Behörden.[6]

Die Überlebenden des Todesmarsches ließen sich nach dem Krieg in Syrien, im Libanon und auf Zypern nieder. Mit der Besetzung der Stadt Van durch die Russen begann noch im selben Jahr die Vergeltung der Armenier. Bis 1918, als die russische Armee sich wegen der Oktoberrevolution teilweise auflöste, wurden erst im Gebiet von Van, Muş und Bitlis und dann auch in Erzurum und Erzincan der größte Teil der nicht geflohenen muslimischen Bevölkerung getötet.[7] Der Blutzoll Anatoliens in dieser Zeit überstieg alle Maße. Werden die Opfer des anschließenden türkischen Unabhängigkeitskriegs mit eingerechnet, verlor Kleinasien im Ersten Weltkrieg 20 Prozent seiner Bevölkerung, zwanzigmal mehr als Frankreich, das Land, das in Europa am stärksten unter dem Ersten Weltkrieg gelitten hat.[8]

Der Traum vom armenischen Nationalstaat scheiterte aus zwei Gründen. Zum einen bildeten die Armenier in keinem ihrer Siedlungsgebiete die Mehrheit und waren auch nirgends die größte Gruppe der Bevölkerung. Zum anderen lebten sie, im Unterschied zu allen anderen Minderheiten, im Zentrum des osmanischen Staatsgebiets. Ein armenischer Nationalstaat hätte die vollständige Auflösung des Reiches – und später die umfassende Niederlage der türkischen Nationalbewegung – zur Voraussetzung gehabt.

Die Türken ihrerseits «erwachten» später als die christlichen Minderheiten ihres Reiches und in Reaktion darauf zur Nation. Orientalisten aus Europa hatten die Idee von der gemeinsamen Kultur aller Türken erst wenige Jahrzehnte zuvor entwickelt, und tatarische Intellektuelle aus dem Zarenreich hatten daraus eine politische Ideologie gemacht. Die Jungtürken traten an, mit dieser Idee den Staat neu zu bilden. Besonders Kriegsminister Enver Pascha begeisterte sich für den Turanismus oder Panturkismus und träumte von einer Einheit aller Turkvölker von der Adria bis nach Westchina. Noch 1918 zog er seine Truppen von der Palästinafront zurück und warf sie nach Aserbaidschan und dem Kaukasus. Das Hundertmillionen-Reich Turan sollte doch noch erobert werden. Es war die Zeit der Pan-Bewegungen, und Vorbilder gab es genug: Panslawismus, Panhellenismus, Pangermanismus (Alldeutsche Bewegung) und bald auch Panarabismus.

Das Ende des Kriegs bedeutete nicht nur das Ende des Osmanischen Reiches, sondern aller Vielvölkerimperien in Europa, auch des Zarenreichs und der Donaumonarchie. An ihre Stelle traten Nationalstaaten. Auf dem Weg vom Reich zur Republik hatten die Osmanen seit Mahmud II. in weniger als hundert Jahren drei politische Programme durchexerziert: Verwestlichung, Islamisierung – und Turkisierung. Alle dienten sie dem Ziel, den Staat zu modernisieren und gegen den Westen stark zu machen, den äußeren Feind abzuwehren und innere Einheit herzustellen. Trotz unterschiedlicher Schwerpunkte haben die drei Programme vieles gemeinsam. Als Ideologie gegen traditionelle Herrschaft trägt die Islamisierung ebenso moderne Züge wie die Turkisierung, die ihrerseits nichts anders ist als die Übernahme der westeuropäischen Idee von der Nation und ihrem Nationalstaat. Es gibt freilich noch eine andere Gemeinsamkeit zwischen diesen drei Programmen. Sie alle wurden oben – wenn auch von wechselnden Eliten – entschieden und nach unten durchgesetzt. Der Graben zwischen Reich und Republik war deshalb weniger tief, als es den Anschein hat. Die Republik konnte auf der osmanischen Säkularisierung sowie der Rationalisierung und Zentralisierung von Staat und Bevölkerung aufbauen. Sie übernahm jedoch gleichzeitig die politische Tradition der Osmanen, Reformen von oben und autoritär durchzusetzen.

Der türkische Unabhängigkeitskrieg

Zunächst jedoch war von türkischer Staatlichkeit überhaupt keine Rede. Der Krieg endete mit der bedingungslosen Kapitulation. Am 31. Oktober 1918 wurde in der ägäischen Bucht von Mudros der Waffenstillstand geschlossen. Die osmanischen Truppen hielten nur noch das Gebiet der heutigen Türkei und die Provinz Mossul im heutigen Irak. Der Maghreb, Ägypten und alle arabischen Provinzen waren verloren, ebenso die osmanischen Besitzungen auf dem Balkan sowie die Territorien nördlich des Schwarzen Meeres und im Kaukasus. Hinzu kam, daß die Sieger jeden Teil der Türkei besetzen konnten und Istanbul unter der Verwaltung der Entente stand. Und es sollte noch schlimmer kommen. Am 10. August 1920 mußte der Sultan den Vertrag von Sèvres unterschreiben. Er trat darin den europäischen Teil der Türkei, Ostthrakien, ab und überließ die Provinz Izmir (Smyrna) den Griechen. Im Osten sollte ein Großarmenien entstehen, dessen westliche und südliche Grenze unter Einschluß der Städte Giresun, Erzincan, Bitlis und Van gezogen wurde. Den kurdischen Gebieten wurde Autonomie versprochen, und der Südwesten Anatoliens war italienischen, Kilikien dagegen französischen Interessen vorbehalten. Istanbul, das Marmarameer und die Meerengen (Bosporus und Dardanellen) blieben unter internationaler Vormundschaft. Die Türken sollten sich mit einem Rumpfstaat in Zentralanatolien bescheiden, ohne Zugang zum Mittelmeer. Schon am 15. Mai 1919 landeten griechische Truppen in Izmir, die armenische Nationalbewegung der Daschnaken schickte sich an, die Verwaltung Ostanatoliens anzutreten, Italien besetzte Konya und Antalya, und Frankreichs Truppen marschierten in den Provinzen Maraş, Mersin und Antep auf.

In diesem Stadium fällten die Engländer in Istanbul eine Entscheidung mit weitreichenden Folgen. Sie stimmten der Entsendung eines noch jungen osmanischen Generals nach Anatolien zu, der die versprengten Truppenteile sammeln und entwaffnen sollte. Am 19. Mai erreichte General Mustafa Kemal mit dem Schiff von Istanbul kommend die Hafenstadt Samsun am Schwarzen Meer. Doch statt die Truppen zu entwaffnen, formierte er sie zum Kern des nationalen Widerstands der Türken gegen die Besatzer. Ein erster Kongreß in Erzurum schmiedete am 23. Juli 1919 ein Bündnis zwischen osmanischen Offizieren, anatolischen Notabeln, kurdischen Stammesführern und Mitgliedern der Geistlichkeit: den «Verein zur Verteidigung der Rechtsordnung Anatoliens». Nur sechs Wochen später, am 4. September, traf sich der Kongreß erneut, diesmal in Sivas. Jetzt nahmen auch Delegierte aus dem Westen und Rumelien teil, und der Kongreß sprach im Namen der Gesamttürkei. Im sogenannten «Nationalpakt» erklärte er die vollkommene Unabhängigkeit des türkischen Territoriums innerhalb der Waffenstillstandsgrenzen.

Der Vorsitzende des Komitees, General Mustafa Kemal, wandte sich an den Sultan und verlangte für die Anerkennung der osmanischen Monarchie die Einberufung des alten Parlaments. Darin bildeten nach wie vor die jungtürkischen Abgeordneten die Mehrheit. Als im Januar 1920 die Volksvertretung zusammentrat, bekannte sie sich prompt zum «Nationalpakt» von Sivas und schwächte damit die Stellung des Sultans weiter. Im März verstärkten die Engländer die Besatzung der Stadt, lösten das Parlament auf und verbannten maßgebliche Abgeordnete nach Malta. Der Rest der Opposition ging nach Anatolien und unterstützte Mustafa Kemal. Dieser rief nun seinerseits zur Bildung eines Parlaments nach Ankara. Am 23. April wurde es eröffnet, und am 3. Mai folgte die Ernennung Mustafa Kemals zum Chef der neuen Nationalregierung. Der Sultan erklärte ein letztes Mal den Heiligen Krieg, diesmal gegen den aufrührerischen General. Sein «Islamisches Heer» mußte sich jedoch schon im Juni geschlagen geben. Die Ankaraner Regierung war nun auch militärisch auf dem Vormarsch.

Schon im September 1919 hatte der türkische Widerstand gegen die französischen Truppen in Kilikien begonnen. Im Mai 1920 zogen sich die Franzosen zurück und konzentrierten sich fortan auf Syrien und den Libanon. Zwei Monate zuvor hatte Italien nach nur wenigen Scharmützeln Konya und Antalya geräumt und gleichzeitig auf alle Ansprüche in der Türkei verzichtet. Ende September wehrten die Türken einen Angriff der armenischen Daschnaken ab und überschritten die Grenze zu Armenien. Bereits im Juni hatte die UdSSR unter Lenin die anatolische Regierung anerkannt und sich damit für die Angriffe der Alliierten auf die Oktoberrevolution revanchiert. Jetzt sahen sich die Armenier im Norden von den Bolschewiki und im Westen von Mustafa Kemal bedroht. Nur fünf Tage dauerten die Kämpfe, dann mußten die Hoffnungen auf ein Großarmenien begraben werden. Jetzt konzentrierten sich die Türken auf ihren letzten und eigentlichen Gegner.

Die griechischen Truppen, die im Mai 1919 in Izmir gelandet waren, hatten sich dort nicht lange aufgehalten, sondern waren auf eigene Faust nach Westanatolien und Ostthrakien vorgerückt. Ziel war die Verwirklichung der «Megala Idea», des panhellenistischen Ideals, alle griechischen Siedlungsgebiete in einem Staat zu vereinen und Konstantinopel zurückzugewinnen. Im Herbst 1920 geriet der griechische Vormarsch ins Stocken, im März 1921 begann sich das Blatt zu wenden, und im September siegten die Türken in der Entscheidungsschlacht am Fluß Sakarya. Genau ein Jahr später wurden die letzten griechischen Stellungen überrannt, und am 15. September 1922 verließ das letzte griechische Kriegsschiff den Hafen von Izmir. Doch es gingen nicht nur die griechischen Soldaten. Innerhalb einer Woche flohen 213 000 Griechen aus der Stadt, und das einst kosmopolitische Izmir ging in Flammen auf.

Den Siegermächten des Ersten Weltkriegs lag nichts an einer Verlängerung des Kriegs. Am 24. Juli 1923 schlossen sie mit der Regierung in Ankara den Vertrag von Lausanne, der die Unabhängigkeit des neuen Staates anerkannte. Am 29. Oktober 1923 verkündete Mustafa Kemal die Gründung der Republik. Er selbst blieb bis zu seinem Tode Staatspräsident.

Als türkischer Nationalstaat entsprach die Republik dem Paradigma ihrer Zeit. Das Credo lautete, jede Nation habe ein Recht auf ihren Staat, und jeder Staat brauche zu seiner Legitimation eine Nation. Als eine Nation, die sich ihren Staat erkämpft hatte, erfuhren die Türken endlich die internationale Achtung, die ihnen als Osmanen immer verwehrt worden war. In einem englischen Memorandum jener Tage heißt es: «Der Wechsel (vom Reich zur Republik) verweist darauf, daß in der Türkei ein Nationalbewußtsein entstanden ist, und daraus resultieren auch die jüngsten Erfolge der türkischen Armee.»[9] In ihrem Kampf um Unabhängigkeit habe die türkische Nation gegen den islamischen Sultan und Kalifen zu sich selbst gefunden. Das ist auch der Tenor der republikanischen Historiographie. Doch so schnell, so gründlich und so glatt konnte der Wechsel von einem seit 700 Jahren im Namen des Islam bestehenden Reich zum türkischen Nationalstaat nicht verlaufen.

Tatsächlich hatte der Widerstand in Anatolien nicht mit Mustafa Kemal begonnen. Bereits im Mai 1919, nur vier Stunden nach der Landung griechischer Truppen in Izmir, hatte der Mufti der westanatolischen Stadt Denizli ein religiöses Gutachten (Fetwa) erlassen und den Widerstand gegen die Besatzer als religiöse Pflicht bezeichnet. Die Muftis anderer Städte in der Region hatten es ihm nachgetan und die Muslime zum Dschihad gerufen. Der Mufti von Denizli wurde später mit 52 anderen Religionsgelehrten ins Ankaraner Parlament gewählt, und Mustafa Kemal bedankte sich vom Rednerpult herab bei ihm dafür, daß er geholfen hatte, Religion und Vaterland zu retten. Wie im Westen gegen Griechenland hatte sich auch im Osten muslimischer Widerstand formiert, hier gegen die Armenier. Schon im März 1919 hatte sich eine «Vereinigung Heiliger Islam» gebildet, in der Muslime verschiedener Provinzen gegen die christlichen Besatzer und für die Beibehaltung der traditionellen Ordnung stritten. Aus ihr war die «Grüne Armee», hervorgegangen, deren Partisanen sich unter der grünen Fahne des Propheten sammelten. Neben den Linienformationen Mustafa Kemals waren sie die stärkste Gruppe im Befreiungskampf.

Auch Mustafa Kemal und seine Offiziere waren Muslime, doch die religiöse Atmosphäre Anatoliens war ihnen ziemlich fremd.

Wie Enver Pascha und die Schriftstellerin des Befreiungskampfes Halide Edib stammte auch Mustafa Kemal aus Saloniki, dem Zentrum der jungtürkischen Bewegung. Viele Jungtürken kamen aus Thrakien, Makedonien und anderen verlorenen europäischen Gebieten der Osmanen. Lokaler Bindungen beraubt, in den modernen Schulen des Reiches im europäischen Geist erzogen, strebten sie die Bildung der Türkei nach westlichem Muster an. Vertraut mit Montesquieu und Voltaire, Comte und Rousseau hatte Mustafa Kemal andere Vorstellungen von Staat und Gesellschaft als die Masse der anatolischen Muslime. Als hoher Militär gehörte er zur osmanischen Elite, die es gewohnt war, für das Volk zu denken und an seiner Stelle zu entscheiden. Die «nationale Front», die sich in Anatolien bildete, war deshalb ein fragiles Bündnis. Auf der einen Seite standen aufgeklärte Offiziere und Bürokraten aus Istanbul und Saloniki um Mustafa Kemal und auf der anderen Seite türkische Bauern, kurdische Hirten und ihre Führer: Provinznotabeln, Stammeschefs und Religionsgelehrte. Die Trennung war freilich nicht absolut, und Journalisten, Schriftsteller und Intellektuelle fanden sich auf beiden Seiten.

Zur Überbrückung der Kluft nutzte Mustafa Kemal zwei Wege: ideologische Einbindung und Zwang. Den Offizieren fehlten Mannschaften, und im Frühjahr 1920 erfolgte – wie bei den Osmanen – die erste Zwangsaushebung von Rekruten. Im November wurden die islamischen Partisanengruppen aufgelöst und in die Linie eingegliedert. Widerstand dagegen wurde mit eiserner Hand gebrochen. Trotzdem existierte an ideologischen Gemeinsamkeiten nur der Islam. Schon der Verein, der 1919 den Kongreß von Sivas organisierte, wollte nichts von Nichtmuslimen wissen, sah aber jeden muslimischen Bürger des Osmanischen Reiches als sein natürliches Mitglied an. Faktisch war die türkisch-kurdische Befreiungsfront «offen panislamisch»,[10] und anders als die Osmanen, die bei ihren letzten Kriegen immer christliche Mächte an ihrer Seite hatten, führte sie tatsächlich einen muslimischen Krieg gegen christliche Besatzer. Mustafa Kemal hütete sich deshalb, während des Krieges Zweifel an seiner Haltung zum Islam, zur osmanischen Dynastie und zur Rettung des Sultans und Kalifen aus christlicher Hand aufkommen zu lassen. Er bat die Ulema und die Ordensscheiche um Unterstützung, und 152 Rechtsgelehrte aus ganz Anatolien gaben der islamisch-nationalen Sache ihren Segen. Das Erste Parlament in Ankara war denn auch eine durch und durch islamische Versammlung. Man betete gemeinsam in der nahegelegenen Moschee Hacı Bayram-ı Veli und eröffnete die Sitzungen mit Rezitationen des Korans. Auf Abgeordnete anderer Religionen mußte in Ankara – anders als in Istanbul unter den Osmanen – keine Rücksicht mehr genommen werden; türkische und kurdische Muslime waren unter sich. Als islamisches Parlament ächtete die erste Nationalversammlung alkoholische Getränke und versprach dem Sultan unverbrüchliche Loyalität. Erst als der Krieg entschieden und der Staat durch den Vertrag von Lausanne außenpolitisch gesichert war, gingen Mustafa Kemal und seine Kader daran, die Religion in Staat und Gesellschaft an den Rand zu drängen.

Zuerst jedoch brauchte er ein neues Parlament. Die Erste Nationalversammlung hatte den Befreiungskrieg auch deshalb so erfolgreich führen können, weil sie den Strömungen und Stimmungen der anatolischen Bevölkerung weitgehend entsprach. Türkische Historiker meinen, das Erste Parlament habe das Volk besser repräsentiert als alle folgenden – bis zu den ersten freien Wahlen 1950.[11] Im Ersten Parlament lag der Anteil der Offiziere und Beamten bei 33 Prozent, 67 Prozent entfielen auf andere gesellschaftliche Gruppen. Im neuen Zweiten Parlament, das unter starken Eingriffen Mustafa Kemals im August 1923 zustande kam, saßen dagegen 54 Prozent Offiziere und Beamte. Das Erste Parlament wurde auf Initiative Mustafa Kemals aufgelöst, der fürchtete, seine Abgeordneten würden dem Vertrag von Lausanne ihre Zustimmung verweigern. Von den 118 Oppositionellen aus dem Ersten Parlament fanden sich nur drei im zweiten wieder. Doch radikale Schritte wie die Gründung der Republik waren selbst mit der handverlesenen Versammlung des Zweiten Parlaments nur schwer zu realisieren, denn in Istanbul predigten die Ulema, daß der Islam das Kalifat dringend erfordere, und maßgebliche Führer im Befreiungskampf wollten eine konstitutionelle Monarchie.

Mustafa Kemal nutzte deshalb eine von ihm selbst ausgelöste Regierungskrise dazu, das Parlament mit der Einführung der Republik zu konfrontieren. Eine Diskussion darüber hatte nicht stattgefunden, und vier der fünf führenden Persönlichkeiten des Befreiungskrieges befanden sich in jenen Tagen nicht in Ankara. Innerhalb von nur acht Stunden debattierte das Parlament in Ankara den Wechsel der Staatsform, entschied die Verfassungskommission und erfolgte schließlich die Abstimmung zur Änderung der Verfassung. Ein Zugeständnis machte Mustafa Kemal: Der Islam blieb auch in der Republik Staatsreligion. Nur 15 Minuten später wurde Mustafa Kemal von der Versammlung, die mit 158 von 287 Abgeordneten gerade noch beschlußfähig war, einstimmig zum ersten Staatspräsidenten der Republik Türkei gewählt.

Atatürk und die Bildung der türkischen Nation

Nicht Nationen bauen sich ihre Staaten, sondern Staaten schaffen sich ihre Nation. Diese Quintessenz der Forschung zur Entstehung und zum Wandel der modernen Staaten gilt auch für die Türkei. Bei Gründung der Republik hatte das Land 13,6 Millionen Einwohner – etwa soviel wie heute Istanbul –, 80 Prozent lebten auf dem Lande, und 90 Prozent waren Analphabeten. Ihnen sagten nationalistische Theorien wenig, wichtig waren regionale, stammesmäßige und religiöse Zugehörigkeiten. Aus dieser Bevölkerung mußte die westlich gebildete Elite eine Nation nach europäischem Muster formen; denn andere erfolgreiche Modelle von Staat und Gesellschaft waren nicht in Sicht. Die neue Nation sollte zwei Eigenschaften haben: Sie sollte sich nicht mehr religiös, sondern weltlich verstehen, und sie sollte sich zum Türkentum bekennen. Letzteres hatte besonders für die Kurden Konsequenzen.

Die Einführung der Republik änderte am politischen Klima zunächst wenig. Im November 1924 bekam die Partei Mustafa Kemals, die «Republikanische Volkspartei» (CHP), konservative

Konkurrenz. Kazım Karabekir und andere Führer des Befreiungskampfes versammelten sich in der «Republikanischen Fortschrittspartei» (CTP). Diese Partei opponierte gegen die bestimmende Stellung Mustafa Kemals und gegen neue Maßnahmen zur Zurückdrängung der Religion, die in der Bevölkerung nur wenig Anklang fanden. Im März 1923 war das Kalifat, die geistige Führerschaft des ehemaligen Sultans über die sunnitischen Muslime in der Welt, aufgehoben und die osmanische Dynastie aus dem Lande gewiesen worden. Ein neues Schulgesetz hatte alle Schulen dem Erziehungsministerium unterstellt, das umgehend die religiösen Schulen, die Medresen, schloß. Das «Ministerium für religiöses Recht und fromme Stiftungen» war abgeschafft worden, und eine untergeordnete Religionsbehörde trat an seine Stelle. Entscheidungen über das religiöse Recht traf jetzt das Parlament, und das religiöse Leben wurde von der neuen staatlichen Behörde kontrolliert. Die Religion war damit nicht mehr Legitimation des Staates, und viele fromme Muslime verstanden mit einem Mal die Welt nicht mehr. Aus der Religion war eine untergeordnete und potentiell gefährliche Angelegenheit geworden, die es zu kontrollieren, ja zurückzudrängen galt.

Angeblich zum Schutz von Kalifat und Religion erhoben sich im Februar 1925 kurdische Stämme unter Führung eines Scheichs des Nakschibendi-Ordens. Der Aufstand wuchs sich zur einer handfesten militärischen Bedrohung aus. Die Regierung in Ankara nutzte die Revolte im 1000 Kilometer entfernten Osten dazu, die bürgerliche Opposition im ganzen Lande auszuschalten. Im März erließ sie das «Gesetz zur Sicherung der öffentlichen Ruhe». Es räumte der Regierung weitreichende Vollmachten ein und wurde für 22 Jahre das Instrument autoritärer Politik. Im Juni 1925 wurde die Oppositionspartei verboten, und führende Mitglieder wurden vor Gericht gestellt. Zahlreiche Zeitungen wurden zwangsweise eingestellt, der Vorwurf lautete: «Schwächung des Regierungseinflusses durch Kritik und dadurch gegebene Verursachung des Aufstandes im Osten».[12] 1925 wurde ein generelles Parteienverbot erlassen, und 1933 wurde die Universität von liberalen Akademikern gesäubert. Auch die 1923 gegründete erste Einheitsgewerkschaft «Birlik» bestand nur knapp zwei Jahre. 1930 beauftragte Mustafa Kemal einen Vertrauten mit der Gründung einer loyalen Oppositionspartei. Diese neue «Freie Republikanische Partei» (SCP) erhielt jedoch gleich soviel Zulauf, daß das Experiment bereits nach drei Monaten abgebrochen wurde. So blieb die CHP Mustafa Kemals die einzige Partei, und das Parlament «verwandelte sich in ein willenloses Forum».[13]

Die Ausschaltung der Opposition erleichterte die Säkularisierung. Wie Sultan Mahmud II. seinerzeit den Turban abgeschafft und den roten Fez vorgeschrieben hatte, verpflichtete im November 1925 ein Gesetz die Männer, den Fez abzulegen und den europäischen Krempenhut zu tragen. Weil der Hut als ein Symbol der Christen galt, erregte das Gesetz viel böses Blut. Im gleichen Monat wurden die Logen aller islamischen Orden geschlossen und damit ein großer Bereich der Alltagsreligion verboten. Nach Unruhen in Erzurum wurde der Ausnahmezustand in der Provinz verhängt, und unter dem Namen «Unabhängigkeitsgerichte» wurden zwei Sondergerichtshöfe eingerichtet, einer in Diyarbakir für die kurdischen Provinzen und einer in Ankara für die übrige Türkei. In vielen Städten Zentralanatoliens kam es zu Strafverfahren, Verurteilungen und Hinrichtungen.

1926 wurde das Schweizer Zivilrecht und damit die Einehe eingeführt. Noch im selben Jahr erfolgte das Verbot der religiösen Eheschließung, und Standesämter wurden eingeführt. Die Frau wurde dem Mann weitgehend gleichgestellt und erhielt 1935 das aktive und passive Wahlrecht. 1928 strich das Parlament den Passus «Staatsreligion ist der Islam» aus der Verfassung, und der Gebrauch arabischer Schriftzeichen wurde verboten. Dem Ziel, die Alphabetisierung voranzubringen, kam das Regime damit nur wenig näher,[14] der Bruch mit der osmanischen Kultur jedoch gelang. Ab 1932 durfte nicht mehr – wie in der ganzen islamischen Welt – auf Arabisch, sondern nur noch auf Türkisch zum Gebet gerufen werden, und ab 1934 war es nur noch den Oberhäuptern der anerkannten Religionsgemeinschaften erlaubt, in religiösen Gewändern aufzutreten. Im selben Jahr wurden Familiennamen eingeführt, und das Parlament verlieh Mustafa Kemal den Nachnamen «Atatürk», was «Vater der Türken» heißt.

Tatsächlich haben die Reformen Atatürks die türkische Nation geschaffen. Die Überzeugung, Mitglied einer von Arabern, Persern und anderen Muslimen scharf getrennten türkischen Nation zu sein, hat erstmals während der Einparteienherrschaft die Grenzen der Elite überschritten und sich in Teilen des Volkes durchgesetzt. Wenn heute viele Türken Anstoß daran nehmen, wie der Islam in anderen muslimischen Ländern verstanden wird, haben die Reformen Atatürks daran maßgeblichen Anteil. Und doch führten Atatürk und seine Republik auch – und vor allem – osmanische Reformen fort. Verwestlichung und Türkentum sind im Osmanischen Reich geboren worden; auch die Säkularisierung hat ihre Wurzeln dort. Selbst die Synthese zwischen Islam und Türkentum, die ethnische Einfärbung der Religion, hatte sich damals schon entwickelt. Trotz aller Zurückdrängung der Religion hat auch die Republik auf den Islam nie ganz verzichtet, und nicht nur im Befreiungskampf hat sie die Religion als einigendes Element genutzt.

Auch noch in anderer Beziehung hat die Republik osmanisches Erbe angetreten. Wie die Reformen im Reich waren auch die der Republik meist auf den Staat, die Rechtsordnung und die Kultur gerichtet. Wirtschaftliche und soziale Neuerungen wie die Bodenreform, die Industrialisierung oder die Entwicklung des beruflichen Bildungswesens blieben dahinter weit zurück. Wie die Reformer des Reiches verstanden sich die der Republik als ausgesprochene Elite, die besser als das Volk wußte, was ihm frommte, und sich nicht scheute, das Volk zu seinem Glück zu zwingen. Freilich war die damalige Zeit auch in Europa nicht durch Pluralismus und Demokratie geprägt, sondern durch Nationalismus, Faschismus und Sozialismus. Mustafa Kemal Atatürk war einer der wenigen Staatsmänner jener Zeit, die trotz großer Machtfülle keine Diktatur errichteten und ihr Land nicht in eine Katastrophe führten. Die Reformen der Republik prägten – positiv wie negativ – die weitere Entwicklung. Das kemalistische Modell zentralstaatlicher Steuerung jedoch geriet mit der gesellschaftlichen Modernisierung nach dem Zweiten Weltkrieg schnell an seine Grenzen.

Demokratisierung und Eingriffe des Militärs

Am 10. November 1938 starb Atatürk. Der «Vater der Türken» blieb jedoch Maß aller Dinge, und seine Politik und seine Reden wurden als «Kemalismus» oder «Atatürkçülük» zur offiziellen Ideologie des Staates.

Atatürks letzter Erfolg war der Anschluß der syrisch-türkischen Grenzprovinz Hatay-İskenderun im Juni desselben Jahres, womit die Republik ihre heutigen Grenzen erhielt. Durch Defensivverträge erst mit England und Frankreich und kurz vor dem Angriff Deutschlands auf die Sowjetunion auch mit dem «Dritten Reich» gelang es seinem Nachfolger İsmet İnönü, die Türkei aus dem Krieg herauszuhalten. Kurz vor Kriegsende erklärte Ankara Berlin den Krieg und sicherte sich damit seinen Platz in der neuen UNO. Zu Kämpfen zwischen beiden Ländern kam es jedoch nicht.

Die Freundschaft mit der Sowjetunion, die einst die erfolgreiche Führung des Befreiungskampfes ermöglicht hatte, konnte den Krieg nicht überdauern. Im November 1946 forderte Stalin die Rückgabe zweier Städte im türkischen Nordosten. Die UdSSR wollte außerdem die Meerengen gemeinsam mit der Türkei verwalten und dort Stützpunkte einrichten. Auch hinter den Streitigkeiten mit dem kommunistischen Bulgarien und hinter dem griechischen Bürgerkrieg vermutete die Türkei den Einfluß Moskaus. İnönü gab deshalb die Blockfreiheit auf und vertraute die Türkei für die nächsten 20 Jahre dem Schutz der USA an, die das Erbe Englands und Frankreichs im Nahen Osten übernahmen. Im Juli 1947 gewährte Washington die erste Rüstungshilfe. Das Abkommen leitete über hundert weitere Verträge zur militärischen und wirtschaftlichen Kooperation ein. In Geheimabkünften wurde den USA im Falle innerer Unruhen sogar ein Interventionsrecht zugesprochen.[15] US-Soldaten erhielten einen rechtlichen Sonder-

An allen Feiertagen ruft der Staat seinen Bürgern den «Vater der Türken» in Erinnerung, so auch am 19. Mai, dem «Nationalen Jugend- und Sporttag». Dann hängt das überdimensionale Plakat des Republikgründers auf dem zentralen Istanbuler Platz Taksim an der Front des städtischen Kulturzentrums, das selbstverständlich Atatürks Namen trägt, genauso wie der Flughafen, die erste Bosporusbrücke, eine der Brücken über das Goldene Horn und das neue Stadion. An jedem 10. November wird an die Sterbestunde Atatürks erinnert. – Foto: Günter Seufert status und andere Privilegien. Bei Gesetzesübertretungen konnte die türkische Justiz sie nicht belangen, was in einigen Fällen großen Unmut in der Bevölkerung auslöste. Beginnend mit dem Marshall-Plan erhielt die Türkei von 1947 bis 1971 3,2 Milliarden Dollar Militär- und 1,5 Milliarden Dollar Wirtschaftshilfe, und bis 1974 gehörte sie weltweit zu den größten Empfängern amerikanischer Unterstützung. Im Gegenzug konnte Washington in İncirlik bei Adana Nuklearraketen stationieren und 30 Stützpunkte eröffnen. Strategisch verband die Türkei in jenen Jahren die europäische Flanke der NATO mit den nahöstlichen Staaten des Bagdadpaktes (Iran-Irak-Pakistan) und war der Mittelpunkt der *northern tier*, welche die Sowjetunion vom Öl des Nahen Ostens trennte.

Im Februar 1952 wurde die Türkei Vollmitglied der NATO. Sie erkaufte sich den Beitritt damit, daß sie als einziges Land der Welt neben den USA eine nicht nur symbolische Truppe in den 9000 km entfernten Koreakrieg entsandte. Die 5742 türkischen Soldaten seien dort als «Bauern im Kriegsschach gegen die chinesischen Truppen» eingesetzt worden, heißt es in der Türkei dazu heute.[16]

Das Verhältnis zu Washington trübte sich erstmals während der Kuba-Krise von 1962/63. Im Gleichklang mit dem Abzug sowjetischer Raketen auf der Zuckerrohrinsel demontierten die USA ihre Jupiter-Raketen in İncirlik gegen den Wunsch der türkischen Regierung, die eine russische Expansion befürchtete. Im Juni 1964 verstärkte sich der Riß. Mit der Drohung, die NATO könne die Verteidigung der Türkei aussetzen, stoppte US-Präsident Johnson die schon damals geplante Invasion türkischer Truppen auf der Mittelmeerinsel Zypern. Ernsthaften Schaden nahm das türkische Vertrauen in die USA jedoch im Jahre 1974, als die Türkei wirklich auf Zypern landete. Washington antwortete mit einem dreieinhalbjährigen Waffenembargo und fügte damit der Kampfkraft der türkischen Armee großen Schaden zu.

Innenpolitisch hatte sich schon seit Ende der fünfziger Jahre Antiamerikanismus verbreitet. Die Türkei versuchte deshalb, ihre Abhängigkeit von den USA zu verringern, und die sechziger und siebziger Jahre wurden zur Blütezeit der deutsch-türkischen Beziehungen.

Die außenpolitische Anlehnung an den Westen hatte Folgen für die Innenpolitik. Die CHP, die İsmet İnönü zum «Nationalen Chef» und «ständigen Parteivorsitzenden» ernannt hatte, sah sich gezwungen, eine vorsichtige Demokratisierung einzuleiten. Im ersten Halbjahr 1945 wurde die Gründung von Parteien erlaubt, und im Januar 1946 formierte sich die «Demokratische Partei» (DP). In der Einparteienperiode hatte die CHP auf die Stimmung unter den 70 Prozent der Bevölkerung, die in den Dörfern und Städten Anatoliens lebten, keine Rücksicht nehmen müssen. Deren Einfluß fürchtend, forderte die CHP, die neue Partei müsse sich der Propaganda in den Ostprovinzen und auf dem flachen Land enthalten und sich für die folgenden Jahrzehnte mit der Rolle der Opposition begnügen.[17] Geschickt zog die Regierung die für 1947 angesetzten Wahlen auf den Juli 1946 vor und konnte sie bei offener Stimmenabgabe und geheimer Auszählung ein letztes Mal gewinnen.

1950, vier Jahre später, erreichte die DP bereits die absolute Mehrheit, und der Großagrarier Adnan Menderes wurde Ministerpräsident. Die DP zeigte sich in religiösen Fragen duldsamer, förderte Landwirtschaft und Industrie gleichermaßen, und die folgenden fünf Jahre erlebte die Türkei eine bislang einzigartige Phase wirtschaftlichen Wachstums. Bei den Wahlen 1954 gewann Menderes sogar 93 Prozent aller Parlamentsmandate. Doch die Mechanisierung der Landwirtschaft vernichtete Arbeitsplätze, die außenwirtschaftliche Liberalisierung schwächte die Handelsbilanz, die Wirtschaft brach ein, und das Land verschuldete sich schwer. Soziale Unzufriedenheit und kemalistische Opposition gegen den kulturell-konservativen Kurs verstärkten sich jetzt gegenseitig, und die Regierung Menderes schlug zunehmend autoritäre Töne an.

Als die Regierung die Armee gegen die Opposition einsetzen wollte, putschte das Militär am 27. Mai 1960 zum ersten Mal. Die DP wurde aufgelöst, und fast 600 ihrer Mitglieder wurden angeklagt. Es kam zu 15 Todesurteilen, und der Ministerpräsident wurde – nahezu einmalig in Demokratien – zusammen mit seinem Außen- und Finanzminister hingerichtet. Genau ein Jahr nach dem Putsch legten die kemalistischen Militärs eine neue Verfassung vor. Diese stärkte die Stellung des Staatspräsidenten und der Justiz gegenüber der Regierung und weitete die politischen Freiheiten aus. Den Trend in der Bevölkerung konnten die Putschisten jedoch nicht umkehren. Bei der Wahl von 1961 wurde die von ihnen favorisierte CHP zwar stärkste Partei, doch mit nur 36,7 Prozent der Stimmen mußte sie eine Koalition mit der neu gegründeten «Gerechtigkeitspartei» (AP) unter Süleyman Demirel eingehen, die das Erbe der DP angetreten hatte. Schnell wechselnde Koalitionsregierungen verwässerten die von den Militärs angestrebte Wirtschaftsplanung, und bei den nächsten Wahlen 1965 gewann die AP sogar die absolute Mehrheit. Unter Demirel öffnete sich trotz verstärkter Industrialisierung die soziale Schere weiter. Die soziale Frage, die ausbleibende Bodenreform, der Vietnamkrieg und die 68er Bewegung politisierten die Universitäten, die durch die neue Verfassung erstmals Autonomie erhalten hatten. Unter dem Schlagwort «Antiimperialismus» verbündete sich eine starke Fraktion der Linken mit Teilen der Armee und hoffte auf eine neue Militärregierung. Diese sollte das Land durch Verstaatlichungen und Planwirtschaft entwickeln und wirtschaftliche Autarkie sowie politische Unabhängigkeit erreichen. Derweil schlug die Regierung Streiks blutig nieder, ein Teil der Linken setzte auf die direkte Aktion, und rechte und linke Demonstranten lieferten sich Straßenschlachten.

Am 12. März 1971 griffen die Generäle erneut ein und überreichten Ministerpräsident Demirel ein Memorandum. Sie forderten den Rücktritt der Regierung und härteres Durchgreifen im Innern. Nur eine Stunde später demissionierte die Regierung Demirel, und der parteilose Professor Nihat Erim übernahm die Bildung eines Technokratenkabinetts. In elf Provinzen regierten Militärgouverneure unter Anwendung des Ausnahmezustandsrechts.

Die großen politischen Traditionen standen vor einem Scherbenhaufen: Die kemalistische CHP gewann keine Wahlen, und die

Konservativen (DP und AP) wurden vom Militär gestürzt. In dieser Zeit entstanden auf der Rechten zwei kleinere Parteien, die den Streit der kommenden Jahrzehnte prägen sollten: die präfaschistische «Nationale Aktionspartei» (MHP) unter dem ehemaligen Obristen Alparslan Türkeş und die islamistische «Nationale Heilspartei» (MSP) unter Necmettin Erbakan. Die CHP hingegen entwickelte unter dem Vorsitz von Bülent Ecevit einen sozialdemokratischen Diskurs und ging 1973 aus den Wahlen mit 33 Prozent als stärkste Partei hervor. Um die Regierung bilden zu können, mußte sie jedoch mit der MSP Necmettin Erbakans ein Bündnis schließen und legitimierte so den Partei-Islam durch seine Integration in das politische System. Die zweite historische Entscheidung Ecevits war die Invasion türkischer Streitkräfte auf Zypern. Die USA verkündeten ein Waffenembargo, die Militärausgaben stiegen, und auch aus Europa blieben Hilfen aus. Die ohnehin kränkelnde Wirtschaft konnte die neue Last nicht schultern, und bereits im April 1974 konnte Demirel die Regierung wieder übernehmen. Er bildete insgesamt drei Kabinette der «Nationalistischen Front», zu denen er von Fall zu Fall MHP und MSP hinzuzog. In Absprache mit dem Internationalen Währungsfonds (IWF) suchte Demirel sein wirtschaftliches Heil in Subventionsabbau, Abwertung der Türkischen Lira, Aufhebung der Schutzzölle, Freigabe der Preisbindung und drastischen Erhöhungen der Verbraucherpreise. Die 1961 von den Militärs eingeführte Wirtschaftsplanung, die auf den Aufbau einer von Importen unabhängigen Industrie ausgerichtet war, wurde aufgegeben. Die Industrie sollte nicht mehr primär für den heimischen Markt produzieren, und die türkische Wirtschaft sollte sich auf privatkapitalistischer Basis in den Weltmarkt integrieren. Um dort bestehen zu können, gewährte der Staat den türkischen Holdings mannigfaltige Möglichkeiten zur Akkumulation von Kapital: Senkung der Lohn- und Lohnnebenkosten, Exportförderung und billige Kredite. Die Staatsbetriebe sollten rentabel gemacht und privatisiert und die Subventionen in der Landwirtschaft abgebaut werden. Die sozialen Kosten dieser Politik waren hoch, Streiks und Studentenproteste nahmen zu, und im Südosten kam es zu Landbesetzungen. Politische Morde wurden fast alltäglich, Polizei und Regierung aber schlossen die Augen vor den Terroraktionen der MHP und ihrer Jugendorganisation, der «Grauen Wölfe». In 19 Provinzen wurde das Kriegsrecht verhängt, verdeckte Aktionen von zivilen und militärischen Geheimdiensten[18] heizten die Stimmung weiter an.

Am 12. September 1980 putschte die Armee ein drittes Mal. Um den neuen Kurs in der Wirtschaft durchzusetzen, mußten die Generäle nicht nur – wie 1960 und 1971 – eine politische Elite ausschalten. Dieses Mal sahen sie sich breiten und hochpolitisierten Bevölkerungsschichten gegenüber. Alle Parteien und Gewerkschaften wurden verboten, 24 000 Vereine aufgelöst, über 610 000 Personen inhaftiert und um die 210 000 angeklagt. 229 Inhaftierte kamen in den Kerkern um, und rund 14 000 Türken, die sich im Ausland aufhielten, wurden ausgebürgert. Die Militärs ließen eine neue Verfassung ausarbeiten, die alle politischen Rechte nur unter Vorbehalt gewährte. Neue Superbürokratien wie der «Hochschulrat», die «Staatssicherheitsgerichte» und später der «Hohe Rundfunk- und Fernsehrat» standen jetzt über der Regierung und waren auch vom Parlament nicht kontrollierbar. Noch heute ist die Verfassung von 1982 eines der Haupthindernisse für eine weitere Demokratisierung.

Liberalisierung und Hinwendung zur EU

Dieses Mal sollte das Militär für drei Jahre und zwei Monate das Land regieren. Den alten Parteiführern war es verboten, politische Ämter zu bekleiden, und zur Wahl im November 1983 wurden nur drei Parteien zugelassen. Erneut gewann die konservative Mitte, jetzt in Gestalt der «Mutterlandspartei» (AnaP) von Turgut Özal. Dieser hatte unter Demirel die Neuorientierung der Wirtschaft ausgearbeitet und der Militärregierung als stellvertretender Ministerpräsident gedient. Er führte den Kurs der wirtschaftlichen Öffnung fort. Exportsteigerungen, aber auch Inflationsraten von 100 Prozent und mehr sowie großflächige Verarmung waren die Folge. Die Löhne erreichten erst Anfang der neunziger wieder das Niveau vor dem Putsch. Als 1987 der Aufschwung stagnierte, wurde in der Folgezeit eine stete Neukreditaufnahme zur Deckung der hohen Staatsverschuldung nötig, und die Türkei unterwarf sich den «Empfehlungen» des Internationalen Währungsfonds.

Im September 1987 gelang den alten Parteiführern Demirel, Ecevit, Türkeş und Erbakan über eine Volksabstimmung die Rückkehr in die Politik. Die Folge war eine heillose Zersplitterung der türkischen Parteienlandschaft. Auf der kemalistischen Seite gründete Ecevit die «Demokratische Linkspartei» (DSP) und versuchte, der eigenen CHP-Tradition (jetzt unter dem Namen SHP) Stimmen abzujagen. Auf der konservativen Seite übernahm Demirel den Vorsitz der neugegründeten «Partei des Rechten Weges» (DYP), die zur Konkurrentin der AnaP wurde.

Rechtsaußen wuchs die profaschistische MHP Alparslan Türkeş', und die islamistische Neugründung Erbakans, die «Wohlfahrtspartei» (RP), gewann Jahr für Jahr an Stärke.

Sowohl zwischen den beiden Parteien der rechten Mitte als auch zwischen ihren kemalistischen Pendants verhinderten persönliche Feindschaften ihrer Führer jegliche Kooperation. Gemischten Regierungen aus Konservativen, Kemalisten und (manchmal) der MHP fehlte das gemeinsame politische Programm, und Politik verkam zur Verteilung staatlicher Ressourcen wie Staatsaufträge, Posten in der Bürokratie und kommunale Arbeitsstellen. Auf kommunaler und staatlicher Ebene rissen deshalb Korruption und Vorteilnahme, Bestechung und Begünstigung nicht ab.

Das Ansehen der Parteien fiel auf einen Tiefstand, und Militär und Staatsbürokratie bestimmten mehr und mehr die Politik. Im Juli 1993 übernahm die Wirtschaftsprofessorin Tansu Çiller (DYP) die Regierung und koalierte mit der CHP-Nachfolgerin SHP. Im selben Jahr war Staatspräsident Özal verstorben und Demirel sein Nachfolger geworden. Çiller konnte sich im Kurdenkonflikt mit ihrem Koalitionspartner nicht einig werden, was dazu führte, daß die Armeeführung die Schwäche der Regierung nutzte und eine rein militärische Lösung durchsetzte. In der Europapolitik bot sich acht Jahre später ein ganz ähnliches Bild: In der Koalition von DSP, MHP und AnaP kam es zu einem schweren Streit über die Anpassungsgesetze. DSP und MHP produzierten mehr Nationalismus als Reformen, und nur die AnaP unter Mesut Yılmaz setzte sich für Demokratisierung ein. Erneut konnte deshalb der Generalstab das letzte Wort sprechen. In Meinungsumfragen wurde den Parteien, den Parlamenten und den Regierungen, die sie stellen, weit weniger Vertrauen zugesprochen als «dem Staat»: Militär, Justiz und Polizei. Die Enttäuschung über die «alten», etablierten Parteien kam der «Wohlfahrtspartei» (RP) Necmettin Erbakans zugute, die sich als Partei der Saubermänner präsentierte und bei den Kommunalwahlen vom März 1994 mit 19 Prozent stärkste Partei wurde. Im Dezember 1995 war die RP mit 21,3 Prozent auch landesweit erfolgreich, und im Juli 1996 bekam die Türkei mit Erbakan einen islamistischen Ministerpräsidenten.

Der Aufstieg des Islam verwies auf neue Akteure in der türkischen Politik. Denn vor 1961 war politische Betätigung in erster Linie das Geschäft konkurrierender Eliten gewesen, und «linken», kemalistischen Militärs und Bürokraten standen «rechte» Großgrundbesitzer, religiös-konservative Intellektuelle und anatolischen Notabeln gegenüber. In den siebziger Jahren mischten sich zusätzlich Gewerkschaften und Studenten in das politische Geschehen ein, in den achtziger Jahren jedoch erfaßte die Politik die breiten Unterschichten. Besonders die anatolischen Migranten in den großen Städten entwickelten sich von passiven Stimmbürgern zu politischen Aktivisten und Parteimitgliedern. Wie groß der gesellschaftliche Wandel war, auf dem die politische Veränderung beruhte, zeigt das atemberaubende Wachstum von Istanbul. Noch 1965 hatte die Stadt 1,75 Millionen Einwohner, 1990 waren es schon 7,3 Millionen, und heute liegt die Zahl bei 12 Millionen. Die Zuwanderer riefen weder Klassenparolen, noch formulierten sie liberale Thesen, sie meldeten sich vielmehr im Namen ihrer kulturellen Identität zu Wort. Das gilt nicht nur für die sunnitischen Muslime, sondern auch für andere Gruppen wie Alewiten und

Kurden. Ihr Aktivismus trat in den achtziger und neunziger Jahren neben althergebrachte Parteienpolitik.

Die politische Landschaft wurde in dieser Zeit auch noch in anderer Hinsicht bunter. Wie in Europa bildeten sich aufgabenorientierte Netzwerke und Gruppen. Die Brutalität der Putschisten rief Bürgerrechtler auf den Plan. Die ersten Gruppen wurden strafrechtlich verfolgt, doch 1986 konnte sich der «Menschenrechtsverein» (İHD) konstituieren. Um Opfern der «weitverbreiteten und systematischen»[19] Folter zu helfen, eröffnete die 1991 gegründete «Türkische Menschenrechtsstiftung» (TİHV) Zentren zur Rehabilitation. Im selben Jahr formierte sich der muslimische «Verein für Unterdrückte» (Mazlum-Der). Wie der eher linke İHD kümmerte sich auch «Mazlum-Der» anfangs nur um Gleichgesinnte. Heute jedoch spielt die unterschiedliche politische Orientierung der Organisationen in der alltäglichen Arbeit keine große Rolle mehr.

Auch die Frauenbewegung profitierte vom schlechten Image der Parteipolitik. Mitte der achtziger bis Mitte der neunziger Jahre entstanden mehr als drei Viertel aller heute aktiven Frauenorganisationen, vom Frauenhaus über die Frauenzeitschrift bis hin zur Frauenplattform proislamischer Vereine. Schon 1925, früher als vielerorts in Europa, hatte die Republik die Frauen rechtlich gleichgestellt und ihnen 1935 das Wahlrecht zugesprochen. Mit dem «Staatsfeminismus» legitimierte man die Zurückdrängung des Islam.[20]

Davon profitieren konnten jedoch meist nur die Frauen der Elite. So sind auf der einen Seite heute 26 Prozent der Anwälte, 29 Prozent der Ärzte und 16 Prozent der Richter Frauen – mehr als in vielen Ländern in Europa. Auf der anderen Seite sind immer noch 24 Prozent der erwachsenen Frauen Analphabeten, liegen 70 Prozent der weiblichen Arbeitsplätze in der Landwirtschaft und sind nur 4,3 Prozent der Parlamentarier weiblichen Geschlechts.

Für die Gewerkschaften dagegen waren die letzten Dekaden magere Jahre. Der Neoliberalismus Turgut Özals und die Konzentration der Gesellschaft auf kulturelle Themen drängten sie ebensosehr in die Defensive wie hohe strukturelle Arbeitslosigkeit und mangelnde Rechts- und Arbeitsplatzsicherheit. In manchen der in drei große Dachverbände gespaltenen Gewerkschaften herrscht außerdem eine krasse Form des kemalistischen Nationalismus vor. Dort wendet man sich gegen jeden Kompromiß auf Zypern, bekämpft die Mitgliedschaft in der EU und agitiert gemeinsam mit der Staatsbürokratie gegen jede Form von Pluralismus.[21]

Aus der türkischen Unternehmerschaft hingegen kommen heute solche Stimmen nur vereinzelt. Anders als die Patrone der siebziger Jahre, die sich öffentlich nur zu wirtschaftlichen Themen äußerten, sprechen die Unternehmer heute bei allen politischen Fragen mit. 1979 wurde der «Türkische Unternehmerverband» (TÜSİAD) gegründet. Er prangert heute mangelnde Rechtsstaatlichkeit an, ist einer der einflußreichsten Kritiker der alten Zypernpolitik und betreibt in- und ausländische Lobbyarbeit für den Beitritt zur Europäischen Union. Die Unternehmerschaft finanziert liberale Thinktanks, und ihre Privatuniversitäten gehen am ehesten historische und zeitgeschichtliche Tabuthemen an. Im Mai 1990 erhielt TÜSİAD religiös-konservative Konkurrenz. Der «Unabhängige Unternehmerverband» (MÜSİAD) organisiert eher kleineres und mittleres Kapital. Seine Existenz verweist darauf, daß sich der konservative Teil der Gesellschaft nicht nur politisch, sondern auch wirtschaftlich modernisiert.

MÜSİAD ist eine der Säulen der «Gerechtigkeits- und Entwicklungspartei» (AKP) des früheren Istanbuler Oberbürgermeisters R. T. Erdoğan. Unternehmer unterstützen nur selten Revolutionäre, und in der Tat ist die Partei trotz ihrer proislamischen Vorläufer kein Sammelbecken radikaler Kräfte. Die Aufregung hielt sich deshalb in Grenzen, als die Partei im November 2002 die Wahl gewann. Mit 34,2 Prozent wurde sie stärkste Kraft und eroberte dank des Mehrheitswahlrechts fast zwei Drittel der Sitze im Parlament. Ziel der AKP ist es, die großen konservativen Parteien (DP, AP und AnaP) zu beerben, und das Kabinett von Erdoğan orientiert sich stärker an Europa als alle Regierungen zuvor. Die heutige Konstellation erinnert deshalb trotz aller Unterschiede an die politische Modernisierung unter den Osmanen. Schon bei den Jungtürken standen sich prowestlich eingestellte Konservative mit einer starken Affinität zum Islam und Nationalisten gegenüber, die trotz aller kulturellen Nähe zu Europa und trotz aller Ferne zum Islam eher auf eine Distanz zum Westen und auf strikte Unabhängigkeit von Europa setzten.

Militär und Politik

Die drei Staatsstreiche von 1960, 1971 und 1980 sowie die «postmoderne» Intervention der Generäle vom Februar 1997 gegen den politischen Islam sind der Teil des politischen Einflusses der Armee, der am ehesten ins Auge sticht. Daneben bestehen die in der Verfassung und den Gesetzen festgelegten legalen, politischen Rechte der Armee: Sitz und Stimme im Nationalen Sicherheitsrat, eigene Geheimdienste und – bis vor kurzem – die Möglichkeit direkter Intervention in die Arbeit der Bürokraten. Diese Einflußmöglichkeiten des Militärs stehen bei den Reformforderungen der EU mit an erster Stelle. Die traditionell große Bedeutung der Armee ist einerseits auf ihre Rolle im Befreiungskampf und bei der Gründung der Republik zurückzuführen. Andererseits ist die türkische Modernisierung selbst und das durch sie produzierte Staats- und Nationsverständnis eng mit dem Militär und militärischer Geisteshaltung verknüpft.

Die ersten Modernisierungsschritte der Osmanen betrafen die Armee, und Offiziere trieben neben Bürokraten die Verwestlichung von Staat und Gesellschaft am stärksten vorwärts. Staat und Gesellschaft nach westlichem Muster umzugestalten, galt als das wichtigste Instrument zum Schutz des Reiches. Der Staat gab jeweils die ideologische Form der Modernisierung vor sowie den Grad, in dem politische Beteiligung und damit Demokratie möglich waren. So sehr Verwestlichung deshalb auch Fortschritt und mehr Freiheit bedeutete, so sehr war sie staatlich festgelegte und strafbewehrte Norm. Verwestlichung und militärische Geisteshaltung gingen deshalb Hand in Hand, und sobald gesellschaftliche Gruppen über eine Modernisierung «von unten» nach politischer Beteiligung verlangten, gerieten sie mit dieser instrumentellen Art der Verwestlichung in Konflikt.

Die erste politische Partei der Republik, die «Republikanische Volkspartei» (CHP), ging aus der primär militärischen Führung des Befreiungskriegs hervor. Von 1923 bis 1945 war politische Betätigung nur in ihren Reihen und nur unter Beachtung ihrer Prinzipien möglich. 1937 erhob das Einparteienparlament die programmatischen Prinzipien der Partei zu Grundsätzen der Verfassung und verpflichtete somit alle Bürger auf die kemalistische Ideologie. Partei und Staat wurden zunehmend eins,[22] und ehemalige Offiziere spielten in der Führung des Staates eine wichtige Rolle.[23] Zwar war aktiven Offizieren bereits seit 1923 das Engagement in der Politik verboten, doch nach der – bei den Streitkräften frühen – Pensionierung waren Generalsränge die besten Startbedingungen für politische Karrieren.[24]

Das änderte sich 1950, als in den ersten wirklich freien Wahlen die «Demokratische Partei» (DP) die Regierung übernahm. Im Parlament fiel der Anteil ehemaliger Soldaten von 18 Prozent im Jahr 1935 auf weniger als ein Prozent im Jahr 1954. Die kemalistische Elite wurde von der Macht verdrängt, die Militärs verloren wirtschaftliche Privilegien, und ihr soziales Ansehen sank. Als bei den Wahlen 1954 die CHP noch weiter abgeschlagen wurde, schien die Ideologie der Republik in Gefahr. Nur ein Jahr später gründeten meist jüngere, rangniedrigere Offiziere eine «Kemalistische Vereinigung» (Atatürkçü Cemiyet). Hier plante man militärische Lösungen zur Rettung der Republik, zur Besserung der eigenen Einflußmöglichkeiten und zur erneuten Anhebung des eigenen sozialen Status.

Aus diesem Kreis kamen die Putschisten vom 27. Mai 1960. Das «Komitee der Nationalen Einheit», das die Regierung übernahm, bestand nicht aus den ranghöchsten Militärs, sondern aus Offizieren aller Ränge vom Generaloberst bis zum Hauptmann, sie waren zwischen 27 und 65 Jahre alt. Im August desselben Jahres schickte das Komitee 235 der 260 Generäle in den Ruhestand und warf 5000 weitere Offiziere aus der Armee. Der Richtungskampf im Militär ging jedoch weiter, und 1962 und 1963 mußte sich die neue Armeeführung gegen zwei weitere Putschversuche wehren. Seit dieser Zeit horcht jeder Generalstab vorsichtig auf die Stimmung in den niederen Rängen.

Das Komitee ließ eine neue Verfassung ausarbeiten. Ein Verfassungsgericht wurde eingeführt, die Stellung der Justiz gestärkt und damit die Bildung einer neuen «Parteiendiktatur» à la Menderes verhindert. Die Restaurierung kemalistischer Ideologie und die Ausweitung politischer Freiheiten gingen diesmal Hand in Hand. Gleichzeitig jedoch wurde die Vormundschaft der Armee über die Politik legalistisch abgesichert: Man etablierte einen «Nationalen Sicherheitsrat», in dem die Spitzen des Militärs seither Sitz und Stimme haben, und die Mitglieder des Komitees ernannten sich selbst zu Senatoren auf Lebenszeit einer neuen zweiten Kammer, des Republikanischen Senats. Obwohl alle anderen Lohnerhöhungen auf Eis lagen, wurden die Offiziersgehälter kräftig angehoben. Im September 1961 wurde die Militärunterstützungskasse (OYAK) gegründet, die sich dank staatlicher Zuschüsse, Steuererleichterungen und anderer Vergünstigungen heute zum fünftgrößten Konzern der Türkei gemausert hat. In den darauffolgenden Jahren entstanden außerdem nationale Rüstungsunternehmen, die zusammen mit der OYAK dafür sorgten, daß die Generalität die wirtschaftlichen Interessen der privaten Industrie zunehmend besser verstand. Die etatistische Wirtschaftspolitik der Putschisten erschöpfte sich in der Gründung einer zentralen Behörde für die Wirtschaftsplanung. Rückblickend blieben vom ersten Staatsstreich erstens die Einbindung der hohen Militärs in das private Unternehmertum, zweitens der Sündenfall militärischer Intervention, dem weitere folgen sollten, und drittens eine erneute, direkte Politisierung der Armee. Diese übernahm von der schwer angeschlagenen CHP das Erbe, die Ideologie des Kemalismus zu bewahren.[25]

Der Putsch von 1971, zehn Jahre später, wurde vom Generalstab geleitet und richtete sich eindeutig gegen die Linke. Eine

Reihe liberaler Vorschriften der Verfassung wurden zurückgenommen, die Großindustrie begünstigt, und eine Landreform blieb halbherziges Stückwerk.

Der dritte Putsch vom September 1980 hatte eine ganz neue Qualität. Er beseitigte nicht – wie der von 1961 – nur eine politische Kraft (die DP), sondern legte mit dem Verbot aller Parteien das gesamte politische Leben lahm. Bereits im Dezember 1979 hatten die Generäle mit den Vorbereitungen begonnen und die Westmächte, zumindest die USA, von ihren Plänen unterrichtet. Das Militär verzichtete diesmal auch auf jedes zivile Mäntelchen und wucherte statt dessen über alle Maßen mit dem Erbe von Republikgründer Mustafa Kemal. Gleichzeitig zeichnete es einen neuen, nämlich frommen Atatürk. In der Bildungs- und Schulpolitik wurde ein spezifisch türkischer Islam gefördert, der die Jugend entpolitisieren und an konservative Werte binden sollte. Der Nationale Sicherheitsrat erhielt noch größere Kompetenzen, und sein Generalsekretariat wurde mit geheimen Erlassen zu einer Art Gegenregierung ausgebaut.[26] Über diese Institutionen übte die Armee auch nach ihrem offiziellen Rücktritt von der Macht Druck und Einfluß auf alle Gewalten, die Exekutive, die Legislative und die Judikative aus.[27] Erneut rechtfertigten die Generäle ihr Handeln mit dem Schutz des Laizismus und der Einheit der Nation. Und erneut waren weder die Form des Laizismus noch die Bestimmung der Nation verhandelbar, Kritik an der offiziellen Linie galt als Angriff auf den Staat.

Doch trotz der langen Dauer direkter Militärregierung, trotz neuer Verfassung, restriktiver Gesetze und trotz eines bis zu den letzten Reformen übermächtigen Nationalen Sicherheitsrats: auch dieser Staatsstreich hielt die Entwicklung zu einer zivileren Türkei nur auf, umkehren konnte er sie nicht. Die Putschisten sind lange pensioniert, und im Jahr 2003 sollte der heutige Chef des Generalstabs Hilmi Özkök gegen erneute Putschgerüchte ohne Wenn und Aber sagen: «Ich bin Demokrat.»[28]

4. Agrarnation im Internetzeitalter?

Mobil in jeder Hinsicht

Steht man im Gewühl des Busbahnhofes einer beliebigen anatolischen Stadt und wartet auf den Bus zur Weiterfahrt, so kann man leicht meinen, ein Großteil der Bevölkerung sei gerade im Begriff, eine Reise zu unternehmen. Während der Fahrt verstärkt sich dieser Eindruck nur noch: Kaum zu zählen sind die vielen Autobusse, denen man auf den Überlandstraßen begegnet. In der Tat: Die Bevölkerung der Türkei ist sehr mobil. Dies gilt auch für soziale Veränderungen, die häufig geradezu atemberaubend zu nennen sind.

Oft lassen sich die Prozesse und ihre Auswirkungen anschaulich an den Mitgliedern einer Familie ablesen. Da mag der Großvater die osmanische Beamtenschrift beherrschen und formvollendet arabische Buchstaben aneinanderreihen, das lateinische Alphabet aber hat er nicht lernen wollen oder können. Abgeschnitten von der Lektüre von Druckerzeugnissen, informiert er sich aus den Nachrichtensendungen des Fernsehens. Die Mutter hat fünf Jahre die Grundschule besucht und entziffert ihr Boulevardblatt langsam und mühsam. Doch die Kinder haben das Gymnasium absolviert, einige dazu studiert. Heute sind sie Beamte oder Sachbearbeiter in einem privaten Unternehmen und können sich so recht und schlecht durchschlagen, da auch der Partner dazuverdient. Einem der Kinder, einem jungen Mann, ist der Sprung aus Anatolien in die Wirtschaftsmetropole Istanbul geglückt, wo er im unteren Management tätig ist und kaum anders lebt als der Yuppie in New York. Er genießt die vielfältigen kulturellen Angebote der Stadt, besucht Ausstellungen, verfolgt die neuesten Hollywoodfilme und trifft sich mit Freunden in Jazzbars oder tanzt Samstagnacht zu Hip-Hop-Rhythmen. Doch zu den religiösen Feiertagen fährt er zum traditionellen Familienbesuch in die Heimatstadt. Zu Hause küßt er Mutter und Großvater respektvoll die Hände und ordnet sich selbstverständlich ein an seinen Platz in der von Alter und Geschlecht bestimmten familiären Hierarchie. Keiner der Beteiligten findet dies merkwürdig. Das ist verständlich: Soziale Unterschiede und verschiedene Lebenswelten durchziehen viele Familien in einem Land, das durch etliche neugegründete Universitäten Bildungschancen und durch eine stetig wachsende Wirtschaft zahlreiche – wenn auch alles andere als ausreichende – Beschäftigungsmöglichkeiten bietet.

Dabei war die Ausgangslage zur Zeit der Gründung der Republik denkbar schwierig. Anatolien war nicht nur unterentwickelt, sondern auch höchst spärlich besiedelt. Rechtsunsicherheit, Steuerdruck und Kriminalität, dazu lokale Potentaten, die bis zum Anfang des 19. Jahrhunderts in vielen Gegenden willkürlich herrschten, bedrängten die Bevölkerung. Das führte dazu, daß ein hoher Prozentsatz der Dörfer in schwer zugänglichen Rückzugsgebieten gegründet wurde, so daß große Teile der fruchtbaren Ebenen Anatoliens unbesiedelt blieben. Dies änderte sich zum ersten Male ab der Mitte des 19. Jahrhunderts infolge der Reformen, die eine gewisse Rechtssicherheit schufen. Die anfänglichen Erfolge wurden jedoch durch die wirtschaftliche Not und die Menschenverluste des Ersten Weltkrieges zum Teil wieder zunichte gemacht.

So besaß die Türkei nach den Angaben der ersten allgemeinen Volkszählung im Jahre 1927 lediglich 13 548 000 Einwohner und damit eine Bevölkerungsdichte von 18 Personen pro km². 75,8 Prozent der Bewohner lebten auf dem Lande, lediglich 24,2 Prozent genossen das Privileg eines Lebens in den deutlich besser entwickelten Städten. Diese boten traditionellerweise religiöse und staatliche Bildungsstätten, religiös fundierte Sozialeinrichtungen, Beschäftigungsmöglichkeiten in Handel und Handwerk, bessere Verkehrsanbindungen und damit auch einen wesentlich erweiterten Horizont.

Im Hinblick auf kommunale Dienstleistungen hatten die Städte zur Zeit der Republikgründung den Dörfern allerdings wenig voraus. Kommunale Selbstverwaltungen waren zwar bereits in der Spätzeit des Osmanischen Reiches prinzipiell vorgesehen, jedoch noch lange nicht in allen Städten des Landes faktisch etabliert worden. Auch die Errungenschaften der 400 Stadtverwaltungen waren spärlich: So konnte die neue Regierung der Türkei im gesamten Land lediglich 20 städtische Wasserleitungssysteme, 4 städtische Elektrizitätswerke, 17 städtische Schlachthöfe sowie 29 städtische Parks und Gärten zählen. Nach Überwindung der Spätfolgen des Ersten Weltkrieges und des anschließenden Befreiungskrieges machte man sich 1930 an den Aufbau: Mit dem «Städtegesetz» Nr. 1580 vom 3. April 1930 wurde den Kommunen der Türkei erstmals genau vorgeschrieben, welche Dienstleistungen sie ihren Bürgern verbindlich zu gewährleisten hatten.

So gelang es bereits während der ersten 15 Jahre der Republik, die kommunale Infrastruktur erheblich auszuweiten. Von 1923 bis 1938 entstanden 146 Elektrizitätswerke, 225 Wasserwerke, 97 Schlachthöfe, 346 Marktplätze, 81 Großmarkthallen sowie 275 Parks und Gärten. Die Länge städtischer Gehwege wurde nahezu um das Zehnfache auf insgesamt 5657 km erweitert. Hinter diesen trocken wirkenden Zahlenangaben verbirgt sich die Befriedigung heute selbstverständlicher Grundbedürfnisse. In vielen ländlichen Gebieten der Türkei muß dies geradezu revolutionär gewirkt haben, da die Bevölkerung zum ersten Male in den Genuß solcher Dienstleistungen kam.

Parallel zur Entwicklung der Kommunen setzte sich die in spätosmanischer Zeit begonnene Binnenkolonisation des Landes fort. Neue Dörfer wurden angelegt und die zum Anbau genutzten Flächen ausgeweitet. Die Zunahme der Anbauflächen zwischen 1934 und 1960 mag diese Entwicklung verdeutlichen: Sie stieg von ursprünglich 11 619 000 ha um mehr als das Doppelte auf 25 304 000 ha. Neue Wirtschaftsflächen in den ländlichen Gebieten minderten bis zu Beginn der sechziger Jahre deutlich den demographischen Druck auf die Städte. Hinzu kam, daß auch der Ausbau der kommunalen Dienstleistungen unter den Bedingungen des Zweiten Weltkrieges nicht mehr mit der beeindruckenden Geschwindigkeit der Anfangsjahre fortgeführt werden konnte.

Immerhin hatte die Türkei in den Jahren 1939 bis 1945 bei einer Bevölkerungszahl von ungefähr 18 Millionen angesichts eines drohenden Kriegseintrittes eine Million Soldaten mobil zu halten. Überdies war das Land während des Krieges durch das Erlahmen des internationalen Wirtschaftsverkehrs in seinen finanziellen Möglichkeiten stark eingeschränkt. So blieb das Verhältnis zwischen städtischer und ländlicher Bevölkerung in dieser Zeit im wesentlichen konstant.

Die Finanzhilfen des Marshall-Plans und weitere Auslandskredite zur Modernisierung bewirkten nach 1950 jedoch rapide Veränderungen. Bereits 1955 war mit 28,8 Prozent eine deutliche Zunahme des Anteils der Stadtbevölkerung zu verzeichnen, der 1960 mit 31,9 Prozent und 1970 schließlich mit 38,5 Prozent noch einmal anstieg. Diese Entwicklung verlief parallel zur Mechanisierung der Landwirtschaft, die Arbeitskräfte in den ländlichen Gebieten freisetzte. Gleichzeitig nahmen städtische Beschäftigungsmöglichkeiten durch die Industrialisierung und den Ausbau dienstleistender Betriebe zu. Hatte die Industrie 1925, zwei Jahre nach Gründung der Republik, lediglich 9,6 Prozent des Bruttosozialproduktes erwirtschaftet, so lag dieser Wert 1960 bei 14,3 Prozent und erreichte 1972 bereits 21,9 Prozent. Handel und Dienstleistungen dagegen machten bereits 1925 42,4 Prozent des Bruttosozialproduktes aus, stiegen aber bis 1960 auf 45 Prozent und bis 1972 auf 50,4 Prozent.

Diese Prozesse haben sich bis heute fortgesetzt. Der Anteil der Landwirtschaft am Bruttosozialprodukt ist auf 17,2 Prozent gesunken, und die Einkommensmöglichkeiten in den Städten haben sich stetig ausgeweitet. Auch wenn das türkische Sprichwort «In Istanbul sind Stein und Erde aus Gold» weder für Istanbul noch für die anderen Metropolen des Landes wörtlich zu nehmen ist, sorgt doch der hohe Lebensstandard in den Großstädten für vielfältige Überlebensmöglichkeiten – und sei es als Fliegender Händler, Hausmeister, Teebote, Schuhputzer oder selbsternannter Parkplatzeinweiser. Deutlich wird dies, vergleicht man das Pro-Kopf-Einkommen der Bewohner in städtischen und ländlichen Provinzen. Das Spektrum reicht von einem Durchschnittseinkommen von jährlich 7501 USD in der Istanbuler Nachbarprovinz Kocaeli bis zu bloßen 827 USD in der Provinz Ağrı an der Grenze zu Iran.

Heute leben bereits mehr als 65 Prozent der Bevölkerung in Städten, 44 Prozent davon in Großstädten mit einer Einwohnerzahl von über einer Million. Das Ausmaß der Landflucht, aber auch die Unfähigkeit der Kommunen und Regierungen, auf diese Entwicklung zu reagieren, haben einen erheblichen Wohnungsmangel verursacht. Dieser konnte nur durch die illegale Selbsthilfe der städtischen Neubürger bewältigt werden. In den Großstädten entstanden sogenannte *gecekondus*, über Nacht gebaute Häuser. Errichtet auf ungenutzten städtischen oder staatlichen Grundstücken, konnten diese nach türkischem Recht nicht ohne weiteres abgerissen werden. Da diese Siedlungen auf der Basis verwandtschaftlicher und landsmannschaftlicher Beziehungen gebaut wurden, konnten heimatlich-gewohnte Kontakte aufrechterhalten werden, was die Verstädterung der Neubürger hinauszögerte. Zudem führten wahltaktische wie auch soziale Gründe dazu, daß Staat und Kommunen die meisten dieser Gebiete nachträglich durch das Verleihen von Besitztiteln legalisierten, und sie auch mit der allgemein üblichen städtischen und staatlichen Infrastruktur ausstatteten. So entwickelten sich die *gecekondus* zu Mittelstandswohngebieten, deren Bewohner mit einiger Verspätung in das städtische Leben integriert wurden. Deshalb hat die Frage der auf diese Weise entstandenen Siedlungen auf Dauer doch wesentlich geringere Probleme bewirkt, als ein Blick auf die Größenordnung dieses Phänomens vermuten ließe. Immerhin waren 1983 in Ankara 72 Prozent, in Istanbul 55 Prozent und in Izmir 45 Prozent der Wohngebiete illegal angelegt.

Nicht zuletzt durch die Verstädterung verfügen mittlerweile 68,6 Prozent der türkischen Bevölkerung über sauberes Leitungswasser, und 85 Prozent sind mit hygienisch zumutbarer Kanalisation versorgt. Die Lebenserwartung der männlichen Bevölkerung ist auf 66,2 und die der weiblichen auf 70,9 Jahre angestiegen. Die durchschnittliche Geburtenrate liegt bei 2,46 Kindern pro Familie. Gleichzeitig hat sich die Zahl der Patienten pro Krankenhausbett von 1100 im Jahre 1950 auf 392 im Jahre 2001 verringert. So hat die Gesundheitsvorsorge in den Städten – vergleicht man damit die Lage in vielen Dörfern vor allem im Osten des Landes – mittlerweile ein relativ hohes Niveau erreicht.

Die Landwirtschaft und der Weltmarkt

Nur wenige Dutzende von Kilometern muß der Reisende von einem der Touristenzentren an der türkischen Ägäis ins leicht gebirgige Hinterland hinausfahren, um das Gefühl zu erhalten, in ein anderes Land und eine andere Zeit versetzt worden zu sein. Anstelle der schmucken Fassaden teurer Geschäfte, asphaltierter Straßen und gepflasterter Gehwege sieht er nun ungepflasterte Wege und Straßen, bescheidene Behausungen, kaum verputzte Ställe und Scheunen und altertümlich wirkende Zisternen, an denen Schafe getränkt werden. Esel drehen den Mühlstein auf hölzerner Achse in der kreisförmigen Rinne eines riesigen Steines und brechen Weizen in Schrot, der, anschließend auf Planen getrocknet, das Volksnahrungsmittel Bulgur bildet. Auf einer leicht hochgewölbten Eisenplatte backen Frauen dünne Brotfladen, die in hohen Stapeln im Hause gelagert werden. Andernorts kocht man gemeinsam bei gemütlichem Schwatz unter ständigem Rühren in großen Kesseln Traubensaft zu Sirup ein – ihn kann man als Zuckerersatz und Brotaufstrich anstelle des teuren Honigs verzehren. So deutet vieles daraufhin, daß weitgehend für den Eigenbedarf produziert wird.

Doch immer wieder wird der vielgestaltige Flickenteppich aus kleinen Gemüse- und Obstgärten sowie Feldern durch planmäßig angelegte Olivenhaine, Feigenkulturen, Baumwollfelder, Weinberge und Tabakkulturen unterbrochen. Die Produkte aus *cash-crop*-Kulturen werden seit jeher ins Ausland exportiert und beweisen, daß die so selbstgenügsam wirkenden Dörfer bereits seit Jahrhunderten nicht nur in die Marktwirtschaft des eigenen Landes, sondern auch in den Weltmarkt integriert sind. Aus dem Verkauf erhält der Bauer das Bargeld, mit dem er seine Steuern,

Mit dem dünnen Wellholz oklava *backen Frauen in ländlichen Gegenden noch heute den monatelang vorhaltenden Vorrat an dünnem Fladenbrot.* – Foto: Christopher Kubaseck

modernen Komfort wie Strom und Telefonanschluß, landwirtschaftliche Nutzfahrzeuge, Wasserpumpe und Dünger sowie die Hochzeitsfeiern seiner Kinder bestreiten kann. Je nach Landschaft, Klima und Niederschlagsmenge setzen sich diese marktorientierten Intensivkulturen unterschiedlich zusammen: An der Schwarzmeerküste dominieren die berühmten «byzantinischen» Haselnüsse und der Tee. An der türkischen Riviera produziert man Zitrusfrüchte und Treibhausgemüse, im Südosten des Landes dagegen Pistazien. Viele Landstriche im Landesinnern sind auf bestimmte Obstsorten spezialisiert, die entweder als Frischobst oder traditionellerweise als Trockenfrüchte auf den Markt geworfen werden. Dies entspricht der Logik des Karawanentransports, der sich nur für Waren mit geringem Gewicht und hohem Wert wirklich lohnt.

Die Spezialisierung auf einige wenige Produkte, die in der betreffenden Region angebaut werden können, macht die Produzenten direkt von der Entwicklung der Binnen- und Weltmarktpreise abhängig. Mangelnde Arbeitsplatzalternativen in den ländlichen Gebieten schließen eine Existenz als Teilzeitlandwirt meist aus. Deshalb und wegen der durchschnittlich geringen Größe der Betriebe müssen viele Familien noch heute auf eine weitgehende Selbstversorgung setzen.

Von ihren geringen finanziellen Mitteln ist zudem eine außerordentlich hohe Zahl von Familienmitgliedern abhängig: Obwohl der Landwirtschaftssektor 1999 nur noch 15 Prozent des Bruttoinlandsproduktes erwirtschaftete, waren immer noch 45,1 Prozent der zivilen Beschäftigten in der Landwirtschaft tätig. Diese verteilten sich auf 4,1 Millionen Betriebe, von denen 3,6 Prozent Viehzucht, die restlichen 96,4 Prozent Ackerbau und Viehzucht betrieben.

Vor allem die geringe Größe mindert die wirtschaftliche Rentabilität der Betriebe. Da die Erbteilung häufig eine weitere Aufsplitterung des Besitzes mit sich bringt, kann die Betriebsgröße kaum positiv verändert werden. Bodenreformen, die eine Umverteilung der Flächen in der Hand von Großgrundbesitzern in den fünfziger Jahren planten, scheiterten am Widerstand der Besitzer, die in sämtlichen politischen Parteien gut ausgebaute Machtpositionen besaßen. So sind die türkischen Bauern auf eine intensive Unterstützung durch staatliche Stellen angewiesen. Diese erfolgt zum einen durch Kredite, die die bereits in osmanischer Zeit gegründete Landwirtschaftsbank Ziraat Bankası vergibt. Das Geld wird nicht nur verliehen, um Modernisierungsmaßnahmen durchzuführen oder Investitionen zu tätigen, sondern oft genug dient es auch – beispielsweise im Falle von Mißernten durch Naturkatastrophen oder das Ausbleiben von Niederschlägen – als Überlebenshilfe oder zur Beschaffung von Saatgut. Im Jahre 2001 waren deshalb knapp zwei Millionen der türkischen Bauernfamilien schon bis zu zehn Jahre lang beim Staat verschuldet. Dabei hatten sich über die Jahre mit Zinsen und Zinseszinsen nahezu zwei Milliarden USD an Schulden angesammelt, die der damalige Landwirtschaftsminister Hüsnü Yusuf Gökalp mit Hilfe eines Schuldenplans ausgleichen ließ, der die Rückzahlung in Form von sechs über drei Jahre verteilten Raten vorsah.

Die zweite und weitaus wichtigere Form der Subvention besteht in einer garantierten staatlichen Produktabnahme zu jährlich festgelegten Preisen bei gleichzeitiger Anwendung von Schutzzöllen für die meisten Monokulturen. Verschiedene staatliche Agenturen sind dabei tätig: das Amt für Landwirtschaftsprodukte (Toprak Mahsulleri Ofisi), die Tee-Anstalt (Çaykur), das staatliche Monopol für Tabak und Spirituosen (Tekel) sowie die staatlichen Zuckerfabriken (Türkşeker). Obwohl das Monopol dieser staatlichen Abnahmeagenturen seit Mitte der achtziger Jahre für etliche Produkte aufgehoben wurde, verhindern die weiterhin bestehenden Mindestabnahmepreise die Entwicklung einer freien marktwirtschaftlichen Selbstregulierung durch Angebot und Nachfrage. Zudem setzen die Erzeuger wegen der geringen Zahl der Qualitätskontrollen – von oftmals mangelhaft ausgebildeten Experten – weiterhin auf Quantität statt Qualität.

Am Tee lassen sich sowohl Erfolg als auch Mißerfolg der Monokulturen in eindrucksvoller Weise ablesen. Der Erfolg liegt in der Einführung und Durchsetzung dieser fremden Kulturpflanze. Ihren systematischen Anbau initiierten 1938 Beamte des Landwirtschaftsministeriums im klimatisch geeigneten östlichen Schwarzmeergebiet. So konnten im ersten Jahr 138 kg Tee produziert werden. Heute sind es etwa 200 000 Tonnen, die – aufgrund der Nachfrage sowie der landesspezifischen Verarbeitung – fast ausschließlich im Inland verbraucht werden. Unkenntnis und kurzfristige wirtschaftliche Erwägungen haben indessen in den achtziger Jahren zu falscher Düngung und unzulänglicher Beschneidung der Sträucher und damit zu erheblichen Qualitätseinbußen geführt. Der Staat mußte damals durch direkte Interventionen die sachgerechte Stutzung der Sträucher erzwingen. Die staatliche Abnahmegarantie zu überhöhten Preisen schränkt trotz Überproduktion zudem die Bereitschaft der Produzenten ein, auf Alternativprodukte überzugehen. Dabei versucht der Staat intensiv, doch bisher ohne sonderlichen Erfolg, den Anbau von Kiwis zu fördern, die im «Teeklima» gut gedeihen können.

Ähnliches gilt für Haselnüsse. Aufgrund der hohen Qualität der sogenannten «byzantinischen» Haselnüsse beherrscht die Türkei mit 500 000 Tonnen Jahresproduktion den Weltmarkt zu 70 Prozent. Wegen des geringen Inlandsverbrauchs von lediglich ungefähr 60 000 Tonnen sind die Erzeuger ganz erheblich von den Preisentwicklungen auf dem Weltmarkt abhängig. Der mangelnde Wettbewerb, den die staatliche Abnahmepolitik verursachte, sorgt für eine sehr niedrige Produktivität. Diese führt bei den einzelnen Betrieben zu solch geringen Einnahmen, daß diese nur durch Kredite und Subventionen weiterexistieren können. So setzt sich der Teufelskreis von Subvention und mangelnder Innovation bisher ungebrochen fort.

Das Auseinanderklaffen von Weltmarktpreisen und inländischen Erzeugerkosten sticht besonders im Falle der Zuckerproduktion deutlich ins Auge. Vor der Einführung der Zuckerrübe und der ersten Zuckerraffinerie im Jahre 1926 in Uşak war das Land gänzlich auf den Import von Zucker angewiesen. Heute dagegen leidet das Land – ausgelöst durch Subventionen und Abnahmegarantien – unter einer Überproduktion. Die hohen Erzeugerkosten machen einen Export unrentabel, da Länder wie Brasilien, Kolumbien und Zambia, die Zucker aus Zuckerrohr herstellen, diesen wesentlich billiger anbieten können.

Ähnliches gilt für andere Bereiche der türkischen Landwirtschaft. So kostet im Lande erzeugter Weizen 193 US-Dollar je Tonne, während man ihn auf dem Weltmarkt für 110 Dollar einkaufen könnte. Ein großes Problem bei der Subvention der Landwirtschaft besteht darin, daß es keinerlei Kriterien für die Bedürftigkeit der Produzenten gibt. Statt dessen werden Subventionen auch an reiche Großgrundbesitzer verteilt. Die türkische Presse spricht von sogenannten Bağdat-Straßen-Bauern und kritisiert damit Großgrundbesitzer, die seit Jahrzehnten in Istanbuler Luxuswohngebieten ansässig sind, gleichwohl aber mit 8,5 Milliarden US-Dollar 74 Prozent der landwirtschaftlichen Produktsubventionen einstreichen. Und in der Tat: 20 Prozent der türkischen Landwirte erhalten nach amtlichen Angaben 50 Prozent der Subventionen, die verbleibende Hälfte müssen sich 3,2 Millionen Betriebe teilen.

Dies alles soll sich nun im Zuge der EU-Anpassung ändern. So unterstützt die Weltbank seit 2001 mit einem Kredit das Projekt eines Registrierungssystems für Landwirte. Dieses soll die Basis für eine direkte Einkommensförderung anstelle der bisher breit gestreuten Subventionen bilden. 225 Mio. US-Dollar stellt die Weltbank für ein Projekt zur Einführung alternativer Produkte bereit, durch die die Anbauflächen für Tabak und Haselnüsse um jeweils 10 000 ha, die der Zuckerrüben um 7500 ha vermindert werden sollen.

Der EU-Fortschrittsbericht für das Jahr 2003 lobt die türkischen Anstrengungen bei der Umsetzung dieser Projekte und hält fest, daß mit 2,5 Millionen immerhin bereits 62 Prozent aller landwirtschaftlichen Betriebe im geplanten Landwirteregistrie-rungssystem IACS festgehalten wurden. Gleichzeitig sanken die Landwirtschaftssubventionen, die noch 1999 5,13 Milliarden Euro betragen hatten, auf nurmehr 940 Millionen Euro. Projekte zur Förderung organischer Landwirtschaft, zur Registrierung des ge-samten Großviehbestandes (auch zur BSE-Prophylaxe) sowie zur Qualitätssteigerung bei Samen und zur Verminderung der Schad-stoffe bei Pflanzenprodukten haben ebenfalls bedeutende Fort-schritte verzeichnen können. So ist zu hoffen, daß die türkischen Landwirte auf dem Weg vom Monopol zur Marktwirtschaft eine ähnliche Innovationsbereitschaft wie ihre Regierung zeigen und so den Anschluß an Europa erfolgreich bewältigen werden.

Währung und Wirtschaft

1 650 000 Türkische Lira kostete der Euro Anfang Februar 2004. Für einen US-Dollar muß der türkische Bürger, der sein Geld relativ inflationssicher in harten Devisen anlegen möchte, rund 1 350 000 Lira hinblättern. Das türkische Äquivalent zum Cent, den Kuruş, hat man Ende der siebziger Jahre zum letzten Mal ge-sehen. Heute ist die 50 000-Lira-Münze aus leichtem Aluminium die kleinste Hartgeldeinheit. Jahrzehnte einer galoppierenden Inflation haben die Türkische Lira zu einer Währung gemacht, die selbst im eigenen Lande neben Euro und Dollar ein Schatten-dasein führt.

Größere Geldgeschäfte wickelt man seit Jahren lieber in Devisen ab. Da viele Transaktionen noch in bar vorgenommen werden, wäre es auch etwas mühsam, wollte man einen Mittelklassewagen in Türkischen Lira bezahlen. Denn die höchste Banknote, der 20-Millionen-Lira-Schein, ist gerade einmal 12 Euro wert. Wer das Äquivalent von 24 242 Euro zu zahlen hat, müßte 2000 Banknoten in der Aktentasche tragen und bei Geschäftsabschluß geduldig abzählen.

Doch dies soll sich bald ändern. Zum 1. Januar 2005 will die türkische Regierung die «Neue Lira» einführen – das entsprechende Gesetz wurde bereits verabschiedet. Sechs Nullen sollen gestrichen, und nach einer Übergangszeit von einem Jahr die alten Banknoten aus dem Verkehr gezogen werden. Bei gleichbleibendem Kurs wäre ein Euro dann 1,65 Lira wert – mit dieser Währung ließe sich dann wieder rechnen, ohne angesichts der Milliarden, Billionen, Trillionen und gar Quatrillionen, die heute beispielsweise zur Berechnung des Staatshaushaltes herangezogen werden müssen, den Überblick zu verlieren. Der Aufnahme in die EU wäre die Türkei damit einen weiteren Schritt näher gekommen, eine einigermaßen normalisierte Währung wird sicherlich ein überzeugendes Argument bei etwaigen Beitrittsverhandlungen sein.

Die Streichung der vielen Nullen wurde bereits seit Jahren von einigen Fachleuten gefordert. Heute ist sie in den Bereich des Möglichen gerückt, da es gelungen ist, die Inflation auf ein erträgliches Niveau zu drücken. Anfang 2004 lag sie bei nur noch 12 Prozent – im Vergleich mit bis zu 150 Prozent Mitte der achtziger Jahre ein traumhafter Wert. Strenge staatliche Sparmaßnahmen unter der Ägide des IWF, weniger landwirtschaftliche Investitionen, ein anhaltendes Wirtschaftswachstum (2002, in einem Krisenjahr, wuchs das Bruttoinlandsprodukt um 6,5 Prozent) haben dies möglich gemacht. Auf der negativen Seite der Bilanz stehen dagegen reelle Einkommensverluste gerade bei Niedrigverdienern wie Arbeitern, Angestellten und Beamten.

Doch wie ist die türkische Wirtschaft überhaupt in den Teufelskreis der Inflation geraten? Eine mögliche Erklärung liegt darin, daß rentenkapitalistische Einstellungen lange eine Orientierung an der Warenproduktion überlagert haben. Dies begann sich erst seit dem Beginn der exportorientierten Wirtschaftsplanung Mitte der achtziger Jahre zu ändern.

Die Republik hatte auch in wirtschaftlicher Hinsicht ein schweres Erbe aus osmanischer Zeit zu übernehmen. Eine eigene Industrie besaß das Land so gut wie überhaupt nicht. Lediglich 40 300 Industriearbeiter zählte eine Statistik für das Jahr 1915 im Osmanischen Reich. Ein guter Teil davon war in Provinzen beschäftigt, die nach dem Befreiungskrieg nicht zur Türkei gehören sollten. So müssen allein 9000 Industriearbeiter abgezogen werden, die in Fabriken in Syrien beschäftigt waren. Von den Verbleibenden war der größte Teil in der Nahrungsmittel- (8100) und in der Textilindustrie (9200) beschäftigt. Weitere 6800 arbeiteten in Werften und Eisenbahnwartungsbetrieben. Daher war die junge Türkei sogar in Hinblick auf die grundlegende Versorgung mit industriellen Gütern weitgehend vom Ausland abhängig: Mindestens 50 Prozent des Bedarfs an Textilien, Papier, Zement und Keramik sowie Chemikalien mußten aus dem Ausland eingeführt werden. Gleichzeitig hatte das Land als einer der Nachfolgestaaten des Osmanischen Reiches erhebliche Schuldentilgungen zu leisten. Diese betrugen 1924 mehr als 7,5 Prozent des Staatshaushaltes, 1930 gar 17,8 Prozent.

Trotz dieser desolaten Ausgangslage setzte das neue Regime zunächst auf eine liberale Wirtschaftspolitik, formuliert am 17. Februar 1923 auf dem «Wirtschaftskongreß von Izmir». Ziel der nationalen Regierung war die Förderung eines im Entstehen begriffenen nationalen Wirtschaftsbürgertums. Zu diesem Zwecke erfolgte 1924 die Gründung des staatlichen Kreditinstituts İşbankası, dessen Kredite Unternehmensgründer unterstützen sollte. 1927 folgte die Verabschiedung eines Industrieförderungsgesetzes, das neben der Bereitstellung von Grundstücken auch Steuererleichterungen und direkte staatliche Finanzhilfen bei Firmengründungen vorsah.

Doch bereits Ende der zwanziger Jahre war abzusehen, daß eine freie Entwicklung der Industrie viel zu langsam in Gang kommen würde. Mangelnde Risikobereitschaft und fehlendes Kapital verhinderten die notwendigen Investitionen, und die Bedürfnisse der Bevölkerung ließen sich so nicht befriedigen. Gleichzeitig geriet die junge Republik infolge der Weltwirtschaftskrise durch einbrechende Preise für landwirtschaftliche Produkte und Rohstoffe in Bedrängnis. Sinkende Einnahmen aus der Ausfuhr drohten den Import wichtiger Güter unbezahlbar zu machen. Die Türkei reagierte 1930 mit der Politik des Etatismus auf die Entwicklungen. Demzufolge setzte man weiterhin – im Gegensatz zum Kommunismus – auf die private Wirtschaft, wies dem Staat aber eine führende Rolle bei der Industrialisierung des Landes zu. 1934 folgte der erste Industrieplan. Bis 1939 wurden in der Tat beachtliche Erfolge erzielt: Der Bedarf an Zucker, Zement, Holz-, Gummi- und Lederwaren sowie Kupfer und Kupferprodukten konnte vollständig, derjenige an Papier- und Zellstoffwaren sowie Erde- und Keramikprodukten größtenteils gedeckt werden. Im gleichen Zeitraum stieg der Anteil der Industrie am Bruttosozialprodukt von 10 auf 16 Prozent. Das Land, das 1929 lediglich 16 000 Tonnen Chrom gefördert hatte, gelangte innerhalb eines Jahrzehntes mit 183 000 Tonnen auf Platz zwei in der Welt.

An der führenden Rolle des Staates in der industriellen Produktion sollte sich auch nach dem Übergang zum Mehrparteiensystem und unter der Führung der liberalen «Demokratischen Partei» (DP) in den fünfziger Jahren wenig ändern. Lag der Anteil der staatlichen Investitionen am Gesamtinvestitionsaufkommen 1950 bei 53,9 Prozent, so stieg er 1956, im 6. Regierungsjahr der sich programmatisch anti-etatistisch gebenden DP, auf 61,1 Prozent.

Deutliche Veränderungen zeigten sich indessen im Hinblick auf die Außenhandelsbilanz. War es der kemalistischen Führung von 1930 bis 1946 mit Ausnahme des Jahres 1938 stets gelungen, positive Außenhandelsbilanzen zu erzielen, so sollte sich dies 1947 ändern. Auslandsverschuldung, eine erste Abwertung der Türkischen Lira und Inflation waren Mitte der fünfziger Jahre die Folge. Und da anstelle von Investitionsgütern vor allem Konsumgüter importiert wurden, das Land also über seine Verhältnisse lebte, ohne den Konsum durch das Erzeugen von Werten zu finanzieren, war die Preisspirale in Gang gesetzt. Von nun an beherrschten Meldungen über Abwertung und Inflation die täglichen Schlagzeilen der Presse.

Mit dem Schlagwort «Mischwirtschaft» erfolgte nach dem Putsch von 1960 die endgültige programmatische Abkehr vom Etatismus. Die Existenz und Bedeutung des privaten Unternehmertums wurden erneut betont, und die Direktiven der nach dem Putsch erlassenen (und bis heute fortgeführten) «Fünfjahrespläne zur Wirtschaftsentwicklung» sollten nur noch für Unternehmen der öffentlichen Hand gelten. Diese sollten sich fortan nicht als Konkurrenten der privaten Unternehmen verstehen, sondern vielmehr als deren ergänzende Elemente. In der Praxis änderte sich trotz der programmatischen Neuorientierung so gut wie nichts: Die Jahre bis 1983 zeigten weiterhin ein deutliches Übergewicht der staatlichen gegenüber privatwirtschaftlichen Investitionen. Noch 1983 zeichnete der Staat für 60,4 Prozent der Gesamtinvestitionen verantwortlich.

Lediglich in der Mitte der siebziger Jahre versuchte die Türkei, der zusehends bedrohlicher werdenden Auslandsverschuldung und ihrer Hauptursache, der negativen Außenhandelsbilanz, durch Importsubstitution Herr zu werden. So wurde der Anteil an importierten Konsumgütern, der noch 1969 und 1970 auf fast 15 Prozent angestiegen war, zugunsten der Einfuhr von Investitionsgütern auf bis zu 3 Prozent der Importe gesenkt. Erdölkrise, bürgerkriegsähnliche Unruhen, monatelange Streiks und der drohende Bankrott des Landes verhinderten jedoch einen Erfolg dieses Konzeptes. Es verursachte statt dessen durch Fehlinvestitionen die Knappheit an Konsumgütern Ende der siebziger Jahre. Die Folge war eine fast schon traumatisch zu nennende Mangelsituation, die Zuständen in den Ländern des ehemaligen Ostblocks ähnelte.

Die neue Regierung unter Turgut Özal, die nach dem Putsch vom 12. September 1980 ans Ruder kam, setzte auf ein ganz neues Konzept: exportorientierte Wirtschaft und Tourismus zur Deckung der Kosten für Importgüter. Gleichzeitig sollten die unrentabel arbeitenden Großbetriebe der öffentlichen Hand privatisiert und dadurch in den Regelmechanismus der freien Marktwirtschaft einbezogen werden. Beide Prozesse halten bis heute an. Doch die neuesten Zahlen weisen aus, daß auch diese Rechnung nicht aufgegangen ist. Noch im Jahre 2000 lag der Wert der Exporte mit 30,7 Milliarden US-Dollar deutlich unter dem der Importe mit 47,5 Milliarden US-Dollar. 7,2 Milliarden US-Dollar konnten zwar durch den Tourismus eingenommen werden, und 4,9 Milliarden US-Dollar überwiesen die türkischen Arbeiter im Ausland in ihre Heimat. Trotzdem weist die Türkei eine negative Bilanz von 4,7 Milliarden US-Dollar auf. Die reine Außenhandelsbilanz fällt für den gleichen Zeitraum mit 16,8 Milliarden US-Dollar noch negativer aus.

Gleich mit welchem wirtschaftspolitischen Rezept die jeweilige Regierung die ökonomische Misere des Landes anzugehen versucht: Solange die strukturellen Grundprobleme der Wirtschaft nicht gelöst werden können, werden Programme wie Etatismus, Importsubstitution oder exportorientierte freie Marktwirtschaft wenig ausrichten können. Eine permanente Geldknappheit, die die Bürger durch ein kompliziertes System von Schuldverschreibungen, Wechseln und Ratenzahlungen zu lösen versuchen, im Verein mit Rechtsunsicherheit aufgrund schleppend arbeitender Gerichte und politischer Unwägbarkeiten, schwächen den Binnenmarkt. Unter diesen Bedingungen können sich Produzenten mit einer geringen Kapitaldecke nur unter erheblichen Schwierigkeiten behaupten. Dies wiederum führt zu einer gesteigerten Abhängigkeit vom Export, der die türkische Wirtschaft höchst krisenanfällig macht, da Preisschwankungen oder Absatzprobleme auf dem Weltmarkt nur zu einem geringen Grade auf dem Binnenmarkt aufgefangen werden können.

Ein weiteres strukturelles Problem liegt darin, daß der türkische Staat nach Finanzkrisen, die ihn an den Rand der Einstellung des Auslandsschuldendienstes brachten, nun seit Jahrzehnten vor allem Inlandskredite aufnimmt. So sah beispielsweise der achte Fünfjahresplan zur Wirtschaftsentwicklung für das Jahr 2000 eine Auslandsverschuldung in Höhe von 3,2 Prozent, dagegen aber eine Inlandsverschuldung in Höhe von 10 Prozent des Bruttoso-zialproduktes vor.

Nach ständigen Kursverlusten der Türkischen Lira gegenüber harten, ausländischen Währungen muß der türkische Staat seine inländischen Lira-Anleihen sehr hoch verzinsen. Dies hat die Investition in Staatsanleihen finanziell attraktiv gemacht. Große Holdings wie Sabancı und Koç haben deshalb in manchen Jahren mehr als 50 Prozent ihres Kapitals auf diese Weise investiert. Das private Kapital des Landes fließt deshalb nicht in die risikoreiche Produktion, sondern in unproduktive Anleihen, deren Finanzie-rung wiederum durch inflationäre Maßnahmen gedeckt werden muß.

Doch die Eindämmung der Inflation und die damit verbundene höhere Stabilität der Türkischen Lira haben in den ersten Monaten des Jahres 2004 zu einer Zinssenkung geführt und dadurch die At-traktivität der Inlandsanleihen bereits so deutlich geschmälert, daß nun mit einer höheren Investitionsbereitschaft in Industrie und Handel zu rechnen ist. Gleichzeitig gibt es einige hoffnungsvolle Erfolge zu verzeichnen. So exportiert die türkische Automobil-zulieferungsindustrie mittlerweile jährlich Kfz-Komponenten in Milliardenhöhe. Und auch im Bereich langlebiger Konsumgüter wie Kühlschränke und Fernseher hat sich die Wirtschaft Anteile auf dem Weltmarkt erobern können. So gelang es einem türki-schen Konzern im Februar 2004, den Elektronikhersteller Grun-dig zu übernehmen. Sollte der derzeitige Trend anhalten, so beste-hen Chancen, daß sich die Wirtschaft des Landes innerhalb eines überschaubaren Zeitraumes aus den Fängen einer über Jahrzehnte hinweg negativen Außenhandelsbilanz und der daraus resultieren-den Inflation befreien kann. Als potenter Abnehmer von Kon-sumwaren und Dienstleistungen ist die Türkei ohnehin bereits in-tensiv in den internationalen Markt integriert – Supermarktketten wie Migros, Metro und Real, Baumärkte wie Bauhaus und Prakti-ker führen dies deutlich vor Augen. Auch die Tatsache, daß sich allein die Zahl deutscher Unternehmen mit Tochtergesellschaften oder Joint-Ventures in der Türkei zwischen 1995 bis 2003 von 500 auf 1100 mehr als verdoppelt hat, stimmt optimistisch.

Arbeitnehmer zwischen Wohlstand und Not

Deutsche Arbeitnehmer wurden noch bis 1999 blaß vor Neid, erfuhren sie das Mindestalter für den Renteneintritt in der Türkei: Frauen durften nach 20 Jahren Arbeitsleben mit 38, Männer nach 25 Jahren Berufstätigkeit mit 40 Jahren in den Ruhestand gehen. Daß diese paradiesischen Zustände nicht lange anhalten konnten, lag auf der Hand. Noch 1950 hatten 110 Berufstätige einen Rentner finanziert, doch bereits 1999 lastete ein Rentner auf den Schultern von nurmehr 1,91 Beschäftigten. Zum Vergleich: In den OECD-Mitgliedsländern steht dieses Verhältnis durchschnittlich bei sechs Berufstätigen auf einen Rentner.

So kam es denn auch im September 1999 – vornehmlich auf Druck des IWF, der sonst weitere Kredite verweigert hätte – zur großen Revolution im Rentensystem der Türkei: Seither dürfen Frauen, die bereits vor dem Erlaß des Gesetzes rentenversichert waren, mit 52, Männer in derselben Lage mit 56 in Rente gehen. Berufliche Neuanfänger dagegen müssen sich auf ein arbeitsreiches Leben bis ins Alter von 58 Jahren (Frauen) oder 60 Jahren (Männer) einstellen.

Diese Neuordnung löste erregte Diskussionen in den Medien aus. Denn nicht nur der Vergleich des Rentenalters mit der durchschnittlichen Lebenserwartung spielte dabei eine Rolle, in der Türkei gibt es auch traditionelle Gründe, die das lange Warten auf den wohlverdienten Ruhestand schwer erträglich machen. Die Lebensrhythmen auf dem Lande, das die meisten Arbeiter und Angestellten in erster Generation verlassen haben, sind für viele zumindest emotional immer noch wichtiger als die abstrakten staatlichen Vorschriften.

Die religionsgesetzlichen Bestimmungen des Islam lassen sich auf dem Lande nur schwer durchführen. So kann der Bauer oder Landarbeiter zum Beispiel während der Ernte nicht fasten, da er in der Sommerhitze auf jeden Fall Flüssigkeit zu sich nehmen muß. Auch die fünf täglichen Gebete lassen sich auf dem Feld kaum jederzeit pünktlich ableisten. So verschiebt man die genaue Erfüllung der religiösen Pflichten auf die Zeit des Ruhestandes, und dieser setzt früh ein: Spätestens, wenn der Vater 45 Jahre alt ist, hat der älteste Sohn der Familie im allgemeinen das Alter erreicht, selbst zu heiraten und anschließend die Hauptlast der landwirtschaftlichen Arbeiten zu übernehmen. Der Vater unternimmt dann – so er die Kosten aufbringen kann – seine Pilgerfahrt nach Mekka, läßt sich als Hacı einen Vollbart stehen und besucht eifrig die Moschee – auch, um sich von der Last der früher versäumten Gebete zu befreien.

Die Vorstellungen von einem «natürlich» wirkenden und religiös eingebundenen Lebenszyklus bleiben selbst im Ausland wirksam. Dies beweist die Haltung vieler Türken in Deutschland, die ab einem Alter von 45 Jahren oft auch dort nach Möglichkeiten suchen, in Frührente zu gehen. Ein türkischer Familienpsychologe in Berlin sprach in diesem Zusammenhang sogar einmal von einer «Ruhestandsneurose» der türkischen Arbeitnehmer.

Nun erwartet den Rentner in der Türkei finanziell kein paradiesisches Leben. Die Renten sind niedrig und reichen in vielen Fällen kaum zum Überleben. Personen, die über das staatliche Sozialversicherungssystem SSK oder Bağ-Kur versichert sind, müssen sich mit ungefähr 350–400 Euro begnügen. Diese Rente steigt auch dann nicht an, wenn der Empfänger früher sehr gut verdient haben sollte. In den staatseigenen Betrieben ist die Lage ein wenig besser: Dort können höhere Gehaltsgruppen etwas üppigere Ruhegehälter erzielen. Die Lage der Betroffenen wird jedoch – wohl auch im Einklang mit dem noch bis vor wenige Jahre bestehenden niedrigen Rentenalter – durch eine relativ großzügig bemessene «Berufsausstiegsprämie» etwas verbessert. Arbeiter und Angestellte der Staatsbetriebe, die 2002 in Rente gingen, konnten durchschnittlich eine Prämie in Höhe von ungefähr 20 000 US-Dollar einstreichen – ein Betrag, mit dem man ein kleines oder mittleres Geschäft gründen oder eine Wohnung in den Randgebieten der Metropolen oder in kleineren Städten erwerben kann. So kann man sich entweder mietfrei mit der Rente durchschlagen oder, falls man zuvor bereits eine Wohnung kaufen konnte, zusätzliche Mieteinnahmen sichern. Natürlich besteht zudem die Möglichkeit, neben der Rente erneut beruflich tätig zu werden, und die Rente durch ein Gehalt aufzubessern.

Die Vorteile dieses Systems schwinden indessen rapide dahin. Zum einen meldete die Presse bereits im Januar 2001, daß immer weniger Beamte in Rente gingen, da sinkende Zinsen eine Anlage der Berufsausstiegsprämie unattraktiv machten. So fiel die Zahl der «rentenwilligen» Beamten von 67 537 im Jahre 1999 auf 61 157 im Folgejahr. Zum anderen wird das neue hohe Rentenalter die Chancen auf eine zweite, zusätzliche Berufslaufbahn drastisch vermindern.

An Beispielen dafür, daß man auch in der Türkei wesentlich sicherer in die Rente gehen kann, fehlt es indessen nicht. Sie sind jedoch der Eigeninitiative mancher Betriebe zu verdanken. So gelang es zum Beispiel der Belegschaft der Stahlwerke Ereğli bereits 1968, eine rechtlich als Stiftung organisierte private Pensionskasse zu gründen. Dadurch ist es möglich, den Mitgliedern heute ein für türkische Verhältnisse hohes monatliches Ruhegehalt von 529 Euro zur staatlichen Rente hinzuzuzahlen, ganz abgesehen von einer Ausstiegsprämie, die bei langer Betriebszugehörigkeit bis zu 60 000 Euro erreichen kann.

Nach dem Vorbild der amerikanischen Rentenfonds will nun auch der türkische Staat seit April 2001 auf private Vorsorge bauen. Dabei handelt es sich um ein steuerlich gefördertes, auf der Basis von Fonds-Investitionen angelegtes Modell, an dem sich auch weniger gut verdienende Bürger bereits ab 30 US-Dollar monatlich beteiligen können.

Doch selbst diese geringen Beiträge sind für die hohe Zahl der weniger privilegierten Arbeitnehmer vollkommen unerschwinglich. Offiziellen Zahlen zufolge erhalten 5,5 Millionen Beschäftigte lediglich den gesetzlich vorgeschriebenen Mindestlohn, der nach einer Erhöhung im Januar 2004 nun zwar bei ca. 250 Euro liegt, von dem aber nach Abzug von Steuern und Sozialversicherungsbeiträgen nur rund 185 Euro verbleiben. Aufgrund der hohen Arbeitslosigkeit und der daraus resultierenden Machtposition der Arbeitgeber sieht die Realität oft noch düsterer aus: So erhalten längst nicht alle Arbeitnehmer wirklich den vollen Mindestlohn ausgezahlt. Doch allein der Umstand, über eine solche Arbeit wenigstens sozialversichert und rentenberechtigt zu sein, läßt viele Betroffene durchhalten. Wie eng der Gürtel geschnallt werden muß, läßt sich an einigen Zahlen ablesen. Ende 2003 mußte ein Mindestlohnempfänger für ein Kilogramm Fleisch 6,5 Stunden arbeiten, ein Kilogramm Zucker kostete ihn 1,7, ein Kilogramm Reis 2,7 Stunden. Für ein einziges Ei hatte er immerhin noch 8 Minuten zu schuften.

Gleichzeitig veranschlagte die Gewerkschaftsföderation Türk-İş etwa 260 Euro als Mindestbetrag für die Ernährung einer vierköpfigen Familie, die Gewerkschaft der bessergestellten staatlichen Beschäftigten dagegen sogar rund 350 Euro. Ein Arbeiter ist deshalb unbedingt auf die Zuarbeit von Frau und Kindern angewiesen. Nahrungsmittel, oft nach traditionellen Methoden aufbereitet, konserviert und kostenlos aus dem heimatlichen Dorf bezogen, sowie ein illegal auf Staats- oder Gemeindeland errichtetes, mietfreies Häuschen helfen beim Überleben. Zuweilen gibt es auch einen Verwandten, der hin und wieder Telefon-, Strom- oder Wasserrechnungen begleicht und damit sogar gelegentlichen, bescheidenen Luxuskonsum ermöglicht.

Viel schlimmer geht es jedoch der hohen Zahl unversicherter Gelegenheitsarbeiter, die von zusätzlichen Belastungen wie Behandlungskosten bei Erkrankungen wirklich existentiell getroffen werden. 1994, als die letzte offizielle Untersuchung zu diesem Thema durchgeführt wurde, lag der Anteil der Bevölkerung, der unter der absoluten Armutsgrenze leben muß, bei 8 Prozent. Lediglich die Hälfte der Betroffenen lebt allerdings in Städten. Auf dem Lande kann die Armut durch Solidarität und Hilfsbereitschaft besser aufgefangen werden.

Als arbeitssuchend waren 1999 7,3 Prozent der Bevölkerung gemeldet. Der Anteil der unbeschäftigten, arbeitsfähigen Personen wird dagegen mit 14,2 Prozent angegeben. Daneben existiert eine sehr hohe verschleierte Arbeitslosigkeit. So sind immerhin 28,4 Prozent der Bevölkerung als unbezahlt helfende Familienmitglieder beschäftigt – ein Schicksal, das vor allen Dingen Frauen trifft.

Verschärft werden diese sozialen Probleme durch die extrem weit auseinanderklaffende Einkommensschere. Teilt man die türkische Bevölkerung nach ihrem familiären Einkommen in fünf Gruppen, so erweist sich, daß das wohlhabendste Fünftel der Gesellschaft 57,2 Prozent des nationalen Einkommens verpraßt. Das ärmste Fünftel dagegen muß sich mit 4,86 Prozent begnügen. Immerhin stehen den drei mittleren Einkommensgruppen 37,94 Prozent des nationalen Einkommens zur Verfügung, womit sich eine einigermaßen saturierte Mittelschicht gebildet hat. Dies dürfte einer der Gründe für den angesichts der ungerechten Einkommensverteilung erstaunlich stabilen sozialen Frieden sein. Besorgniserregend ist indessen die Tatsache, daß sich der Anteil der reichsten Einkommensgruppe weiterhin zuungunsten der benachteiligten Schichten erhöht.

Gerade im Hinblick auf den EU-Beitrittswunsch der Türkei muß das Problem der Kinderarbeit erwähnt werden. Viele Kinder tragen neben dem Schulbesuch einige Stunden täglich durch Schuhputzen, den Verkauf von Taschentüchern oder im Sommer auch von Wasserflaschen zum Familienbudget bei. Doch leider waren im Jahre 2000 immerhin 469 000 Kinder im Alter von 12 bis 14 Jahren ganztags berufstätig, mehr als die Hälfte davon Mädchen. Mehr als 50 Prozent dieser Kinder waren sozialversichert tätig. Auch im Zuge der Ausweitung der Grundschulpflicht auf acht Jahre geht das Ministerium für Arbeit und Soziales mittlerweile strenger gegen Kinderarbeit vor. Problematisch bleibt jedoch die Tatsache, daß die Arbeit von Kindern unter 14 Jahren zwar generell verboten ist, jedoch nach Absolvierung der Grundschule und mit Erlaubnis der Eltern eine Beschäftigung «in leichter Tätigkeit» weiterhin auch ganztags gestattet wird. Andererseits darf man mit Befriedigung feststellen, daß die Zahl arbeitender Kinder seit 1992 auf nahezu die Hälfte gesenkt werden konnte – trotz steigender Bevölkerungszahlen und wirtschaftlicher Krise.

5. Kulturpolitische Dauerbrenner

Der Streit um kulturelle Fragen in der Türkei ist ein Phänomen.
Seit Gründung der Republik hält die Auseinandersetzung um die
Rolle des Islam, um Alewiten, um Kurden und um andere Minderheiten Staat und Nation in Atem. Noch heute, 80 Jahre nach
Gründung der Republik, befürchten viele, Kurdischkurse seien
der erste Schritt zur Spaltung des Vaterlands, und ängstigen sich,
ein paar Korankurse mehr könnten der Anfang vom Ende des
Laizismus sein. Für die verschwindend kleinen christlichen Gruppen gilt dasselbe. Von 1945 bis heute ist die Zahl der griechisch-
orthodoxen Bürger von 125000 auf ganze 1650 abgesunken, und
noch immer behaupten türkische Nationalisten, das Griechisch-
Orthodoxe Patriarchat in Istanbul sei ein europäisch-christlicher
Brückenkopf im Lande.

Aus der Sicht des Staates gefährdet zu viel Religion den Fortschritt, und zu wenig macht die muslimisch-nationale Einheit
brüchig. Alles, was nicht zum sunnitischen Mehrheitsislam gehört, und jeder, der neben Türkisch noch eine andere Sprache der
Region spricht, steht in dieser Vorstellung quer zur Einheit der
Nation. Denn die Sprache gilt als wichtigstes Kennzeichen der
Nation. Die Staatssprache Türkisch ist deshalb nicht nur das Mittel zur Verständigung, sondern eine hochpolitische Angelegenheit, um die genauso verbittert gestritten wird wie um die anderen
kulturellen Themen. Sprache, glaubt man, spiegele die Identität
des Volkes wider. Im Kampf um die Reinheit des Türkischen wurden zu Beginn der Republik arabische und persische Worte ausge-
merzt, und heute richtet sich die Abwehrschlacht zunehmend
gegen Anglizismen. Zwar rücken diese dem Türkischen nicht
mehr zu Leibe als anderen Sprachen auch, doch in der Türkei gilt
damit nicht nur die Sprache als bedroht, sondern man glaubt den

nationalen Kern getroffen. In all diesen Kulturkämpfen verteidigt der Staat sein Ideal vom Türken und vom Türkentum. Ein Abweichen davon kann Strafe nach sich ziehen und das Diskussionskarussell um kulturelle Freiheiten, Verbote und Menschenrechte in Bewegung setzen. Seit Jahrzehnten bestimmt diese Politisierung kultureller Themen die innenpolitische Agenda, und auch international prägt sie das Bild des Landes mehr als wirtschaftliche und soziale Fragen.

Der Islam zwischen Glaube und Ideologie

[handschriftliche Notiz am Rand: Das Militär bedient sich dawinistischer These zur Mobilisierung]

«Allah segne Euren Feldzug»[29], rief Ministerpräsident Bülent Ecevit am 20. Juli 1974 den türkischen Truppen zu, bevor sie nach Zypern übersetzten und dort mit dem Ruf «Allah, Allah» die Fünf-Finger-Berge im Norden der Insel stürmten. Sein ganzes politisches Leben lang war dem Laizisten Bülent Ecevit Religion in der Politik ein Graus. Jetzt aber war Krieg, und die Nation mußte zusammenhalten. Da schien die Anrufung der Religion verzeihlich. Zwölf Jahre später herrschte erneut Krieg, dieses Mal im Südosten der Türkei. Die prokurdische PKK verübte einen Anschlag nach dem anderen und schien ihre Basis unter den jungen Kurden stetig zu verbreitern. Im Frühsommer des Jahres 1986 warf das türkische Militär deshalb in großer Zahl Flugblätter ab, in denen das Volk mit Koranversen und Prophetenworten aufgerufen wurde, dem Staat beizustehen. Da hieß es, die Türken hätten tausend Jahre lang für den Islam gekämpft und die Religion verbiete Zwietracht unter den Muslimen.[30] Keine Gruppe steht dem Einfluß der Religion skeptischer gegenüber als die Generäle, und keine Institution achtet mehr auf Laizismus als das Militär. Doch wenn es gilt, Staat und Volk zusammenzuschmieden, kann man auf die Religion nur schwer verzichten.

Doch nicht nur der Staat nutzt die gemeinschaftbildende Kraft der Religion, nicht nur «von oben», appelliert man an die muslimische Identität der Massen. Auch aus der Gesellschaft heraus, quasi «von unten», wird mit der Religion Politik gemacht. Seit 30 Jahren

129

bemühen sich Parteien mit betont islamischem Anstrich um eine konservative Wählerschaft. Einer ihrer Protagonisten ist der heutige Ministerpräsident Recep Tayyip Erdoğan.

Europaweit war der Name Erdoğan am 4. November 2002 erstmals in aller Munde. Seine muslimisch-konservative «Partei für Gerechtigkeit und Entwicklung» (AKP) hatte die Wahl gewonnen. Mehr noch, ein extremes Mehrheitswahlrecht und eine selten hohe Sperrklausel von 10 Prozent für den Einzug ins Parlament wiesen Erdoğans Partei für 34,2 Prozent der Stimmen zwei Drittel der Sitze in der Nationalversammlung und damit die Alleinregierung zu. Routiniert besorgt fragten die Leitartikler in Europa: «Kommt der Islam jetzt an die Macht? Wendet die Türkei sich jetzt vom Westen ab?» Vorsicht schien berechtigt. War Erdoğan doch früher, in seiner Zeit als Istanbuler Oberbürgermeister, immer für radikale islamische Sprüche gut gewesen, und hatte er 1999 doch wegen «Volksverhetzung» gar vier Monate lang eingesessen. Der ehemalige Radikale schlug jedoch gleich in seinen ersten Stellungnahmen nach der Wahl vollkommen andere Töne an. Er lobte die Trennung von Religion und Staat, bekannte sich zur demokratischen Ordnung und versprach, alles für die Mitgliedschaft der Türkei in der EU zu tun. Tatsächlich hatte Erdoğan schon Jahre zuvor dem politischen Islam rundweg abgeschworen und gesagt, er könne niemanden ernst nehmen, der heute noch von einem Staat nach islamischem Recht träume. Die Biographie Erdoğans ist eng mit diesem Auf und Ab des politischen Islam in der Türkei verflochten.

Aufbruch in Anatolien – Der politische Islam bis 1980

Der Istanbuler Stadtteil Kasımpaşa ist ein Armeleuteviertel, in dem meist Zuwanderer aus Anatolien leben. Hier kam im Februar 1954 Recep Tayyip Erdoğan zu Welt. Der Vater, ein Seemann, war mit seiner Familie gerade aus Rize, einer Kleinstadt am Schwarzen Meer, an den Bosporus gezogen. In Anatolien sind die Leute fromm, und Erdoğans Vater schickte den Jungen nach der Grundschule in ein staatliches Gymnasium für Vorbeter und Prediger. Dort lehrt man neben den üblichen Fächern auch Arabisch, islamische Geschichte und die Rezitation des Korans. Der Junge war nicht nur begabt und fleißig, sondern setzte sich auch durch: Er wurde als bester Koransänger ausgezeichnet, war Sieger im landesweiten Aufsatzwettbewerb und erhielt mit 16 Jahren als Star der schulischen Fußballmannschaft den Ehrennamen «Beckenbauer».

Das war 1970. Im gleichen Jahr wurden in der zentralanatolischen Stadt Konya die Weichen für den türkischen politischen Islam gestellt. Von dort aus war dem frommen Professor für Maschinenbau Necmettin Erbakan ein Jahr zuvor als Unabhängiger der Sprung ins Ankaraner Parlament geglückt. Dort wetterte er, der Staat bevorzuge die Istanbuler Holdings und ruiniere die kleinen Händler und Produzenten Anatoliens. Erklärbar sei das nur, so Erbakan, weil es der Wirtschaft an Moral und der Politik an Anstand fehle. Der Staat und seine Bürokraten ließen Glauben und Religion vermissen. Der damalige Ministerpräsident Süleyman Demirel fühlte sich angegriffen und weigerte sich, dem Eiferer für die folgende Wahl einen aussichtsreichen Platz auf der Liste seiner «Gerechtigkeitspartei» (AP) zu reservieren. So gründete Erbakan seinen eigenen Wahlverein: die «Partei für Nationale Ordnung» (MNP). Sie war die erste offen proislamische Partei der Republik, und mit ihr begann die Karriere Erbakans als Führer des politischen Islams im Land.

Nur wenige Jahre später sollten die Wege Erdoğans und Erbakans sich kreuzen. Erbakans erste Partei wurde schnell verboten, und 1972 gründete er die «Nationale Heilspartei» (MSP). In Istanbul hatte Erdoğan derweil das Gymnasium abgeschlossen und war zum glühenden Verehrer Erbakans geworden. Er trat der Jugendabteilung der neuen Partei bei, die sich «Sturmtruppen» (Akıncılar) nannte. Bald war Erdoğan ihr Chef im Stadtteil Beyoğlu und später ihr Vorsitzender für ganz Istanbul. Trotz ihres kriegerischen Namens beteiligten sich die Sturmtruppen der MSP nicht an den blutigen Auseinandersetzungen zwischen Links und Rechts vor 1980. Schon damals setzte der türkische politische Islam nicht auf Gewalt, sondern auf Überzeugung.

Genau wie Erbakan glaubte auch Erdoğan, daß sich aus dem Islam Regeln für Staat und Gesellschaft, für Wirtschaft und Kultur ableiten ließen. Eine aus der Religion geschaffene politische Ordnung müsse Kommunismus und Faschismus, Demokratie und Sozialismus haushoch überlegen sein. Die Idee vom islamischen Staat war damals im ganzen Nahen Osten virulent. 1979 wurde im Iran die Islamische Republik ausgerufen, in Ägypten bestimmten die Muslimbrüder unter Sayyid Qutb die Diskussion, und vom Maghreb bis Pakistan war die Religion den Gläubigen Anleitung für die Politik.

Erbakan jedoch hielt sich mit Theorie nicht lange auf. Als Ingenieur warb er für die Industrialisierung und als Vertreter Konyas für die Stärkung der wirtschaftlich zurückgebliebenen Gebiete der Türkei. Das Theoretisieren über Islam und Politik überließ Erbakan den Leuten, die traditionell etwas von Religion verstehen: den Theologen der staatlichen Universitäten und mehr noch den Führern frommer islamischer Bruderschaften, Scheichs genannt. Erbakan selbst war schon in seiner Jugend der Bruderschaft der Nakşibendiye beigetreten, einem alten Orden, der sich fest zum religiösen Recht bekennt. Sein geistiges Oberhaupt predigte in einer Moschee im Istanbuler Stadtteil Fatih. Recep Tayyip Erdoğan wählte denselben geistigen Führer und fand sich allwöchentlich beim Nakşibendi-Scheich in Fatih zu Gebet und Unterweisung ein.

Zwar hatte die Republik schon 1925 die muslimischen Orden verboten, doch spannt sich bis heute ein dichtes Netz von Ordenslogen und Ordenszirkeln über das Land. Häufig sind islamische Bruderschaften und andere religiöse Gruppen die eigentliche Kraft hinter Moschee- und Schulvereinen sowie Stiftungen zur Förderung von Schülern und Studenten. Sie geben Zeitungen und Zeitschriften heraus, unterhalten Radio- und Fernsehsender, und ihre Mitglieder sind die Stammkundschaft von Supermarktketten, Banken und Versicherungen, die ihnen nahestehen. Türkisch-islamische Gruppen betreiben auch Privatschulen, nicht nur im Lande, sondern auch auf dem ehemals osmanischen Balkan und in den turksprachigen Ländern Zentralasiens.

Als prominentes Mitglied seiner Gemeinschaft mobilisierte Necmettin Erbakan die Verbindungen der Nakşibendiye für seine «Nationale Heilspartei». Die politische Mixtur aus konservativer Moral und Frömmigkeit und den Programmen des Professors für staatlich finanzierte Industrialisierung fanden weithin Zuspruch, vor allem im zurückgebliebenen Zentralanatolien und im verarmten Südosten des Landes. Erbakan bediente Feindbilder wie den «gottlosen Kommunismus», den «verderbten Westen» (die USA und die EU) sowie die «internationale Zinsknechtschaft». Bei den Türken in Anatolien erinnerte er an die Größe der Osmanen, und bei den Kurden im Südosten propagierte er eine muslimische Brüderlichkeit, vor der ethnische Unterschiede keine Bedeutung hätten.

Die Rechnung ging auf, und 1973 erhielt die MSP bei der ersten Wahl, an der sie teilnahm, fast 12 Prozent der Stimmen. Von einer Gefährdung der Republik durch den Islamismus wollte damals trotzdem niemand sprechen. Man wähnte sich sicher, der politische Islam verflüchtige sich, sobald das Land moderner werde und die Menschen in die großen Städte zögen. Vielleicht ließ sich der Sozialdemokrat Bülent Ecevit deshalb im Frühjahr 1974 darauf ein, die «Nationale Heilspartei» in seine Koalitionsregierung gegen die bürgerliche Rechte aufzunehmen und sie damit ins politische System zu integrieren.

Tatsächlich hatte Erbakan vor allem aus dem traditionellen Milieu Stimmen bekommen, von Handwerkern, Kaufleuten und Selbständigen der kleinen Städte Anatoliens. Die «Nationale Heilspartei» war auch am Schwarzen Meer erfolgreich, von wo die Leute, wie der Vater Recep Tayyip Erdogans, auf der Suche nach Arbeit in die Metropolen zogen. Bei den darauffolgenden Wahlen 1977 rutschte die Partei auf weniger als 7 Prozent der Stimmen ab und rückte noch weiter in den Osten. Jetzt waren die Kurden des vernachlässigten Südostens ihre besten Wähler. Hatte der politische Islam in der Türkei sich überlebt, kaum daß er geboren worden war? Für eine solche Vermutung sprach, daß Frauen in der Bewegung gar keine Rolle spielten und auch die Masse der jungen Leute sich von Frömmigkeit und Tradition nicht angesprochen fühlten. Der Großteil der damaligen Jugend sammelte sich bei der extremen Rechten und in den verschiedenen Gruppen der radikalen Linken. Hätte das Militär 1980 nicht geputscht, hätten die Generäle nicht alle Parteien verboten und insbesondere die Linke nicht vollständig aus dem politischen Geschäft gedrängt, wer weiß, was aus Recep Tayyip Erdoğan und seinem Fähnlein islamistischer junger Leute in Istanbul geworden wäre.

Islamisten als Oberbürgermeister

Europa gegenüber rechtfertigten die Generäle ihren Putsch von 1980 mit der «islamischen Gefahr». Dabei machte ihre Zerschlagung der Mitte-Rechts-Parteien, die fest im Volk verankert waren, die Bühne erst frei für islamistische Politik. Die Ausmerzung der Linken befreite die Islamisten darüber hinaus von ihren schärfsten Kritikern. Die Kulturpolitik der Generäle trug zusätzlich zur Ausbreitung eines islamischen Klimas bei. Um die rebellische Jugend ruhigzustellen, förderten die Militärs in Schule und Hochschule autoritäre Haltungen. Das ideologische Konzept dafür entwarf der staatliche Thinktank AKDTYK.[31] Er formulierte: «Es gilt, die Stellung der Religion als nationale Quelle von Sitte, Moral und kulturellen Werten wieder zu stärken.»[32] Erneut sollte die Religion die Homogenisierung der Nation befördern und die Türken gegen den «imperialistischen Westen» und seine Ideologien in Stellung bringen. Die Lehrbücher für Geschichte, Religion und Sozialkunde wurden umgeschrieben, und in den Schulen wurde der Religionsunterricht zur Pflicht. Man eröffnete noch mehr Predigergymnasien, den Schultyp, den auch Erdoğan besuchte, und in den folgenden 15 Jahren schnellte die Zahl der Theologischen Fakultäten von 1 auf 22. Die Berufung auf den Islam war wieder legitim. Der Streit über die richtige politische Auslegung der Religion konnte beginnen.

Drei Jahren nach Putsch und Militärherrschaft wurden für den November 1983 wieder Wahlen ausgeschrieben. Im Juli 1983 ließ Necmettin Erbakan einige Getreue die «Wohlfahrtspartei» (RP) gründen. Er selbst fand sich – wie alle politischen Führer – erst in Haft und dann mit dem Verbot belegt, Parteiämter zu bekleiden. Recep Tayyip Erdoğan dagegen war nach der Ableistung seines Wehrdienstes wieder auf dem Posten. Die RP wurde jedoch nicht zur Parlamentswahl zugelassen, und bei den Kommunalwahlen im folgenden Jahr erhielt sie weniger als 5 Prozent der Stimmen. Die ehemaligen Wähler Erbakans waren zusammen mit vielen Kadern der MSP zur «Mutterlandspartei» (AnaP) von Turgut Özal übergelaufen. Die Wohlfahrtspartei mußte sich neue Wähler suchen.

Jetzt schlug die Stunde Erdoğans. Ihn hatte Erbakan dazu bestimmt, den Aufbau der Partei im Istanbuler Stadtteil Beyoğlu zu leiten. Zwei Jahre später, 1985, wurde Erdoğan bereits Parteivorsitzender in Istanbul und außerdem in den Parteivorstand gewählt. Denn Erdoğan verbrachte in Istanbul wahre Wunder an Organisation, Motivation und Disziplinierung. Die anderen Parteien vertrauten im Wahlkampf auf Werbeagenturen und Plastikfahnen. Die Aktivisten der RP dagegen klopften an hunderttausend Wohnungstüren, veranstalteten Hausversammlungen und Stadtteiltreffen. Zudem war die RP die einzige Partei, die nicht nur die Familienoberhäupter, die Männer, ansprach. Sie bildete Frauenabteilungen und fand so direkten Zugang zu den türkischen Familien. «Von innen wird die Burg erobert», sagte Erdoğan zu dieser Strategie, «wenn die Hausfrau für uns ist, wählt uns auch der Rest der Familie.»[33] Eine andere Losung Erdoğans in jener Zeit lautete: «Raus aus dem engen Kreis der Moscheegemeinden – Öffnung zu breiten Wählerschichten.»[34] Zwar galt das Engagement für die Partei noch immer als Engagement für die Sache des Islam. Doch sollten jetzt nicht mehr nur die Frommen unterstützt und verteidigt werden, sondern alle «Unterdrückten und Beladenen».

Unter Erdoğans Führung setzte sich in Istanbul ein neuer, moderner Ton in der islamischen Propaganda durch, der sich vom traditionellen Stil der Partei in Anatolien unterschied. Ein Beobachter brachte den Wandel auf den Punkt: «Die Traditionalisten streiten sich in Anatolien mit den rechten Parteien darum, wer mehr für Sittlichkeit und Ordnung tut, die Modernisten in den Metropolen dagegen fahren mit fast sozialdemokratischer Politik Erfolge ein.»[35] In Anatolien verteidigte die Partei eine althergebrachte Ordnung. In den Städten dagegen sprach sie hauptsächlich Zuwanderer an, die in ihren Siedlungen am Stadtrand eine gesellschaftliche Ordnung erst neu bauen mußten und dafür aus dem Islam Ordnungsvorstellungen entwickelten.

Mit dieser Dynamik wurde Istanbul zur Lokomotive der Bewegung. Als 1992 einzelne frei gewordene Parlamentsmandate neu zu vergeben waren und deshalb in wenigen Wahlkreisen Zwischenwahlen abgehalten wurden, erreicht die RP in einigen Stadtteilen bis dahin unvorstellbare 35 Prozent der Stimmen. Bei den Kommunalwahlen 1994 lag die RP in Istanbul mit 25 Prozent der Stimmen 6 Punkte über ihrem Landesdurchschnitt. Sie eroberte die Rathäuser von Istanbul und Ankara, Konya und Kayseri, Erzurum und Diyarbakır. Plötzlich erschien die RP als die Partei der Städte und damit als die Partei mit dem größten Wachstumspotential im Lande. Die Wahl machte Erdoğan zum Oberbürgermeister von Istanbul. Erbakan wehrte sich dagegen bis zuletzt, er witterte, daß Erdoğan ihn eines Tages verdrängen könnte. Als «zweite Eroberung Istanbuls»[36] feierte derweil die Partei den Sieg. Nach der Einnahme der alten Hauptstadt Istanbul und der neuen Hauptstadt Ankara schien der Weg frei für die Übernahme der Regierung.

Bereits im Dezember 1995 konnte die «Wohlfahrtspartei» mit über 21 Prozent der Stimmen die Parlamentswahlen gewinnen, und dank des ausgeprägten Mehrheitswahlrechts erhielt sie fast 30 Prozent der Sitze. Doch keine der anderen Parteien wollte Erbakan als Partner. Der hatte im Wahlkampf in gewohnt verbalradikaler Weise die Aufhebung der Zollunion mit der EU, den Abbruch der Beziehungen mit Israel und den Austritt aus der NATO angekündigt. Man wußte, daß das Militär bei so etwas nicht mitspielen und einer Regierung Erbakan enge Grenzen ziehen würde. Erst nach sechs Monaten Tauziehen und einer gescheiterten Minderheitsregierung der «Partei des Rechten Weges» DYP und der AnaP konnte Erbakan im Sessel des Ministerpräsidenten

Platz nehmen. Doch in der Koalition konnte die DYP von Tansu Çiller, obwohl nur Juniorpartner, sich alle politisch entscheidenden Ministerien sichern.

Erbakan trug als Ministerpräsident die Verantwortung für die Politik; tatsächlich jedoch wurde sie von anderen gemacht. Erbakan sah sich vom Koalitionspartner und der Staatsbürokratie in die Zange genommen, von der Presse beständig bombardiert und – wegen der hohen Verschuldung des Landes – wirtschaftlich in den Fängen des Internationalen Währungsfonds. Die Zollunion wurde nicht angerührt und die Bindung an die NATO eher enger. Anstatt die angekündigten Ziele anzugehen, vollführte Erbakan nur Schaukämpfe. Als ersten Staatsgast empfing er einen Abgesandten der ägyptischen Muslimbrüder, und seine ersten Reisen führten ihn in den Iran sowie nach Libyen. Kein einziger neuer Korankurs wurde eröffnet, doch das Land diskutierte monatelang den Bau einer Moschee auf dem Istanbuler Nobelplatz Taksim. Die Orden und Bruderschaften blieben nach wie vor verboten, doch Erbakan lud einige ihrer Führer mit Turban und langen Mänteln in seinen Amtssitz ein.

Im Februar 1997 machten die Generäle auch damit Schluß. Erst fuhr der Generalstabschef auf eigene Faust nach Tel Aviv und schloß dort militärische Abkommen ab. Dann wurde der Ministerpräsident im Nationalen Sicherheitsrat dazu verdonnert, «islamistische Umtriebe» zu bekämpfen, sprich, genau an dem Ast zu sägen, auf dem er saß. Die Zahl der früher sogar vom Militär ausgebauten Predigerschulen wurde reduziert, Korankurse nur noch für Jugendliche freigegeben, Männer in religiöser Kleidung von der Straße weg verhaftet, der Staatsdienst nach Mitgliedern religiöser Gruppen durchforstet und proislamische Unternehmer von Staatsaufträgen ausgeschlossen. Im Juni 1997 trat Erbakan schließlich zurück, und im Januar 1998 wurde die RP, immer noch größte Partei des Landes, vom Verfassungsgericht verboten. Der Versuch, aus dem Islam ein Modell für die Gesellschaft zu entwickeln, war dreifach gescheitert: Der Staat hatte deutlich gemacht, daß politische Experimente mit dem Islam nicht zugelassen würden. Die Masse der Bevölkerung hatte sich vom islamischen

Modell nicht überzeugen lassen, und islamische Politik hatte keine Antwort auf die Probleme der Türkei gefunden.

Die AKP: Euro-Islam auf Türkisch

Vom Istanbuler Rathaus aus beobachtete Recep Tayyip Erdoğan, wie Erbakan taktierte, um an die Regierung zu gelangen und an der Macht zu bleiben. Er machte sich daran, seinen ehemaligen Führer «rechts» und «links» gleichzeitig zu überholen. Als Erbakan sich dem Druck der Staates und der Öffentlichkeit beugte, wagte sich Erdoğan weiter vor und bekannte sich offener zu islamistischer Politik. So sagte er nach sieben Monaten als Bürgermeister: «99 Prozent der Türken danken Gott dafür, daß sie Muslime sind. Dann müssen sie sich auch zum islamischen Recht bekennen. Denn der Islam ist das islamische Recht, die Regeln Gottes eben.»[37] Und selbst als die «Wohlfahrtspartei» schon verboten worden war, gebärdete sich Erdoğan noch unnachgiebig. Im ostanatolischen Siirt, wo meist Kurden und Araber leben, trug er vor einem begeisterten Publikum ein klassisches Gedicht vor, in dem die Muslime Soldaten (des Islam), die Moscheen Kasernen, ihre Kuppeln Schilder und ihre Minarette Bajonette sind. Rassismus herrsche in der Türkei, sagte Erdoğan, und daß er sich als Politiker zum Islam bekenne, der keine ethnische Gruppe über ein andere stelle. Auf der anderen Seite kritisierte er den autoritären innerparteilichen Führungsstil von Erbakan und forderte für die «Tugendpartei» (FP) – als Nachfolgerin der «Wohlfahrtspartei» gegründet und später ebenfalls verboten – Basisdemokratie und Meinungsfreiheit. Zusammen mit innerparteilichen Kritikern forderte Erdoğan, die Partei müsse sich unzweifelhaft zur Demokratie bekennen und die Idee vom islamischen Staat ein für alle Mal zu den Akten legen.

Direkt in den innerparteilichen Streit eingreifen konnte Erdoğan nicht mehr. Das Staatssicherheitsgericht Diyarbakir schickte ihn wegen seines Gedichtvortrags in Siirt für vier Monate wegen Volksverhetzung hinter Gitter. Auf dem Weg ins Gefängnis winkten Tausende ihm zu, die konservative Bevölkerung der Türkei

*Der Wahlkampf, der Erdogans «Gerechtigkeits- und Entwicklungs-
partei» im November 2002 an die Regierung brachte, war ganz auf
den Vorsitzenden zugeschnitten. Sein Konterfei schmückte Plakate,
Handzettel sowie die Propagandabusse der Partei. Dabei konnte Er-
dogan damals wegen einer politischen Vorstrafe gar nicht kandidieren.
Erst Änderungen des Parteigesetzes und der Verfassung im Rahmen
der EU-Reformen ermöglichten, daß er im Februar 2003 durch eine
Nachwahl in der Provinz Siirt doch noch ins Parlament gelangte
und im März zum Ministerpräsidenten gewählt wurde. – Foto:
Günter Seufert*

hatte einen neuen Helden. Schon vorher hatte sein Amt als Bürgermeister ihn weit über die Wählerschicht der «Wohlfahrtspartei» hinaus bekannt gemacht. Anders als Erbakan erwies sich
Erdoğan als Macher. Trotz radikaler Sprüche und langem Gezerre
um den Alkoholausschank war die Bilanz seiner Istanbuler Amts-
zeit positiv. Die Sozialdemokraten, die die Stadt vorher regierten,
hatten sich tief in Korruptionsskandale verstrickt. Unter Erdoğan
arbeitete die Verwaltung transparent und effizient, und die Le-
bensqualität besserte sich merklich. Nicht nur Islamisten riefen

deshalb fortan überall, wo er auftauchte, nach einem Ministerpräsidenten Erdoğan.

Der Favorit nutzte die vier Monate Gefängnis zur Analyse seiner bisherigen Politik und entschied sich endgültig gegen den Islamismus und für die rechte Mitte. Fortan sprach er nicht mehr von islamischen, sondern von nationalen Zielen, nicht vom islamischen Recht, sondern von Rechtsstaatlichkeit, nicht mehr von islamischen Normen, sondern von Demokratie. Schon vorher hatten maßgebliche islamistische Intellektuelle Zweifel an der früheren Ideologie angemeldet. Heute sagt Ali Bulaç, einer der einflußreichsten unter ihnen, der Erdoğan in Istanbul als Berater diente: «Die Idee vom islamischen Staat ist tot.» Im Grunde habe diese Idee weder mit der Theologie noch mit der Geschichte des Islam etwas zu tun. Sie stamme vielmehr aus dem oströmischen Byzanz und dessen Modell vom Gottkaisertum. Bulaç meint, der türkische Islamismus sei nichts anderes als eine religiöse Einkleidung der kemalistischen Ideologie des Staates. Denn Kemalisten wie Islamisten seien begierig darauf, alle Bereiche gesellschaftlichen Lebens, von der Wirtschaft bis zur Bildung, zentralistisch durch den Staat zu regeln. Ihre Ideologien seien unterschiedlich, ihre Methoden und ihre Vorstellungen von einer einheitlich organisierten Gesellschaft jedoch seien gleich.

Die Abkehr vom Islamismus machte aus Erdoğan natürlich keinen Atheisten. Er glaubt nur nicht mehr, daß der Islam eine bestimmte Staats- und Regierungsform vorsehe. Auch daß Gesetze besser sind, wenn muslimische Theologen sie ersinnen, absegnen oder erlassen, leuchtet ihm nicht mehr ein. Seine Mitstreiter und er wollen jedoch nach wie vor eine muslimische Türkei. Darüber, was das ist, wird genausoviel – vielleicht sogar noch mehr – gestritten, wie über die christlichen Werte, auf die Europa sich besinnen soll, wenn es nach der Katholischen Kirche geht. Der Streit um den Platz der Religion geht deshalb weiter. Wieviele Mitarbeiter braucht die staatliche Religionsbehörde? Ab wann und wie lange sollen oder dürfen Kinder in den Korankurs? Sollen oder dürfen auch Mädchen in die Predigergymnasien? Und – sollen Studentinnen an der Universität das Kopftuch tragen dürfen oder nicht? In allen diesen Fragen stehen sich heute die AKP und die Kemalisten ziemlich kompromißlos gegenüber. Deswegen ist die Partei jedoch nicht islamistisch, streiten sich um solche Themen doch konservative Parteien und Kemalisten seit über 50 Jahren. Mit einem islamischen Staat, wie ihn etwa die Terroristen wollen, die im November des Jahres 2003 in Istanbul ihre Bomben zündeten, hat das nichts zu tun.

Erdoğans ehemaliger Lehrer Necmettin Erbakan, der die EU-Mitgliedschaft ablehnt und für den der Westen Feindbild ist, kam bei der letzten Parlamentswahl nur noch auf 2 Prozent der Stimmen. Der AKP dagegen hat die Ausrichtung ihrer Politik auf Demokratisierung und Mitgliedschaft in der EU noch höhere Zustimmung eingebracht. Für die große Mehrheit der Frommen ist heute ihr Glaube kein Grund mehr, sich von Europa fernzuhalten. Mehr noch, erstmals in der Geschichte der Türkei haben muslimisch-konservative Kräfte die Führung des Landes auf dem Weg nach Europa übernommen. Viel erfolgreicher kann Verwestlichung nicht sein.

Die Alewiten

Zeytinburnu ist einer der zahlreichen, gesichtslosen Neubaustadtteile rund um Istanbul. An einer Kreuzung steht ein großes Gebäude aus Stahlbeton; kein Gemeindehaus, keine Schule, keine Moschee. Es ist die Zentrale der «Republikanischen Bildungs- und Kulturstiftung», abgekürzt CEM. Die Abkürzung ist wichtiger als der offizielle Titel, verrät sie doch, daß sich hinter dem säkularen Namen eine religiöse Einrichtung verbirgt. «Cem» nennen die Alewiten ihre Andacht, und die CEM-Stiftung beherbergt die heute bekannteste alewitische Gemeinschaft der Türkei.

Ob als Stiftung oder als Verein gegründet – mehrere hundert alewitische Gemeinden haben sich bislang in den Städten der Türkei organisiert. Doch «alewitisch» nennen durften sie sich bis vor kurzem nicht, das galt als Separatismus im Namen der Religion. Erst im November 2002 und unter dem Einfluß der EU-Reformgesetze entschied der Kassationsgerichtshof Ankara, kein Verein mache sich allein dadurch schuldig, daß er die Bezeichnung «alewitisch» im Namen führe.

Im November 2003 platzte der Stiftungsbau in Zeytinburnu aus allen Nähten. Über 2000 *dede* waren angereist, nicht nur aus Anatolien, sondern auch aus Bulgarien und Jugoslawien, Mazedonien und Albanien. *Dede* heißt «Großvater», und *dede* heißen bei den Alewiten die Männer, die die gemeinsamen Gebete leiten, die Religion erklären und Streitigkeiten unter den Mitgliedern der Gemeinde schlichten. Die *dede*-Versammlung ging einen gewagten Schritt. Sie gründete ein «Präsidium für den alewitischen Islam» und forderte damit das staatliche «Präsidium für religiöse Angelegenheiten» heraus, dem in der Türkei der Islam untersteht. Was ist anders bei den alewitischen Muslimen, wo kommen sie her, und wie sieht ihre Zukunft aus?

Ein Gründungsdatum gibt es für die Gemeinschaft der Alewiten ebensowenig wie eine eigene Offenbarung, wohl aber einen Entstehungsort, nämlich Anatolien. Im 13. Jahrhundert lebten dort neben den alteingesessenen Christen muslimische Bauern und Hirten, die zwar den Islam angenommen, jedoch mit Schriftreligion und ihren Dogmen wenig zu tun hatten. Ihr Alltagsleben und ihre Vorstellungen waren stark von vorislamischen Traditionen und Volksbräuchen geprägt, und ihr sozialer Zusammenschluß war oft der Clan oder der Stamm. Auch die Osmanen waren anfangs nur ein solcher Stamm, doch als sie einen Staat regierten, nannten sie die Halbnomaden herablassend «Turkmenen». In Kriegszeiten waren die Osmanen auf die Unterstützung der Turkmenen angewiesen, in Friedenszeiten galt es, sie unter das Gesetz des neuen Staats zu zwingen. Je mächtiger die Osmanen wurden, desto mehr entfernten sie sich von der Welt der Turkmenen. Bald benutzen die Osmanen mehr arabische und persische Wörter als türkische, und religiös bewegten sie sich hin zum klassischen Sunnitentum, der islamischen Hochreligion. Aus den sozialen und politischen Spannungen zwischen dem osmanischem Imperium und den muslimischen Halbnomaden, den Turkmenen, war ein religiöser Gegensatz geworden.

Zu Beginn des 14. Jahrhunderts entstand in der Stadt Ardabil im Nordwesten des Iran der islamische Orden der Safawiden, in dem sich bald schiitisches Gedankengut durchsetzen sollte. Anders als die Sunniten erkennen die Schiiten den vierten Kalifen Ali Ibn Abu Talib, des Neffen des Propheten, als ersten rechtmäßigen Nachfolger des Propheten an. Von seinem Namen leitet sich auch die Bezeichnung «Alewit» ab. Der Orden breitete sich schnell in Anatolien aus und wurde zum geistigen Rückgrat der dort lebenden Turkmenen. 1501 schwang sich der Führer des Ordens als Schah Ismail zum Herrscher Persiens auf, und die anatolischen Turkmenen sahen in ihm ihren Retter vor osmanischer Bedrükkung. Doch Sultan Selim I., der 1512 in Istanbul den Thron bestieg, schlug die Aufstände der Turkmenen blutig nieder. 1514 besiegte er bei Çaldıran auch Schah Ismail. Die Turkmenen zogen sich in unwirtliche Regionen zurück und orientierten sich fortan an einem anderen heterodoxen Orden: dem der Bektaschi, dessen Gründer Hacı Bektaş-ı Veli im 13. Jahrhundert ebenfalls aus Persien nach Anatolien eingewandert war.

Von dieser Zeit an waren die Bektaschi der städtische und die Alewiten der ländlich-provinzielle Ausdruck ein und derselben Auffassung vom Islam. In ihr spielen islamisches Recht und Schriftgelehrsamkeit nur eine Nebenrolle, das Hauptaugenmerk liegt auf sittlichen Regeln und der Betonung der Gemeinschaft. Der vierte Kalif Ali wird als Inkarnation Gottes betrachtet und genießt oft mehr Verehrung als der Prophet Mohammed. Das tägliche Ritualgebet und das Fasten im Ramadan stehen nicht hoch im Kurs. Statt dessen finden unter Leitung der *dede* mehrmals jährlich lange Zeremonien statt, die *cem*. Es werden fromme Lieder vorgetragen, Streit wird geschlichtet und verheiratete Männer und Frauen führen gemeinsam ritualisierte Tänze auf. Als Folge der Nachstellungen unter den Osmanen wurde die Lehre bis vor wenigen Jahren streng geheimgehalten. Die *dede* zogen von Dorf zu Dorf, hielten die religiösen Zeremonien ab und unterrichteten die Kinder. Die Stammesvergangenheit der Alewiten zeigt sich noch heute daran, daß man als Alewit geboren wird und praktisch kein Beitritt zur Glaubensgemeinschaft möglich ist. Auch reli-

giöse Ämter werden vererbt, und bis vor kurzem konnte ein Alewit nur einen Alewiten und der Sohn eines *dede* nur die Tochter
eines *dede* heiraten. Das Alewitentum war eine geschlossene
Gemeinschaft in Anatolien, die von der Welt wenig wollte und
von der die Welt keine rechte Kenntnis hatte. Die Dörfer der Alewiten liegen abseits im westlichen Ostanatolien, besonders im
Dreieck Sivas, Kayseri und Divriği. In der Provinz Tunceli leben
zazasprachige Alewiten, und Kurmandschi-Sprecher finden sich
in Elazığ und Muş, Maraş und Malatya. Ungefähr ein Viertel der
Kurden sollen Alewiten sein, und der Anteil der alewitischen
Bevölkerung in der Türkei wird auf rund 20 Prozent geschätzt.

Erst in den fünfziger Jahren zogen auch Alewiten aus ihren
Dörfern in die großen Städte. Hier mußten sie ihre Gemeinschaften neu gründen, sich mit Glaubensgenossen anderer Regionen
und Muttersprachen auseinandersetzen und dafür kämpfen, daß
sie ihre Gemeindezentren (*cem evi*) errichten zu dürfen. Doch erst
in den Achtzigern wurde das Alewitentum wirklich zum Thema.
Der Grund dafür ist derselbe wie der für den Aufschwung des politischen Islam: Der Putsch von 1980 hatte die politische Bühne
leergefegt, Parteipolitik war verboten, und der klassische Streit
zwischen Rechts und Links erschien plötzlich überlebt. Die Aktivisten unter den Zuwanderern in den Städten artikulierten sich
jetzt verstärkt als Kurden oder Lasen, als Islamisten oder als
Alewiten. Damals wurde die Cem-Stiftung gegründet, damals
entstanden auch ihre wichtigsten Konkurrenten: in Istanbul die
Karcaahmet-Sultan-Loge und der Şahkulu-Sultan-Komplex, in
Ankara der Pir-Sultan-Abdal-Kulturverein und die Kulturverei-
nigung Hacı-Bektaş-ı Veli. Zwar sind alle Alewiten, doch hat die
Gemeinsamkeit damit schon ein Ende. Weniger religiöse als politische Fragen spalten die Gemeinschaft. Ein Grund dafür ist, daß es
mit dem Wissen der Alewiten um ihre Religion heute eher schlecht
bestellt ist. Die Republik verbot erst alle religiöse Unterweisung
und verstaatlichte dann die sunnitische Lehre des Islam. Die
mündliche Tradition der Alewiten hatte keine Chance, sich wei-
terzuentwickeln, Lehrinstitutionen aufzubauen, Nachwuchs her-
anzubilden und religiöses Wissen zu bewahren. So behaupten

nicht wenige Alewiten heute, ihre Tradition sei keine Religion, sondern nur eine Weltanschauung. Sie lehre nicht Glauben an das Jenseits, sondern Kampf für Gerechtigkeit im Diesseits.

Die jahrhundertelange Ausgrenzung der Alewiten unter den Osmanen und ihre Benachteiligung in der Republik hat dazu geführt, daß sie sich als unterdrückt betrachten und in der Regel linke Parteien wählen. Ihr linkes Image führte zu einer Reihe schwerer Ausschreitungen gegen sie. In den siebziger Jahren wurden alewitische Stadtteile in Malatya und Maraş verwüstet, 1993 starben 36 Alewiten und Linke bei einem Anschlag auf ein Hotel in Sivas, und 1995 erschoß die Polizei im Istanbuler Zuwandererviertel Gaziosmanpaşa 23 alewitische Demonstranten. Vom Staat vernachlässigt und der eigenen Tradition oft entfremdet, wurden die Alewiten schnell zum Spielball des politischen Streits in der Türkei. Die radikale Linke sieht in den historischen Aufständen der Turkmenen ein Pendant zu den Bauernkriegen in Europa und verklärt sie sozialistisch. Für die staatliche Islamverwaltung sind Alewiten Muslime, die den rechten Pfad verlassen haben und erneut zu missionieren sind. Ihr reiches türkisches Liedgut ermuntert Nationalisten, die Alewiten zum Prototyp des unverfälschten Türken zu erklären, der frei von arabischen und persischen Einflüssen ist. Kurdische Nationalisten dagegen entdecken in der alewitischen Version der Religion Spuren des iranischen Zoroastrismus und sehen die Wurzeln der Gemeinschaft in einer kurdischen Nation. Stramme Kemalisten wiederum bringen die Alewiten gern gegen muslimisch-konservative Haltungen in Stellung. In diesem Streit aller gegen alle stößt auch die Initiative der Cem-Stiftung, eine alewitische Konfession des Islams zu institutionalisieren, auf heftigen Widerspruch. Der Pir-Sultan-Abdal-Kulturverein zum Beispiel lehnt jede zentrale Glaubensverwaltung ab und fordert die Auflösung der staatlichen Religionsbehörde. Die alewitische Jugend kümmert das mittlerweile wenig. Von ihren Eltern übernimmt sie oft nur die Begeisterung für die Musik. Sie lernt, die traditionelle Langhalslaute Saz zu spielen, und strömt ansonsten in die Café-Bars, wo alewitische Lieder vorgetragen werden, durchsetzt mit Jazz und Rock.

Kurden und Türken

Kein anderer Konflikt hat den Menschen in der Türkei mehr Leid gebracht und höheren Blutzoll gefordert als der Streit darum, ob es ein Volk mit dem Namen Kurden gibt und eine Landschaft namens Kurdistan. Noch immer hat das Land deshalb mit dem Image des Folterstaats zu kämpfen. Internationale Menschenrechtsberichte enthalten immer noch umfangreiche Kapitel über die Türkei. Dem fatalen Ausmaß an Gewalt von beiden Seiten entspricht die Beharrlichkeit, mit der «die Kurden» und «die Türken» an ihre jeweiligen Geschichtsbilder glauben. Eine friedliche Lösung scheint nur möglich, wenn sich beide Kontrahenten von den Vorstellungen von Nation und Nationalstaat lösen können, die im 19. Jahrhundert in Europa ersonnen und über den ganzen Globus verbreitet worden sind und die heute weltweit an ihre Grenzen stoßen.

Die «kurdische Version» von Nationalgeschichte. Für kurdische Nationalisten ist die kurdische Nation eine der größten und ältesten des Nahen Ostens. Schon 1597 pries Şeref ed-Dîn aus Bitlis in Anatolien, das damals ein bedeutendes regionales Zentrum war, in seinem *Şerefnâme* kurdische Kultur und Zivilisation. Lange bevor die türkischen Seldschuken 1071 die Byzantiner schlugen und die Herrschaft in Anatolien übernahmen, hatten die Kurden die Region besiedelt. Heute sind sie mit über 30 Millionen Menschen eines der größten Völker der Region: Mehr als 13 Millionen Kurden leben in der Türkei, 8 Millionen im Irak, 5,5 Millionen im Iran, und auf 4 Millionen schätzt man ihre Zahl in Syrien. Sie sind damit das größte Volk der Welt ohne einen eigenen Staat. In der Türkei sind weite, geschlossene Gebiete im Südosten mehrheitlich kurdisch besiedelt, so die Provinzen Adıyaman, Ağrı, Batman, Bingöl, Bitlis, Diyarbakir, Elazığ, Hakkâri, Muş, Mardin, Siirt, Şırnak, Tunceli, Urfa und Van. Darüber hinaus stellen die Kurden große Gruppen der Bevölkerung in den angrenzenden Provinzen Malatya, Sivas, Erzurum und Kars.[38] Unter den Osmanen waren

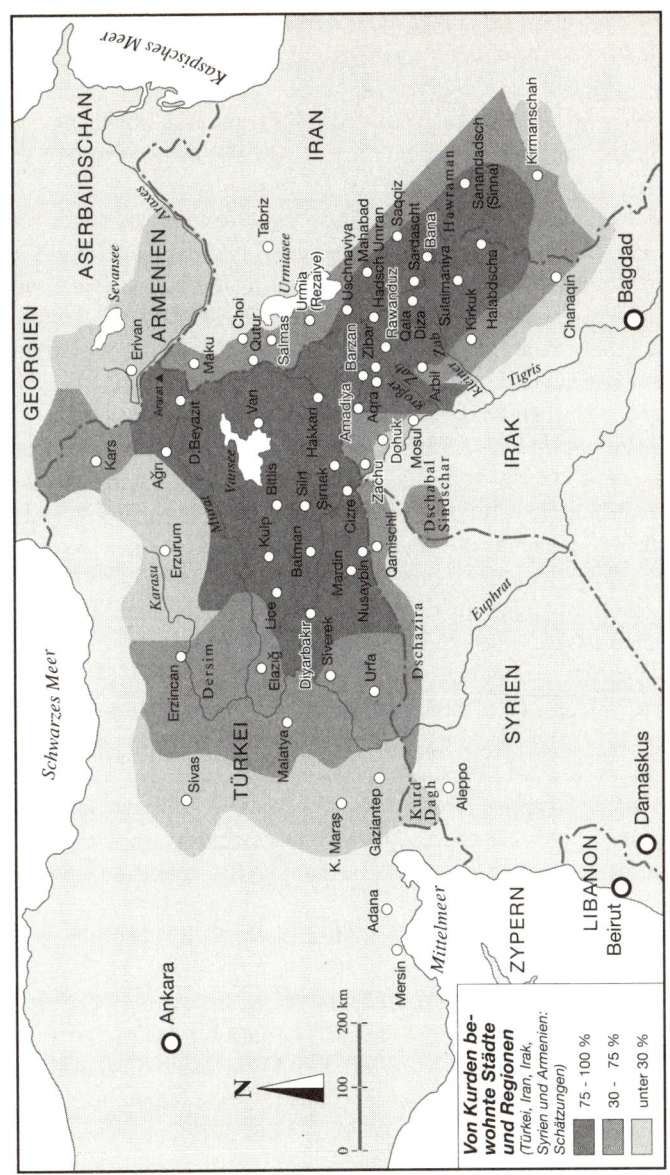

Kaspisches Meer

Schwarzes Meer

GEORGIEN

ASERBAIDSCHAN

ARMENIEN

IRAN

TÜRKEI

IRAK

SYRIEN

LIBANON

ZYPERN

Mittelmeer

Sevansee

Araxes

Urmiasee

Tigris

Euphrat

Karasu

Murat

Vansee

Dersim

Dschazira

Kurd Dagh

○ Ervan

Araxes ▲
Maku ▲ Ararat
Choi ○
Qutur ○
Salmas
Urmia (Rezaiye) ○
Ushnaviya ○
Tabriz ○

○ Mahabad
Hadsch Umran ○
Saqqiz ○
Sardascht ○
Bana ○
Sanandadsch (Sinna) ○
Hawraman
Kirmanschah ○

Kars ○
Ağrı ○
D.Beyazıt ○
Van ○
Hakkari ○
Dohuk ○
Mosul ○
Chanaqin ○

Erzurum ○
Lice ○
Kulp ○
Batman ○
Sirt ○
Bitlis ○
Cizre ○
Zachu ○
Dschabal Sindschar

Erzincan ○
Elazığ ○
Diyarbakır ○
Silverek ○
Mardin ○
Nusaybin ○
Qamischli ○

Malatya ○
Urfa ○

Sivas ○
Gaziantep ○
Aleppo ○

K. Maraş ○

Adana ○

Mersin ○

○ Ankara

Amadiya ○
Aqra ○
Arbil ○
Zibar
Berzan
Diza ○
Qala ○
Ravanduz ○
Sulaimaniya ○
Kirkuk ○
Halabdscha ○

Grosser Zab
Kleiner Zab

○ Bagdad

○ Damaskus

Beirut ○

200 km
100
0

N

**Von Kurden be-
wohnte Städte
und Regionen**
(Türkei, Iran, Irak,
Syrien und Armenien:
Schätzungen)

	75 - 100 %
	30 - 75 %
	unter 30 %

die Kurden Anatoliens jahrhundertelang nicht einfach Untertanen des Sultans, sondern die kurdischen Talfürsten (*derebey*) verstanden sich eher als Vasallen, die ihr eigenes Revier beherrschten. Hier zogen die Osmanen weder direkt Steuern ein, noch hoben sie Soldaten aus, und als geographische Bezeichnung findet sich Kurdistan auf vielen Landkarten der Zeit. Erst in den dreißiger Jahren des 19. Jahrhunderts hatte die kurdische Selbstherrschaft ein Ende. Sultan Mahmud II. besiegte die *derebey*, und der spätere preußische General Helmuth von Moltke half ihm dabei. Die Briefe Moltkes, der als Berater an den Sultan ausgeliehen worden war, sind ein lebendiges Zeugnis dieser Zeit.[39] Die osmanische Direktherrschaft über die Kurden war demnach kurz, doch war der Anteil der Kurden an der Gründung der türkischen Republik groß. Zusammen mit den Türken schlugen sie nach dem verlorenen Ersten Weltkrieg im Norden die Armenier zurück und kämpften im Süden gegen die französische und im Westen gegen die griechische Besetzung Anatoliens. Während des Unabhängigkeitskrieges präsentierte Atatürk den neuen Staat nicht als Besitz der Türken, sondern als Heimstatt aller muslimischer Gruppen im Lande: der Tscherkessen, Lasen und Kurden. So sagte er 1920 vor der Ersten Nationalversammlung, die in Anatolien den Widerstand organisierte: «Es geht uns um ein Volk, das sich aus mehreren Gruppen von Muslimen bildet.»[40] In diesem Kriegsparlament stellten die Kurden des Südostens mit 74 von 437 Abgeordneten die größte regionale Gruppe.[41] Deshalb sagen kurdische Politiker heute, die Kurden hätten damals nicht nur zusammen mit den Türken für den neuen Staat und seine Unabhängigkeit gekämpft. Vielmehr hätten sie sich «mit ihrem Land»[42] der Türkei angeschlossen und seien deshalb gleichberechtigte Mitgründer der Republik.

Das «Kurdenproblem» und seine Geschichte. Eine solche Sicht der Dinge scheint nahtlos an die Haltung Kemal Atatürks aus den zwanziger Jahren anzuschließen. Doch als die prokurdische «Partei der Demokratischen Massen» (DKP) 1997 diese Analyse in ihr Programm aufnahm, sah sie sich umgehend mit einem Antrag auf Verbot der Partei konfrontiert, dem vom Verfassungsgericht später auch stattgegeben wurde. Ihr Gründer Şerafettin Elçi war schon Jahre vorher zu einer Gefängnisstrafe verurteilt worden, weil er gesagt hatte: «In der Türkei gibt es Kurden, und ich bin einer von ihnen.»[43] Es half der DKP und ihrem Gründer auch nichts, daß sich bereits im März 1992 der damalige Ministerpräsident Süleyman Demirel in aller Öffentlichkeit zur Anerkennung der Existenz von Kurden in der Türkei durchgerungen hatte. Denn in den Augen Ankaras darf man ethnische Unterschiede nur zur Sprache bringen, wenn man gleichzeitig die Zugehörigkeit aller Gruppen zur – und ihre Verschmelzung mit – der türkischen Nation betont. Auf diese Weise wird verhindert, daß sprachliche oder religiöse Unterschiede zur Begründung irgendwelcher Rechte werden könnten. Ein Beispiel dafür ist der Muttersprachenunterricht. Weil nach offizieller Lesart alle Gruppen in der türkischen Nation aufgehen, kann Artikel 42, Absatz 9 der Verfassung noch heute festlegen, daß nur Türkisch als Muttersprache unterrichtet werden darf.

Tatsächlich zeichnete sich bereits vor Ausrufung der Republik ab, daß der frühe Pluralismus Atatürks nicht durchgehalten werden würde. Auf den Nationalkongressen von Erzurum und Sivas, wo sich 1919 die anatolische Opposition formierte, war viel von der Rettung des Osmanischen Reiches und der Befreiung des Kalifen in Istanbul die Rede. Bald jedoch sprach Atatürk nur noch von der 1500 Jahre alten Geschichte der Türken, und immer öfter ging es nicht um eine «Nation der Türkei», sondern um die «Türkische Nation». Ziel war ein türkischer Nationalstaat nach dem Vorbild der Nationalstaaten Europas.

Den traditionell frommen Kurden mißfiel sowohl die Fixierung auf die türkische Nation als auch die sich abzeichnende Distanz des neuen Staates zum Islam, der sie im Reiche der Osmanen mit den Türken auf eine Stufe gestellt hatte. Die weiteren Ereignisse bestärkten sie in ihren Zweifeln. 1921 wählte Atatürk die Abgeordneten der Zweiten Nationalversammlung eigenhändig aus und schob auf diese Weise sowohl der islamtreuen als auch der kurdischen Opposition einen Riegel vor. 1922 fiel das Sultanat, die weltliche Herrschaft des osmanischen Kalifen, und mit dem Verzicht der Türkei auf die osmanische Provinz Mossul im Jahre 1924 blieben die Kurden des Nordirak außerhalb des neuen Staates. In der Republik gerieten die Kurden damit den Türken gegenüber allzu deutlich in die Minderheit. Am 3. März 1924 erließ das Parlament zwei entscheidende Gesetze, die die Distanz der Kurden zum neuen Staat noch vergrößern sollten. Das eine betraf die Abschaffung des Kalifats, der geistigen Führung des osmanischen Herrschers über die Muslime. Es schwächte die Verbindung überzeugter Muslime zum Staat. Das zweite Gesetz wurde zur «Vereinheitlichung des Unterrichtswesens» erlassen und verstaatlichte das gesamte Bildungswesen. Seine einschneidendsten Auswirkungen waren die Einstellung religiöser Unterweisung und die Einführung des Türkischen als Unterrichtssprache in allen Schulen. Turkisierung und Abkehr vom Islam fielen erneut zusammen.

Bereits 1923 hatten nationalistische Kurden die Partei «Azadi» (Freiheit) gegründet. In ihr fanden sich Offiziere der osmanischen Armee, Abgeordnete der Ersten Nationalversammlung und Stammesführer zusammen. Jetzt vereinigte sich der knospende kurdische Nationalismus mit islamischem Protest. Allein zwischen 1920 und 1930 probten die Kurden des Südostens sechzehnmal den Aufstand und wurden sechzehnmal besiegt. Die größte Erhebung wurde von einem Scheich des Nakşibendi-Ordens namens Said geführt. Sie begann am 13. Februar 1925 und wurde von kurmandschi- und zazasprachigen Stämmen unterstützt. Nach kurdischen Angaben ist der Krieg gegen Scheich Said mit größerer Mannschaftsstärke und mehr Kriegsgerät geführt worden als der türkische Befreiungskrieg und hat beiden Seiten auch mehr Opfer abverlangt.[44] Kein Wunder, daß die «kurdische und die islamische Gefahr» auf Jahrzehnte die Sicherheitspolitik der Republik Türkei bestimmen sollten und die politische Kultur noch heute prägen.

Als Reaktion auf die Erhebung drängte Ankara die Religion noch weiter zurück und verabschiedete eine Reihe laizistischer Reformen. Auch der Druck auf die Kurden nahm weiter zu. 1930 verloren alle kurdischen Beamten in den Provinzen des Südosten ihre Stellung. Bei Wahlen stellte die damals einzige Partei, die Republikanische Volkspartei (CHP), in den kurdischen Provinzen meist türkische Kandidaten auf, und unbotmäßige Angehörige der kurdischen Eliten wurden in den Westen der Türkei verbannt. Am 13. Juli 1934 verabschiedete das Parlament ein Umsiedlungsgesetz, das dem Innenministerium das Recht gab, die Angehörigen von zwei Gruppen umzusiedeln. Erstens – so hieß es im Gesetz – «diejenigen, die sich nicht zur türkischen Kultur bekennen» und zweitens «diejenigen, die sich zur türkischen Kultur bekennen, aber außer Türkisch noch eine andere Sprache sprechen».[45] Mit «türkischer Kultur» ist hier der Islam gemeint, weshalb die erste Gruppe die nichtmuslimischen Bürger umfaßte.[46] Mit der zweiten Gruppe sind in der Hauptsache die Kurden gemeint. 5 074 Familien mit insgesamt 25 381 Angehörigen wurden in den Westen umgesiedelt und konnten erst 13 Jahre später zurückkehren, als das Gesetz aufgehoben wurde.

In den dreißiger Jahren erreichte die Identifikation des Staates mit einem ethnischen Verständnis vom Türkentum ihren Höhepunkt. Mustafa Kemal ließ sich zu Äußerungen hinreißen wie: «Ein Türke ist soviel wert wie die ganze Welt», und als 1932 eine Türkin zur Miss World gewählt wurde, war ihm das ein Beweis dafür, daß «die türkische Rasse weltweit die schönste ist».[47] Das waren nicht nur Ausrutscher. Mit kräftiger Ermunterung durch die Regierung entwickelten türkische Historiker in jenen Jahren die «Türkische Geschichtsthese». Nach ihr sind die Hethiter und Sumerer Vorfahren der Türken, und die Türken wurden zu Gründern aller Menschheitskultur erklärt. Die staatliche Türkische Sprachgesellschaft konstruierte die sogenannte Sonnensprachentheorie, wonach Türkisch die Mutter aller Sprachen ist und das neu entwickelte Türkeitürkisch die direkte Verlängerung dieser «Ursprache» darstellt. Der Abgeordnete Ruşeni Bey trieb die Begeisterung für das Türkentum auf die Spitze und sagte, der türkische Nationalismus sei die neue Religion der Türken. Atatürk pflichtete ihm bei.[48] Kein Wunder, daß ab 1932 auch der Gebetsruf, der in der ganzen islamischen Welt auf Arabisch erfolgt, türkisiert wurde. Erst ab 1950 ertönte er wieder auf Arabisch.

Beamtete Historiker wollten damals allen Ernstes beweisen, daß die Kurden verwilderte Bergtürken seien. Die Situation zwischen Ausgrenzung und Assimilierung brachte der kurdische Arzt Nuri Dersimî auf den Punkt, als er dem Gouverneur seiner Heimatstadt klagte: «Sagen wir: ‹Wir sind Türken›, antwortet Ihr: ‹Nein, Ihr seid Kurden›. Doch wenn wir sagen: ‹Wir hier in Dersim (Tunceli) sind Kurden›, heißt es von Eurer Seite: ‹Nein, Ihr seid keine Kurden, denn Kurden gibt es nicht.›»[49] Die Aufstände rissen nicht ab, und erst 1939 konnte die türkische Armee den Südosten des Landes ganz und dauerhaft unter Kontrolle bringen.

Von nun an ließen sich die kurdischen Notabeln auf die Bedingungen ein, unter denen in der Türkei Politik möglich war. Sie verzichteten auf religiöse und kulturell-nationale Forderungen und traten in die legalen Parteien ein. Ab 1950 brachte der Übergang zum Mehrparteiensystem auch den südöstlichen Provinzen etwas mehr Freiheit. Die CHP und auch die neugegründete «Demokratische Partei» (DP) mußten jetzt auf Wählerwünsche Rücksicht nehmen. Der politische Frühling dauerte jedoch nicht lange. Als das Militär 1960 die DP-Regierung aus dem Amt jagte, brachen auch im Südosten wieder härtere Zeiten an. Erneut wurden einflußreiche Kurden und ihre Familien in den Westen umgesiedelt, und die Militärregierung ersetzte kurdische Dorfnamen durch türkische. Der Staat verzichtete jetzt auch darauf, die Zahl der Kurden amtlich zu machen, die Volkszählung von 1965 war die letzte, die nach der Muttersprache fragte.

In den siebziger Jahren nahm die Landflucht in die großen Städte zu. Der internationale Gegensatz zwischen Ost und West führte auch in der Türkei zur Polarisierung zwischen Links und Rechts, und die Kurdenfrage wurde erstmals in sozialistische Theorien eingebaut. Auf Studentendemonstrationen war die Rede von der «Kolonialisierung des kurdischen Südostens durch den türkischen Westen», und das «türkische und kurdische Volk» wurden aufgerufen, «sich gegen Imperialismus und Faschismus» zur Wehr zu setzen.[50] Der Kurdenkonflikt wurde Teil der sozialen Frage, und 1973 erreichte Bülent Ecevit, der die CHP sozialdemokratisch ausrichten wollte, in den südöstlichen Provinzen hohe Wahlerfolge. Die «Türkische Arbeiterpartei» (TİP) sprach als erste legale Partei von einem «kurdischen Volk in der Türkei» und erzielte in Diyarbakir und Tunceli ihre größten Wahlerfolge. Die Kurdische Frage erschien jetzt primär als Vernachlässigung oder Ausbeutung des kurdischen Siedlungsgebiets durch den türkischen Staat, als Armuts- und Wirtschaftsproblem, auf das nur der Sozialismus eine Antwort hatte. Kurdische Aktivisten waren jetzt nicht mehr primär traditionell und religiös, und der kurdische Nationalismus wurde sozialistisch eingefärbt. Viele, die sich schon als Türken definiert hatten, verstanden sich jetzt erneut als Kurden. Die Solidarität zwischen der türkischen und kurdischen Linken hielt jedoch nicht lange. Während die türkische Linke erst den Sozialismus aufbauen und dann den Kurden Rechte gewähren wollte, bestanden Teile der kurdischen Linken auf einer national-bürgerlichen Revolution der Kurden. In dieser Auseinandersetzung entstand neben anderen Splittergruppen unter Führung Abdullah Öcalans der «Revolutionäre Weg Kurdistans» (KDY). Seine Kader bildeten ab 1978 den Kern der «Arbeiterpartei Kurdistans» (PKK).

Der Putsch von 1980 richtete sich primär gegen die Linke und gegen den politischen Aufbruch unter den Kurden. Bevor die Militärs abtraten, ließen sie eine neue Verfassung ausarbeiten, welche die Identifikation des Einzelnen mit der türkischen «Nationalkultur» zur Voraussetzung für die Geltung der Grundrechte und für die Straffreiheit von politischer Betätigung machte. Die Verfassung postulierte in Artikel 11 «die untrennbare Einheit von Staatsgebiet und Staatsvolk», verpflichtete die Bürger in der Präambel auf die «geschichtlichen und geistigen Werte des Türkentums» und definierte damit die Nation als ethnisch türkisch. In Artikel 14 verbot die Verfassung, «Unterschiede in Sprache, Rasse, Religion oder Konfession hervorzubringen» und schob damit jeglicher Betonung nicht-türkischer – und damit auch kurdischer – Identität einen Riegel vor. Zu dieser Haltung paßte, daß am 22. Oktober 1983 der Gebrauch des Kurdischen in den Medien und bei öffentlichen Versammlungen verboten wurde. Wie in den dreißiger Jahren fanden sich erneut Wissenschaftler, die – vom offiziellen Thinktank AKDTYK angeleitet – «wissenschaftlich» bewiesen, daß Kurdisch keine Sprache sei, sondern ein persischer

Dialekt, und in Publikationen des Militärs tauchte der Begriff «Bergtürken» wieder auf.[51]

Der Putsch hatte mit rechten und linken Organisationen aufgeräumt, und das Ende das Ost-West-Gegensatzes ließ die sozialistische Orientierung der Kurden obsolet erscheinen. Was für die Islamisten und die Alewiten gilt, gilt auch für die Kurden: Die Links-Rechts-Fronten zählten nicht mehr, und kulturalistische Politik trat an ihre Stelle. Von Kurden zu sprechen, war freilich verboten, mögliche gemeinsame Interessen von Kurden zu behaupten erst recht, und an die Gründung einer offen prokurdischen Partei war nicht zu denken. In dieser Lage setzte sich die Bewegung durch, die sich bereits vor 1980 auf eine «revolutionäre Lösung» und ein «unabhängiges Kurdistan» festgelegt hatte und schon damals bereit gewesen war, den Weg der Gewalt zu gehen: die PKK. Nach dem Putsch hatte das Militär im türkischen Südosten besonders grausam durchgegriffen; das Militärgefängnis Diyarbakir war für seine Folterpraktiken bekannt. Der Boden in den kurdischen Gebieten war bereitet für eine neue Welle der Gewalt.

Der Terror der PKK begann im August 1984 mit Überfällen auf Militärposten in den Kleinstädten Eruh und Şemdinli, dicht an der Grenze zum Irak. Staatliche Stellen sprachen von einem Haufen Vagabunden, den man der örtlichen Gendarmerie überlassen könnte, die noch heute in den ländlichen Regionen Polizeiaufgaben wahrnimmt. Doch nur ein Jahr später wurde deutlich, daß die PKK nicht unterschätzt werden durfte. Öcalans Truppe griff nicht nur militärische Ziele und Polizisten an, sondern ermordete auch Ärzte und Lehrer. Sie bekämpfte rivalisierende kurdische Gruppen und überfiel Dörfer und Stämme, die sich nicht von ihr gegen den Staat mobilisieren ließen. Schon 1985 sah sich Ankara gezwungen, ganze kurdische Stämme zu bewaffnen und als Dorfschützer zu besolden, damit die PKK nicht noch mehr Zulauf erhielt. Denn – anders als alle vorhergehenden kurdischen Organisationen – war die PKK kein Verein von Notabeln, Großgrundbesitzern, Stammesführern und Gebildeten. Sie scharte die Jugendlichen und jungen Männer der Region um sich, denen weder der

Staat noch die traditionellen kurdischen Autoritäten eine Perspektive gaben. 1990 waren 18 000 Dorfschützer im Einsatz, 1994 schon 63 000. 1993, ein Jahr zuvor, hatte Öcalans Truppe den Höhepunkt ihrer Macht erreicht. Sie errichtete über weite Teile des Südostens eine Art Parallelverwaltung und kontrollierte das Leben außerhalb der Garnisonen und der größeren Städte.

In Ankara schrillten die Alarmglocken. Die Militärs nutzten den Tod von Staatspräsident Turgut Özal 1993, um der neuen und unerfahrenen Ministerpräsidentin Tansu Çiller das Heft aus der Hand zu nehmen. 1994 wurde im großen Stil Krieg gegen die PKK geführt. Ein Viertel der zweitgrößten Armee der NATO war im Südosten der Türkei konzentriert, zusammen mit der Polizei 300 000 Mann. An den Grenzen zum Irak und zum Iran sowie in der Provinz Tunceli wurden – offiziell – mehr als 2500 Dörfer zwangsgeräumt und teilweise niedergebrannt. Fast 3 Millionen Menschen flüchteten von den Dörfern in die Städte der Region oder wanderten in den Westen ab. Um der PKK Rückzugsgebiete zu entziehen, brannte die Armee ganze Wälder nieder, Öcalan antwortete darauf mit Brandstiftungen in den Forstgebieten rund um Istanbul, an der türkischen Südküste und in der Ägäis. In den kurdischen Städten häuften sich ab 1991 politische Morde an Oppositionellen. Allein 1993 blieben 467 dieser Gewalttaten unaufgeklärt. 1994 verschlang der Feldzug gegen die PKK 12 Prozent des Volkseinkommens. Eine Inflation von 149,6 Prozent und starke in- und ausländische Verschuldung waren die Folge.

Im November 1995 verkündete die PKK einseitig einen Waffenstillstand, und Abdullah Öcalan erklärte, ein unabhängiger kurdischer Staat sei nicht sein Ziel. Obwohl die Scharmützel weitergingen, war der Krieg entschieden. 1998 erlaubte die internationale Lage der Türkei, Syrien offen mit Krieg zu drohen, falls Öcalan Damaskus nicht verließe, von wo aus er jahrelang die PKK befehligt hatte. Nur wenige Tage später war Öcalan in Rußland, und nach Stationen in Rom und Griechenland endete seine Irrfahrt am 16. Februar 1999 in Kenia. Beim Verlassen des Griechischen Konsulats in Nairobi wurde der PKK-Führer – vermutlich vom israelischen Geheimdienst MOSSAD – festgenommen und der Türkei überstellt. Dem Vorwurf, den Tod von 25 000 Menschen verursacht zu haben, folgte das Todesurteil. Die PKK verkündete einmal mehr das Ende der bewaffneten Aktionen und wählte auf ihrem Achten Parteitag im kurdischen Nordirak einen neuen Namen. Als KADEK («Kongreß für Freiheit und Demokratie in Kurdistan») wollte sie künftig auf friedlichem Wege für eine Autonomie der kurdischen Gebiete innerhalb der Türkei kämpfen. Im November 2003 löste sich auch der KADEK auf, und die Aktivisten arbeiten jetzt als «Kongeya Gel» («Volkskongreß Kurdistans») weiter. Die Türkei ist jedoch nicht gewillt, irgendeine Nachfolgeorganisation der PKK als Verhandlungspartner anzuerkennen, und besteht darauf, daß die letzten 5 000 Militanten im Nordirak die Waffen niederlegen.

Für legale prokurdische Organisationen bleibt die Luft in der Türkei weiterhin äußerst dünn. Früher oder später sind bisher alle Parteien mit einem regionalen Schwerpunkt im Südosten und mit Programmpunkten zur Kurdenfrage verboten worden. 1993 traf es die HEP, 1994 ihre Nachfolgerin DEP und die DKP Şerafettin Elçis, 1999 und 2003 die Nachfolgerin von HEP und DEP mit Namen HaDeP. Gegen zwei weitere Parteien, die DeHaP und die «Hak-Par», laufen Ermittlungen des Staatsanwalts.

Das Wahlsystem tut ein übriges, um prokurdische Stimmen aus dem Parlament zu halten. 1999 waren die HaDeP und 2003 ihre Nachfolgerin DeHaP in den meisten Provinzen des Südostens jeweils stärkste Partei. Doch weil sie landesweit mit 4,75 beziehungsweise 6,2 Prozent der Stimmen unter der Zehn-Prozent-Hürde blieben, sind offen prokurdische Positionen seit 1994 nicht mehr im Parlament vertreten. Für kurdische Nationalisten ist es bitter, daß prokurdische Parteien bei den Kurden im Westen des Landes so wenig Anklang finden. Unter den besseren Lebensbedingungen haben Schlagworte wie «kulturelle Rechte», «Identität» und «Autonomie» nur sehr begrenzte Durchschlagskraft. Dieser Mißerfolg prokurdischer Parteien auf Landesebene hat in der «türkischen» Argumentation zur Kurdenfrage einen festen Platz.

In den meist kurdisch besiedelten Provinzen des Südostens fand der Parlamentswahlkampf im November 2002 unter Gendarmerie-Bewachung statt, wie hier in der Stadt Kurtalan. Trotzdem konnte die prokurdische DeHaP nach dem Ende der bewaffneten Auseinandersetzung 2002 erstmals seit Jahren wieder frei um Stimmen werben und wurde in den meisten südöstlichen Provinzen zur stärksten Partei. Bei den Kommunalwahlen im Frühjahr 2004 brach der Anteil der prokurdischen Stimmen jedoch ein, und die Mehrzahl der kurdisch besiedelten Provinzen ging an die Regierungspartei AKP. – Foto: Günter Seufert

Die «türkische Position» in der Kurdenfrage. Nur Rechtsextreme sagen in der Türkei heute noch, es gebe keine Kurden. Doch Forderungen nach kulturellen Rechten oder gar Autonomie für bestimmte Regionen kann der Mann auf der Straße genauso wenig nachvollziehen wie die staatliche Elite. Begründet wird die Ablehnung in der Regel damit, daß die Kurden sich nicht als Volk oder gar als Nation verstünden. Es habe in der Geschichte nicht einen einzigen kurdischen Staat gegeben. Die Aufstände zu Beginn der Republik seien kein Krieg zwischen Kurden und Türken gewesen, sondern Streitigkeiten einzelner kurdischer Stämme mit dem Staat, der immer andere kurdische Stämme fand, die ihn bei der

Niederschlagung dieser Erhebungen unterstützten. Weder sprach-lich noch religiös seien die Kurden eine Einheit. Zazasprachige Kurden könnten sich mit kurmandschisprachigen nicht unter-halten, und kurdische Alewiten verheirateten ihre Töchter wohl mit türkischen Alewiten, nicht aber mit Sunniten, egal ob Kurde oder nicht. Auf diese Weise hätten sich Kurden und Türken über Jahrhunderte vermischt. Auch die Konzentration auf die Sprache helfe nicht weiter. Denn ziehe man die Zazasprachigen ab, sinke der kurdische Anteil an der Bevölkerung auf nur 6,2 Prozent. Mehr noch, durch die Landflucht aus dem Südosten in den Westen lebe die Mehrzahl der Kurden heute außerhalb ihrer alten Sied-lungsgebiete. Die größte kurdische Stadt sei demnach heute Istan-bul und nicht Diyarbakir. Wie solle da die Gewährung von beson-deren Rechten für die Kurden vor sich gehen?

Ohnehin sei die Kurdenfrage kein Problem von Minderheiten-rechten, sondern eine Folge ungleicher Entwicklung in verschie-denen Landesteilen. Tatsächlich erwirtschafteten die 10 reichsten der 80 Provinzen des Landes, die im Westen und an der Mittel-meerküste liegen, 1998 57 Prozent des Bruttosozialprodukts. Die 10 ärmsten Provinzen, die sich fast ausschließlich im Südosten finden, kamen zusammen auf nur 0,1 Prozent. Im westanato-lischen İzmit lag das Pro-Kopf-Einkommen bei stolzen 7096 Dollar – im südostanatolischen Muş jedoch nur bei 654 Dollar. In Südostanatolien ist die Analphabetenrate mit 40 Prozent so hoch wie in Kamerun; in der Region Marmara im Westen des Landes beträgt sie – wie in Portugal – nur 11,8 Prozent. Die Zahl der Ärzte und Krankenhäuser, der Studienplätze und sonstiger Kultur-einrichtungen folgt diesem Muster. Was sich als kurdischer Un-mut äußere, sei deshalb primär wirtschaftlich bedingt und werde schnell verebben, sobald sich die wirtschaftliche Lage bessere. Da-bei könne, aller Ungleichheit zum Trotz, von einer planmäßigen Vernachlässigung des Südostens nicht gesprochen weden. Denn die Lage in manchen Gebieten der Schwarzmeerküste und Zentralanatoliens sei nicht weniger trostlos. Außerdem würden seit Jahrzehnten Unsummen in Staudammprojekte in Südostana-tolien investiert, damit die Region endlich entwickelt werde.

Kurden und Türken stünden der Staatsdienst und die politischen Parteien gleichermaßen offen. Doch gehe es nicht an, daß man sich als abgegrenzte Gruppe mit besonderen Bedürfnissen und Interessen präsentiere und Sonderrechte geltend mache. Das führe letztendlich zur Spaltung des Vaterlandes. Viele Kurden seien in höchste Staatsämter aufgestiegen. Staatspräsident Turgut Özal habe sich seiner kurdischen Wurzeln gerühmt, der ehemalige Außenminister Hikmet Çetin, der frühere türkische NATO-Sekretär Kamran İnan, der heutige Innenminister Abdülkadir Aksu und andere bekannte Politiker seien Kurden. Wer trotz der Freiheiten und der Möglichkeiten, die sich den Kurden bieten, im Namen eines kurdischen Volkes politisch tätig werde, könne nur ein Agent des Auslandes sein, der die Sicherheit des Landes untergraben wolle. So habe Syrien die Kurden lange unterstützt, um Druck auf die Türkei hinsichtlich der Wasser von Euphrat und Tigris auszuüben. Der Iran habe militanten Kurden Unterschlupf gewährt, da ihm an der Schwächung der laizistischen Republik liege. Die USA wiederum sähen in ihnen ein Faustpfand für das politische Wohlverhalten Ankaras, und die EU benutze die Kurden zur Spaltung der Türkei, vor deren geballter Kraft und Größe sie sich fürchte.

Begriffe wie Spalter, Verräter und Kollaborateur fallen jedoch nicht nur bei «den Türken». Die PKK hat ebenfalls «Verräter» ausgemacht und sogar ermordet. Abgeordnete prokurdischer Parteien haben kurdische Mitglieder anderer Parteien des Verrats an der kurdischen Sache beschuldigt und auch Şerafettin Elçi und seine Partei der «Spaltung der kurdischen Öffentlichkeit»[52] geziehen. Sowohl für den türkischen Staat als auch für die PKK thront die nationale Identität hoch über allen anderen Eigenschaften eines Menschen. Weil nach dieser Logik nur die Nation Rechte hat und nur die Zugehörigkeit zur ihr Rechte des Individuums begründen kann, ist es so wichtig, ob die Kurden eine Nation beziehungsweise ein Volk sind oder nicht. Solche Vorstellungen von Nation und Nationalstaat stammen aus Europa, doch dort sind heute längst andere Dinge wichtig. Quelle von Rechten ist in Europa das Individuum, der einzelne Bürger, und nicht das Kollektiv. Die Aufgabe des Staates ist es nicht, mit sanftem oder starkem Zwang die kulturelle Einheit der Nation herbeizuführen, sondern ihre Pluralität zu bewahren und zu fördern. Auch in «Kurdistan» kehrt Friede erst ein, wenn das Recht des Einzelnen auf Muttersprachenunterricht keine kurdische Nation zur Begründung braucht und wenn sich die türkische Nation dadurch nicht gefährdet sieht. Die eine Bedingung ist nur gleichzeitig mit der anderen zu haben.

Nichtmuslimische Minderheiten

Am 15. Januar 2004 ist der Versammlungsraum des Hilton-Hotels in Istanbul bis auf den letzten Platz gefüllt. Das Podium wird zum Ort der Andacht. Vor überwiegend muslimischem Publikum betet der Chefrabbiner İshak Haleva zusammen mit den Oberhäuptern von vier christlichen Konfessionen für den Frieden. Anschläge auf Synagogen und andere Ziele, wie sie im November 2003 Istanbul erschütterten, sollen sich nicht wiederholen. Rechts und links vom Rabbi stehen Bartholomäus I., Ökumenischer Patriarch der Griechisch-Orthodoxen Kirche, Mesrob II., Armenischer Patriarch in der Türkei, Yusuf Çetin, Metropolit der Syrisch-Orthodoxen Kirche in Istanbul, und Monsignore Louis Pelatre, Vertreter des Vatikans in der Türkei. Veranstalter ist eine muslimische «Dialogplattform». Die Presse ist zugegen, die offizielle Öffentlichkeit ist auf die religiöse Vielfalt und Toleranz im Lande stolz.

80 Jahre früher, kurz nach Gründung der Republik, herrschte ein ganz anderes Klima. Im Parlament jener Zeit wollte Außenminister Şükrü Kaya «die Zahl der griechisch Orthodoxen (Bürger Istanbuls) so weit wie möglich reduzieren».[53] Die griechisch-orthodoxe Gemeinde Istanbuls und das Patriarchat galten als das trojanische Pferd Griechenlands zur Rückeroberung der Stadt. Christen, so glaubte man, würden sich niemals als türkische Staatsbürger und als Türken fühlen. Nicht nur die Zahl der Nichtmuslime war deshalb zu begrenzen. Es galt auch, ihren Einfluß in Handel und Kultur zu brechen.

In vollem Ornat feiert der orthodoxe Patriarch von Istanbul, Bartholomäus, einen Gottesdienst auf den Resten der Paulus-Kirche im heutigen Yalvaç, früher Antiochien, in Pisidien. – Foto: Christopher Kubaseck

Im Vertrag von Lausanne hatte die Türkei 1923 allen ihren Bürgern Religionsfreiheit versprochen. Den nichtmuslimischen Minderheiten garantierte der Vertrag Kirchen, Wohlfahrtseinrichtungen und Schulen und verbot außerdem Benachteiligungen jeder Art. Doch noch im gleichen Jahr mußten ausländische Firmen in Istanbul ihren christlichen Mitarbeitern kündigen, von 1926 bis 1965 war Nichtmuslimen der öffentliche Dienst versperrt, und 1936 begann der Staat, christliche Gemeinden zu enteignen. Ein neues Stiftungsgesetz und juristische Spitzfindigkeit ermöglichten, daß 34 Immobilien der Armenischen Gemeinde und 450 Immobilien der Griechisch-Orthodoxen Kirche ohne Entschädigung an die Staatskasse fielen. 1942 trieb eine neue Vermögenssteuer die nichtmuslimische Kaufmannschaft zum großen Teil in den Ruin. Über 2 000 «Steuersünder», die nicht in der Lage waren, die hohen Sätze zu bezahlen, mußten in Arbeitslagern in Anatolien ihre «Schuld» begleichen.

1956 wollte das konservative Parlament mehr Rechtssicherheit für die Stiftungen der Minderheiten schaffen, doch Justiz und Bürokratie schoben dem erneut einen Riegel vor. Erst die Aussicht auf EU-Mitgliedschaft bringt 2004, nach 38 Jahren, neue Hoffnung. Jetzt werden endlich Genehmigungen für die Restauration von Kirchen erteilt, und die Reformgesetze erlauben prinzipiell, Grundbesitz auf die Stiftungen der Minderheiten zu überschreiben. Noch immer jedoch stellt die Bürokratie hohe Hürden auf. Von über 2234 Anträgen, die seit August 2002 gestellt wurden, waren Ende 2003 erst 274 positiv entschieden. Ende Dezember sah ein neuer Gesetzentwurf der konservativen AKP erstmals vor, daß die Gemeinden sich nicht nur als Stiftung oder Verein, sondern als «Gemeinnützige Institutionen» mit mehr Handlungsfreiheit organisieren können. In der Gesellschaft wächst die Einsicht, daß die Türkei nichts gewönne, aber viel verlöre, wenn auch die letzten autochthonen Christen das Land verließen.

Das *Griechisch-Orthodoxe Patriarchat von Konstantinopel* ist zusammen mit dem von Antiochia (Antakya) das älteste der Griechisch-Orthodoxen Kirche und noch immer so etwas wie ihr Mittelpunkt. Der Ökumenische Patriarch in Istanbul gilt als *primus inter pares* ihrer Patriarchen, in Griechenland unterstehen ihm 35 Diözesen. In Istanbul jedoch zählt die Gemeinde heute ganze 1650 Gläubige. Dabei lebten noch 1945 fast 125 000 orthodoxe Griechen in der Stadt. Der Exodus ist eine Folge des Konflikts um Zypern. Als 1955 dort die Griechen die Türken bedrängten, hetzten am 6. September des gleichen Jahres der staatliche Rundfunk und die rechte Presse den Mob auf griechische Wohnungen und Geschäfte. Den Höhepunkt erreichte die Abwanderung 1964. Erneut wegen Zypern wies Ankara Zehntausende «Hellenen» aus, griechische Staatsbürger, die oft seit Generationen in Istanbul seßhaft gewesen waren. 1971 folgte der nächste Schlag. Das Bildungsministerium schloß das Priesterseminar auf Heybeliada (Chalki), einer der Prinzeninseln vor Istanbul. Damit war der Fortbestand des Patriarchats gefährdet, schreibt die Türkei doch vor, daß nur ein türkischer Staatsbürger zum Patriarchen gewählt werden kann. Heute hofft die Gemeinde, daß die türkisch-griechische Annäherung Früchte trägt. In der Türkei steht die Wiedereröffnung des Priesterseminars auf der Tagesordnung, und Griechenland will der türkischen Minderheit auf Rhodos den Türkischunterricht wieder erlauben.

Das *Armenische Patriarchat* in Istanbul hat die größte christliche Gemeinde des Landes zu betreuen. Fast alle ihrer 46 000 Seelen leben in dieser Stadt. Das Patriarchat wurde 1461, acht Jahre nach der Eroberung Konstantinopels gegründet. Sultan Mehmed II. wollte hier ein christliches Gegengewicht zur starken griechischen Gemeinde schaffen. Besonders nach der Unabhängigkeit Griechenlands von den Osmanen galten die Armenier als «treue Gemeinde», die keinen nationalen Träumen nachhängen würde. Das änderte sich zur Jahrhundertwende mit der armenischen Nationalbewegung. 1915 und 1916, während des Ersten Weltkriegs, kam es zur armenischen Tragödie, der Auslöschung der armenischer Bevölkerung in Anatolien.

Seit Jahrzehnten streiten sich Türken und Armenier darum, ob der Begriff «Völkermord» dafür gerechtfertigt ist oder nicht. Zwischen 600 000 und 800 000 Armenier sollen damals den Tod gefunden haben.[54] Gegen Ende des Krieges rächten sich armenische und russische Truppen an der muslimischen Zivilbevölkerung. Ein Ende des Streits ist nicht in Sicht, denn es geht dabei weniger um historische Tatsachen als um ihre moralische und politische Bewertung. Schon der Begriff macht Schwierigkeiten. Lange war er dem Holocaust der Deutschen an den Juden vorbehalten, doch seit den neunziger Jahren werden auch begrenzte und nicht von der Zentralregierung geplante Massentötungen wie in Srebenica, wo mehr als 7500 Menschen umgebracht wurden, als «Völkermord» bezeichnet. Mit keinem dieser Vorfälle ist das Schicksal der Armenier wirklich vergleichbar. Manche, die trotzdem auf dem Begriff bestehen, wollen das Verbrechen der Nazis mit dem der Jungtürken gleichsetzen, andere nur generell sensibilisierend wirken. Die Armenier konstatieren fassungslos, daß die offizielle türkische Historiographie noch immer ein planmäßiges Morden generell bestreitet, die Zahl der Opfer zynisch herunterrechnet, auf kritische Historiker im eigenen Land hysterisch reagiert und propagandistisch von der Öffnung der Archive spricht, doch dabei zu erwähnen vergißt, daß diese systematisch gesäubert worden sind.[55] Die Türkei dagegen argwöhnt, daß es nicht nur um die Anerkennung historischer Schuld gehe, sondern um die Infragestellung der territorialen Integrität des Staates. Schließlich hat die «Armenian Secret Army for the Liberation of Armenia» (ASALA) in den siebziger Jahren die Anerkennung der Schuld mit der Gründung eines armenischen Staates auf dem Territorium der Türkei verbunden und für beide Ziele mehr als 30 türkische Diplomaten umgebracht. Ob Parlamentsbeschlüsse dritter Länder, wie Frankreich und der Schweiz, die die Türkei zur «Anerkennung des Völkermords» aufgerufen haben, hilfreich sind, ist fraglich. Denn ob die Türkei sich aufgrund ihrer «nationalen Ehre» gegen den Vorwurf wehrt oder ob Dritte sie zur Anerkennung «ihrer Schuld» auffordern, immer werden die heutigen Einwohner von Staaten im Namen der Nation für vor ihrer Zeit begangene Entscheidungen und Taten verantwortlich gemacht und damit die Logik nationalistischer und nationalstaatlicher Geschichtsschreibung gestärkt. Nicht die Bewertung «Völkermord ja oder nein» im juristischen Sinne – und mit staatsrechtlichen Konsequenzen für die heutige Türkei – hilft hier weiter, sondern die historische Einordnung des Geschehens in die Geschichte des europäischen Nationalismus. In diesem Sinne ist der Massenmord an den Armeniern eine der ersten und eine der großen ethnischen Säuberungen, die mit dem Ziel der Herausbildung einer nationalen Homogenität durchgeführt worden sind; ein Ziel, das noch heute vielerorts Denken und Handeln bestimmt.

In den neunziger Jahren wurde die Beziehung zwischen dem armenischen Patriarchat und den türkischen Behörden zusätzlich durch die Besetzung der aserbaidschanischen Enklave Berg-Karabagh durch Armenien belastet. Doch allen politischen Problemen zum Trotz, im alltäglichen persönlichen Umgang verstehen sich die Türken mit den Armeniern besser als mit den Angehörigen aller anderen Minderheiten.

Die *Syrisch-Orthodoxe Kirche* sieht sich als Urkirche des Christentums. Ihre Liturgiesprache ist Aramäisch, die Sprache Jesu, ihre Umgangssprache das davon abgeleitete Toroyo. In eigenen Schulen können die Assyrer in der Türkei keine dieser beiden Sprachen lehren. Ohne Begründung haben die Regierungen ihnen die Garantie des Lausanner Vertrags verweigert. Die Türkei erlaubt nur den Unterhalt der Klöster in Mardin und Midyat an der syrischen Grenze sowie der Kirchen, die die Gemeinde in den letzten 30 Jahren in Istanbul von Griechen und Armeniern übernommen hat. Denn früher lebten die Assyrer ausschließlich im Osten des Landes, ihr Patriarch ist gleich nach Gründung der Republik von Mardin nach Damaskus ausgewichen. In ihrer alten Heimat, wo sie noch in der ersten Hälfte des 20. Jahrhunderts an die 200000 Gläubige zählten, leben heute noch höchstens 5000 Seelen. Vertrieben haben sie die schlechten Lebensbedingungen, behördliche Unduldsamkeit, kurdische Großgrundbesitzer und schließlich 20 Jahre Krieg zwischen dem türkischen Staat und der PKK. In Deutschland gibt es mittlerweile 40000 und in Schweden 60000 syrische Christen. Ihre Zahl in Istanbul stagniert bei ungefähr 10000, doch es ist fraglich, ob die ländlich geprägte Gemeinde in der Stadt überdauern wird. Doch jetzt scheinen auch für die Assyrer endlich bessere Zeiten anzubrechen. Die neuen Gesetze zum Stiftungseigentum stellen die assyrische Gemeinde erstmals der griechen und armenischen Kirche gleich.

Das *Oberrabbinat Istanbul* feierte 1992 sein fünfhundertjähriges Bestehen. Sultan Bayazid II. hatte sephardische Juden, die vor der spanischen Reconquista geflohen waren, nach Istanbul geholt. Doch gab es schon seit der Antike Juden in Kleinasien, und unter den Osmanen wanderten stetig Aschkenaser zu. Kein Wunder, daß eine der 16 Istanbuler Synagogen «Schneidertempel» heißt. Weder im Osmanischen Reich noch in der Republik Türkei hatte die Gemeinde nennenswerte Schwierigkeiten. Die jüdische Lobby in Washington ist einer der stärksten Fürsprecher der Türkei in den USA. Trotzdem sinkt auch die Zahl der Juden stetig. 80000 waren es im Jahr 1935, auf 17000 schätzt man ihre Zahl in Istanbul heute.[56] Die jüdische Gemeinde genießt ihre Rechte aus dem Vertrag von Lausanne und ist in das Bürgertum der Stadt integriert.

Neues Regime, neue Sprache

Ein Grundmuster im türkischen Schattenspiel «Karagöz» ist die scheiternde Kommunikation zwischen dem gebildeten Osmanen Hacıvat und dem pfiffigen Mann des Volkes Karagöz. Dem sind die Worte Hacıvats so unverständlich wie einst dem preußischen Bauern die von französischen Vokabeln dominierte Rede seines Landesfürsten. So macht er sich einen Spaß daraus, Hacıvat noch gründlicher mißzuverstehen, und liefert sich lustige Rededuelle mit ihm.

Getreu dem Konzept des Nationalstaates, daß zur eigenen Nation eine eigene Sprache gehöre, nahmen die Gründer der türkischen Republik das Problem der stark von arabischen und persischen Worten, grammatischen Strukturen und Wendungen geprägten Hochsprache ernster. Die «Reinigung» der Sprache von diesen Elementen bot sich zugleich als probates Mittel an, den Bruch mit der osmanischen Vergangenheit im Bewußtsein der Bevölkerung zu zementieren.

Atatürk, der Gründer der Republik, setzte sich selbst intensiv mit der Sprachreform auseinander. So gründete er am 12. Juli 1932 höchstpersönlich die «Türkische Sprachanstalt», die damit beauftragt wurde, das Türkische von «fremden» Elementen zu reinigen und Vorschläge zur Einführung von Begriffen aus anderen Turksprachen und regionalen Dialekten sowie für Neuprägungen zu machen. Listen der vorgeschlagenen Worte wurden über das Erziehungsministerium zur Einführung an Schulen, aber auch an Zeitungen verteilt.

Der kulturrevolutionäre Aspekt der Sprachreform sollte sich wenige Monate später, am 21. November 1932, deutlich zeigen, als das «Direktorium für Religiöse Angelegenheiten» alle Angestellten von Moscheen und Gebetsstätten anwies, den in der gesamten islamischen Welt in arabisch erschallenden Gebetsruf ab sofort auf Türkisch auszusingen. Zur Anleitung wurde eine Schallplatte mit einer Aufnahme des Gebetsrufers der Istanbuler Sultan-Ahmet-Moschee verteilt.

Die von Teilen der Gebildeten begeistert aufgenommene, von vielen aber ebenso heftig kritisierte Sprachreform führte zu einer Welle von Neuprägungen in der Art des in Deutschland vorgeschlagenen «Gesichtserkers» für das lateinische Wort «Nase». Mangelndes Wissen um die Wortbildung im Türkischen und allzu offensichtliche Anlehnungen an Worte aus westlichen Sprachen lieferten den Kritikern reichlich Stoff. Falsch angewandte Regeln machten das Argument, man wolle eine auch für einfache Bürger leicht verständliche Sprache schaffen, unglaubwürdig. Wörtern wie beispielsweise *okul* als Neuprägung für «Schule» sah man die Herkunft vom französischen «école» ebenso leicht an wie dem Wort *önder* für «Führer» vom Englischen *leader*. Weder die Endung -*l* in *okul* noch -*der* in *önder* lassen sich auf geläufige Wortbildungselemente des Türkischen zurückführen.

Die kemalistische Führung reagierte auf den Mißerfolg, der sich bereits abzeichnete, mit der verwegenen Sonnensprachentheorie des Wiener Sprachwissenschaftlers Hermann F. Kvergić. Die These war einfach zu verführerisch: Aus den ersten Lauten des Menschen, ausgestoßen beim Anblick natürlicher Phänomene wie der Sonne, war als Ursprache das Türkische entstanden. So brauchte man die Sprache nicht mehr von fremden Elementen zu reinigen, da im Grunde alle Worte türkischen Ursprungs waren. Unterhaltsame Etymologien wie die Deutung des Namens des Amazonas als «*Ama uzun!*» – «Ist der aber lang!» oder angesichts der gewaltig tosenden Niagarafälle («*Ne yaygara*» – «Ist das ein Krach») sollten folgen. Den seriöseren Vertretern der Sprachreformbewegung gelang indessen eine Vielzahl erfolgreicher Neubildungen, die sich zum Teil durchgesetzt haben.

Heute, 70 Jahre nach Beginn der Sprachreform, hat sich der Streit weitgehend entspannt: Die Mehrzahl der Gebildeten verwendet die vielen verbliebenen Worte arabischer und persischer Herkunft ebenso wie Neuprägungen. Arabische und persische grammatische Formen sind dagegen mit Ausnahme der Verwendung in festen Redensarten weitgehend aus der gehobenen Umgangssprache verdrängt. Von der Sprache zur Zeit der Gründung der Republik indessen ist das moderne Türkische bereits so weit entfernt, daß selbst Romane der dreißiger Jahre mit Anmerkungen gedruckt werden müssen, damit junge Leser sie verstehen können.

Von der Medrese zur Universität

Als 1997 die Grundschulpflicht von bisher fünf auf acht Jahre erhöht werden sollte, entstand ein heftiger Streit. Doch nicht etwa handfeste wirtschaftliche oder bildungspolitische Gründe ließen die Meinungen der Kontrahenten aufeinanderprallen, denn es ging nicht um den Ausfall billiger Lehrjungen oder um die finanzielle Belastung, die der Ausbau der Grundschule verursachen würde. Das Militär hatte die Gesetzesinitiative «veranlaßt», und sie zielte ebensosehr wie auf ein Anheben des Bildungsniveaus gegen den politischen Islam. Der, so die Militärs, hatte seine Brutstätte in den Predigergymnasien. Mit der Ausweitung der Grundschulpflicht sollte diesen elegant der Nachwuchs abgeschnitten werden.

Dabei waren es die Militärs selbst gewesen, die nach den blutigen Auseinandersetzungen der siebziger Jahre die vermeintliche Gefahr des Kommunismus mit Hilfe der Religion bekämpfen wollten und so die Geister riefen, die sie nun nicht wieder los wurden. Denn die Zahl der Predigergymnasien war gerade in den Jahren nach dem letzten Putsch zwar von einer zivilen Regierung, aber doch mit Billigung des Militärs weit über den Bedarf an Predigern hinaus erhöht worden.

Daß die Hüter der Republik sich ihr Bildungssystem nicht ideologisch zweckentfremden lassen wollen, ist durchaus verständlich. Schließlich ist die schichtenübergreifende und die gesamte Bevölkerung erfassende Schulbildung das Verdienst des neuen Staates. Um die Volksbildung nämlich stand es bei der Auflösung des Osmanischen Reiches denkbar schlecht: Noch 1935 konnten lediglich 18,7 Prozent der Bevölkerung lesen und schreiben. Bei den Frauen lag der Anteil bei 9,6 Prozent. Und auch um den Inhalt des vermittelten Wissens stand es nicht gut: Außer einigen Fachgymnasien und einer Hochschule in Istanbul, die Militärs, Ärzten und Ingenieuren Wissen auf dem Stand der Zeit boten, lernte man

Lesen, Schreiben und Rechnen vorwiegend in den Klassen privater Lehrer, die im Stadtteil organisiert wurden. Besonders begabten Schülern stand anschließend der Besuch religiöser Hochschulen, der Medresen offen. Dort wurden neben religiösen Lehren moderne Wissenschaften nur auf äußerst dürftigem Niveau angeboten.

Behindert wurde die Alphabetisierung weiterer Bevölkerungskreise auch durch die arabische Schrift, die als reine Konsonantenschrift für semitische Sprachen gut geeignet war, für das phonetisch vollkommen anders geartete Türkische jedoch erhebliche Probleme barg. So gehörte es zu einer der wichtigsten revolutionären Änderungen der jungen Republik, ein Alphabet auf der Basis der lateinischen Buchstaben entwickeln zu lassen, die um einige Sonderzeichen zur Wiedergabe türkischer Laute ergänzt wurden. Im Winter 1928 war es so weit: Unter der Anleitung von Lehrern, vielen Privatpersonen und auch Atatürk selbst lernte die Nation das neue «Türkische Alphabet». Diese Umstellung hat zum Erfolg des Erziehungswesens beigetragen: 1999 lag der Alphabetisierungsgrad der Männer bei 94,2 Prozent und derjenige der Frauen bei 77,4 Prozent. Insgesamt können 85,7 Prozent der Bevölkerung über 12 Jahre lesen und schreiben.

Doch auch das Curriculum wurde bald revidiert: 1933 ließ die neue Regierung die osmanische Hochschule Dar-ül Funun schließen und gründete neben etlichen Fakultäten in der neuen Hauptstadt Ankara die Universität Istanbul. Die Machtergreifung der Nazis in Deutschland erwies sich dabei als eine große Chance: Fast 200 Wissenschaftler, die aufgrund ihrer jüdischen Herkunft oder aus politischen Gründen flüchten mußten, fanden Anstellung in der Türkei. Sie hatten erheblichen Anteil daran, die türkische Universitätsausbildung auf den Stand der Zeit zu bringen.

Heute orientiert sich das Universitätssystem am amerikanischen Vorbild. Doch ebenso wichtig wie die inhaltliche Ausrichtung der Universitäten ist dem Staat der Schutz des westlichen Erscheinungsbildes der Studenten als Symbol einer säkularen Haltung. Dies soll durch die Kontrolle und Überwachung der Kleidung durchgesetzt werden, weshalb Studentinnen mit Kopftuch das Studium verboten wird. So ist eine Liberalisierung des Hochschulzugangs ebenso dringend wie die Abschaffung des Hochschulzulassungsverfahrens auf der Basis eines rein wissensorientierten multiple-choice-Tests. 2005 sollen eine Abiturprüfung und ein Numerus Clausus das bisherige System ersetzen.

Immerhin erhielten 97,6 Prozent aller Kinder im Jahr 2000 eine Grundschulbildung. 59,4 Prozent besuchten die Mittelschule, 36,6 Prozent das Gymnasium. Und mit 27,8 Prozent kamen im gleichen Jahr etwas über 2 Millionen junge Erwachsene in den Genuß einer Hochschulbildung. Dafür standen ihnen 71 Universitäten sowie 1492 Fakultäten, Institute, Fach- und Berufsfachhochschulen sowie Fernstudiengänge zur Verfügung.

6. Außenpolitische Alternativen

Auf einer Tagung der Heinrich-Böll-Stiftung Anfang Dezember 2002 in Berlin zog ein Experte für die EU-Erweiterung einen erhellenden Vergleich. «Kein anderes Land – mit Ausnahme von Großbritannien», sagte er, «hat die Verhandlungen mit der EU so sehr auf gleicher Augenhöhe geführt wie die Türkei.»[57] Das paßt schlecht zum Bild des Landes in der Öffentlichkeit: das Bild vom Bittsteller, der mit aller Macht in die EU drängt, weil er sonst seine wirtschaftlichen Probleme nicht los und seiner islamischen Massen nicht Herr wird. Tatsächlich gab es für die anderen Beitrittskandidaten, die Staaten Osteuropas, nach mehr als 50 Jahren unter sowjetischer Vorherrschaft wohl wenig außenpolitische Alternativen. In der Türkei dagegen glauben einflußreiche Kreise, daß der Zusammenbruch des Warschauer Pakts dem Land neue außenpolitische Möglichkeiten eröffnet habe. Vom Balkan bis an die Südgrenzen Rußlands und von Marokko bis in den Irak ist die Türkei militärisch und aller Schwierigkeiten zum Trotz auch wirtschaftlich der stärkste Staat. Viele Türken sind heute wieder stolz auf die Vergangenheit, auf ein Imperium, das von den Toren Wiens bis zum Jemen reichte. Und weil es so gut in Träume von regionaler Größe paßt, behauptet man unentwegt und wider besseres Wissen, das Türkisch der Türkei sei die Lingua Franca Zentralasiens und werde bis nach Sibirien hinein verstanden.

Anders als die Osmanen in ihrer Blütezeit ist die moderne Türkei freilich auf starke Partner angewiesen. Mit den USA verbindet sie eine über 50 Jahre währende militärische und strategische Zusammenarbeit, die wegen der zentralasiatischen Öl- und Gasvorkommen heute genauso wichtig ist wie in der Zeit des Kalten Krieges. Mit Israel unterhält Ankara seit 1997 Militärabkommen, die dazu dienen sollen, den Iran und Syrien in Schach zu halten.

Manche in der türkischen Führung liebäugeln auch mit Rußland, und selbst ein Bündnis mit Iran wäre ihnen recht, wenn es dazu dienen könnte, Forderungen der EU nach mehr Demokratisierung abzublocken. Für eine solche Strategie plädierte noch im März 2002 der damalige Generalsekretär des Nationalen Sicherheitsrates, Generaloberst Tuncer Kılınç, in jenen Tagen vielleicht der mächtigste Mann im Land. Doch zum Kummer mancher hoher Beamter ist in der Bevölkerung die Mitgliedschaft in der EU noch immer die begehrteste Option. Sie ist mehr als nur ein Ziel der Außenpolitik und soll Liberalität, Rechtsstaatlichkeit und Demokratie im Inneren garantieren.

Der Beitritt zur EU – Geduldsprobe für beide Seiten

In den Ländern der Union dagegen werden die möglichen Folgen einer türkischen Mitgliedschaft viel skeptischer betrachtet. Der ehemalige französische Staatspräsident Giscard d'Estaing meinte nach dem Gipfel von Kopenhagen im Dezember 2002, die Aufnahme der Türkei bedeute das Ende der Europäischen Union. Ganz ähnlich dachte schon 1997 der Vorsitzende der Europäischen Volkspartei, des Zusammenschlusses der konservativen Parteien in Europa, Wilfried Martens. Er wollte in den Türken eine Bedrohung der «zivilisatorischen Bedeutung» Europas ausmachen.[58] Wie konnten – fragt man sich da unwillkürlich – die Staatsmänner Europas vor dieser Gefahr 55 Jahre lang die Augen verschließen?

Die «europäische Geschichte» der Türkei. Seit dem Zweiten Weltkrieg sieht die internationale und die europäische Politik die Türkei als Teil Europas. Der Marshall-Plan, mit dem die USA dem kriegsverwüsteten Europa seit 1947 auf die Beine halfen, bedachte nicht nur Mitteleuropa und Griechenland, sondern auch die Türkei. Und als sich 1948 die «Organisation für wirtschaftliche Entwicklung» (OECD) in Paris konstituierte, war das Land von Anfang an dabei. Das gleiche gilt für die Gründung des Europarats, an der Ankara gleichberechtigt teilnahm. Nur zwei Jahre nach den «Römischen Verträgen» (EWG- und EAG-Vertrag) von 1957 akzeptierte der EWG-Ministerrat im September 1959 die Anträge der Türkei und Griechenlands zum Abschluß von Assoziierungsabkommen. Darin war sogar die Freizügigkeit für türkische Arbeitnehmer ab 1986 vorgesehen. Die damalige Haltung brachte der Präsident der EWG-Kommission Walter Hallstein auf den Punkt, als er in aller Klarheit meinte: «Die Türkei ist Teil Europas.»[59] Kein Wunder, daß sich Brüssel und Ankara 1970 auf ein Zusatzprotokoll einigen konnten, das den gegenseitigen Abbau der Zollschranken und die spätere Vollmitgliedschaft vorsah. Auch an der Eröffnung der KSZE in Helsinki nahm die Türkei als gleichberechtigter Partner teil und unterstrich damit ein weiteres Mal ihre Zugehörigkeit zu Europa.

Die Fragen von Kulturkreis, Identität und Religion, die heute die Debatte prägen, spielten damals keine Rolle, so daß sich bis 1960 Griechenland, die «Wiege europäischer Kultur», und die Türkei, die heute gern als der «definitive Gegensatz Europas» dargestellt wird, in Sachen Annäherung an die EWG im Gleichschritt bewegten. Doch dann wurde die Türkei durch tiefe Wirtschaftskrisen und durch Staatsstreiche wiederholt zurückgeworfen. Zwar verkündeten die Generäle bei ihrem ersten Putsch 1960 wie auch bei den späteren Interventionen von 1971 und 1980 ihre Vertragstreue. Doch die Beseitigung von Parlament und Demokratie wollte die EG 1960 genausowenig hinnehmen wie die EU 1980. So wurde Griechenland, dessen Militär 1974 die Macht abgab, bereits 1981 Mitglied der Union, während der türkische Ministerpräsident Turgut Özal erst 1987 den Antrag auf Vollmitgliedschaft stellen konnte. Im Dezember 1989 vertagte die EU-Kommission ihre Entscheidung und schlug vor, die großen wirtschaftlichen Entwicklungsunterschiede zwischen der Türkei und den EU-Staaten durch die Einführung einer Zollunion zu vermindern.

Erst 1993 verabschiedete die EU die Beitrittskriterien von Kopenhagen, die künftig für alle Kandidaten gelten sollten. Anfangs glaubten die türkischen Bürokraten noch, die Kriterien würden nur an die ehemals kommunistischen Länder Osteuropas angelegt. Schließlich habe man selbst den Antrag Jahre vorher eingereicht und außerdem im Kalten Krieg treu zur westlichen Welt gestanden. Trotz der dadurch hervorgerufenen Verstimmung trat zum Jahresbeginn 1996 die Zollunion in Kraft. Für die Anpassung der türkischen Wirtschaft an EU-Gepflogenheiten war sie sinnvoll. Politisch ist sie insofern ein Unikum, als ein Land seinen Markt fast grenzenlos für EU-Produkte öffnet, ohne politische Mitspracherechte zu erlangen. Die Verärgerung in Ankara war deshalb groß, als die EU trotz dieser Vorleistung auf dem Luxemburger Gipfel von 1997 zehn osteuropäische Länder zu Beitrittskandidaten erklärte, doch die Türkei außen vor ließ. Ankara fror die Beziehungen ein, bis 1999 der EU-Gipfel von Helsinki der Türkei den Kandidatenstatus zusprach. Rein rechtlich ist die Voraussetzung für die türkische Vollmitgliedschaft jetzt «nur» noch die Erfüllung der «Kopenhagener Kriterien». Politisch allerdings gilt es, die Skeptiker in den EU-Ländern zu überzeugen.

Europa und sein Gegenteil? Leicht wird das nicht! Denn die Diskussion um das EU-Mitglied Türkei ist hoch emotionalisiert, wie immer, wenn es um Ängste und das eigene Selbstverständnis geht. Wie tief die Ängste derer sitzen, die eine türkische Mitgliedschaft aus kulturellen Gründen ablehnen, zeigt sich an ihren apokalyptischen Szenarien, in denen es um alles oder nichts geht, um die Zukunft Europas oder dessen Untergang. Da stehen sich ein lichtes Europa und ein finsterer Orient durch «tiefe Kulturgrenzen»[60] getrennt gegenüber. Europa sei ethisch-christlich und doch säkular, aufgeklärt und liberal, rational und berechenbar, bürgerlich und demokratisch. Die Türkei hingegen repräsentiere den Orient, und der ist das blanke Gegenteil. Nur Despotie halte dort den fanatischen Islam in Schach, irrational und grausam sei der Asiate, unberechenbar, gefährlich und sich unaufhaltsam vermehrend. Solche Schwarzweißmalerei wird uns eines Tages genauso peinlich berühren, wie beispielsweise die einstigen deutschen Vorurteile gegen «kulturell tiefer stehende Slawen» und gegen «unmoralische Welsche». Tatsächlich geht es bei der bedingungslosen Ablehnung der Türkei primär um den Islam, dem keine Säkularisierung – und um die Muslime, denen keine Demokratie zugetraut wird. Denn all die anderen «kulturalistischen» Gründe träfen auch auf die christlich-orthodoxen Staaten Osteuropas zu: das Fehlen von Renaissance, Aufklärung und Bürgertum, eine verspätete Industrialisierung usw. Der Vorwurf der Türken, bedingungslose Gegner ihrer Mitgliedschaft sähen die EU als Christenclub, ist deshalb nicht ohne weiteres von der Hand zu weisen.

Ganz anders sieht es aus, wenn um die demokratische Verfaßtheit der Türkei gestritten wird. Die moderne Republik ist ein Nationalstaat nach europäischem Muster, und wenn Europa heute die Türkei kritisiert, dann zeigt es mit dem Finger nicht auf vormoderne, islamische Zustände, sondern bemängelt, daß die Türkei in einem historischen Stadium befangen ist, das die Länder Westeuropas spätestens nach dem Zweiten Weltkrieg überwunden haben. Aber nicht viel früher, denn innergesellschaftliche Pluralität, kulturelle Offenheit, Durchlässigkeit der Grenzen, der Vorrang des Individuums vor Staat und Nation, all das, was heute von der Türkei gefordert wird, hatte vor den Weltkriegen auch in Europa nur wenige Verfechter.

Die Forderungen der EU, Reformen und ihre Umsetzung. Die Kopenhagener Kriterien fordern «eine institutionelle Stabilität als Garantie für demokratische und rechtsstaatliche Ordnung, für die Wahrung der Menschenrechte sowie die Achtung und den Schutz von Minderheiten». Wie diese allgemeinen Prinzipien zu verwirklichen sind und wann sie als hinreichend erfüllt angesehen werden, ist freilich eine politische Entscheidung. Die Türkei behauptete bereits vor dem (zweiten) Kopenhagener Gipfel im Dezember 2002, sie habe durch die Verfassungsänderung im Jahr 2001 sowie durch die Anpassungsgesetze von 2002 die Kriterien bereits voll und ganz erfüllt. Sie habe deshalb ein Recht darauf, von der EU ein Datum für die Aufnahme der Verhandlungen über die Vollmitgliedschaft genannt zu bekommen. Die EU kam der Türkei jedoch nur teilweise entgegen und vertagte die Entscheidung auf ihren Gipfel Ende 2004.

Der Europarat formulierte seine Antwort an die Türkei im zweiten «Dokument zur Beitrittspartnerschaft». Darin verlangte er in der Außenpolitik Nachgiebigkeit beim Konflikt um Zypern und bei den Grenzstreitigkeiten mit Griechenland. Innenpolitisch forderte er die Türkei auf, mehrere internationale Abkommen zu bürgerlichen, politischen, sozialen und kulturellen Rechten zu ratifizieren, den Kampf gegen die Folter fortzuführen und die Rechte von Angeklagten, Inhaftierten und Gefangenen zu stärken. Der Schutz der Menschenrechte, unabhängig von Herkunft, Glaube, Sprache und Geschlecht, müsse verbessert und die Meinungsfreiheit ausgebaut werden. Noch immer weigere sich Ankara, türkische Gerichtsverfahren, deren Urteile vom Europäischen Gerichtshof für Menschenrechte aufgehoben wurden, neu zu verhandeln. Die Versammlungsfreiheit sei nicht vollständig gewährleistet, und die Vereinigungsfreiheit der Arbeitnehmer noch stark reglementiert. Auch bei der Gewährung der Religionsfreiheit bestünden Mängel. Besonders die Verfügung nichtmuslimischer Gemeinden über ihr Eigentum sei stark beschränkt, und die Ausbildung des Priesternachwuchses werde verhindert. Die kulturellen Rechte von sprachlichen Minderheiten, allen voran der Kurden, seien noch nicht gesichert. Als besonders heikler Punkt gilt die starke Stellung des Militärs, das politischer Kontrolle weitgehend entzogen sei und über den «Nationalen Sicherheitsrat» mitregiere. Notwendig seien auch Reformen in der Justiz, der mangelnde Effizienz, inkonsistente Anwendung der Gesetze, besonders im Bereich der Menschenrechte, und Ignoranz gegenüber der Rechtsprechung des Europäischen Gerichtshofs vorgeworfen werden. Noch immer erzwinge die Polizei mit Foltermethoden Aussagen von Verdächtigen, und rationale Techniken der Überführung von Schuldigen seien weitgehend unbekannt. Angesichts dieser Liste mag sich der eine oder andere fragen, was die Türkei in Richtung Demokratisierung eigentlich unternommen hat, seit ihr 1997 in Helsinki der Kandidatenstatus verliehen worden ist.

Die Frage so zu formulieren, wäre ungerecht, waren doch die Ausgangsbedingungen denkbar schlecht. Nach ihrem Staatsstreich 1980 oktroyierten die Militärs 1982 eine autoritäre Verfassung. In ihr wird die Einschränkung von Grundrechten mit türkisch-nationalistischer Ideologie legitimiert und der Legislative enge

Grenzen gezogen. Fast 20 Jahre dauerte der *low intensive warfare* – so der technisch-verharmlosende Begriff der Militärs – gegen die separatistische Arbeiterpartei Kurdistans (PKK). Der Krieg forderte nicht nur etwa 30 000 Menschenleben, er steigerte auch den türkischen Nationalismus auf ein bisher unbekanntes Maß und entzog den Forderungen nach Achtung der Menschenrechte und nach mehr Demokratie breitere gesellschaftliche Unterstützung. Vor diesem Hintergrund erscheinen die bisherigen Reformen zu mehr Liberalität und Rechtsstaatlichkeit als ein großer Schritt.

Am schwierigsten waren Veränderungen da, wo die Verletzung der demokratischen Spielregeln am deutlichsten hervortritt – beim Einfluß des Militärs auf die Politik der gewählten Regierung. Entsprechend vorsichtig ging man vor: Im Oktober 2001 wurde die Anzahl der zivilen Mitglieder des Nationalen Sicherheitsrats von fünf auf acht erhöht, so daß die Politiker gegenüber den Generälen in der Mehrheit sind. Jetzt sitzen neben dem Staatspräsidenten, dem Ministerpräsidenten, dem Innen-, Außen- und Verteidigungsminister auch die beiden Stellvertretenden Ministerpräsidenten und der Justizminister den fünf militärischen Mitgliedern des Gremiums gegenüber. Die Militärs sind im Rat durch den Chef des Generalstabs, die Kommandeure der Land-, Luft- und Seestreitkräfte sowie den Befehlshaber der Gendarmerie vertreten. Die Politik glaubte wohl selbst nicht daran, daß ihr die neue Mehrheit im Gremium allein Entscheidungskompetenzen sichere. Denn mit derselben Verfassungsänderung wurden die «Entscheidungen» des Rates zu «Empfehlungen», herabgestuft, die der Ministerrat nicht mehr wie vordem «primär zur Kenntnis zu nehmen» hat, sondern die das Kabinett jetzt nur noch «in seine Überlegungen einbeziehen» muß. Der Einfluß des Militärs auf die Politik ist jedoch nicht auf sein Votum im Sicherheitsrat beschränkt.

Mit dem «Generalsekretariat des Sicherheitsrats» verfügten die Generäle über eine Institution, die ohne Übertreibung als Parallelregierung bezeichnet werden konnte. Das Sekretariat vermochte ohne öffentliche Aufmerksamkeit, im Stillen und kontinuierlich das Handeln der Ministerien und der gesamten Staatsbürokratie zu beeinflussen und zu lenken. Sein Generalsekretär mußte ein Generaloberst oder Generaladmiral sein und kam deshalb immer aus den Spitzen der militärischen Hierarchie. In der Türkei organisiert das Militär die Beförderungen in seinen eigenen Reihen selbst, so daß der gewählten Regierung jeder Einfluß darauf genommen war, wer zum Generalsekretär des Sicherheitsrates aufstieg. Dessen Machtfülle jedoch war außerordentlich. Zu seinen Kompetenzen gehörten die «Koordination», «Kontrolle» und «Ausrichtung» der Bürokratie. Er handelte nicht auf Geheiß der Politik, sondern eigenmächtig, dafür aber «im Namen des Staatspräsidenten, des Ministerpräsidenten und des Sicherheitsrates» selbst. Mit Hilfe seines Personals, das er geheim ernannte und das vorwiegend aus ehemaligen Offizieren bestand, wandte sich der Generalsekretär direkt an die Ministerien, kontrollierte ihre Bürokratie und richtete ihr Handeln nach seinen Vorstellungen aus.

Die Aktivitäten dieses Staats im Staate waren durch das «Gesetz über den Nationalen Sicherheitsrat» rechtlich abgesichert. Im Juli 2003 jedoch hat das Siebte Reformpaket zur EU-Anpassung die Kompetenzen dieses Militärkontrollrats auf reine Sekretariatsaufgaben reduziert, ihm die Möglichkeit entzogen, direkten Kontakt mit den Behörden aufzunehmen, und ihn als Ansprechpartner auf den Ministerrat verwiesen. Erstmals kann jetzt auch ein Zivilist Generalsekretär des Sicherheitsrates werden, und falls ein Militär ernannt werden soll, ist die Zustimmung des Kabinetts notwendig.

Diese Entscheidung des Parlaments ist eine halbe Revolution. Sie stellt erstmals die militärische Vormundschaft über die Politik in Frage, die nach dem Putsch von 1980 errichtet worden war und in den Jahren des Kriegs gegen die PKK nicht kritisiert werden konnte. Genauso wichtig wie die Entschlossenheit des Parlaments ist aber der Umstand, daß die Armee sich hat zurückdrangen lassen – obwohl einzelne Generäle murrten – und der Staatspräsident die Gesetzesänderungen abgesegnet hat. Auch die Armeeführung, heißt das, optiert für den Beitritt zu EU. Tatsächlich haben führende Generäle eine Bereitschaft des Militärs signalisiert, von der politischen Bühne abzutreten, sobald das Land Garantien für die Mitgliedschaft in Händen hat. Noch besteht das Generalsekretariat des Sicherheitsrats in alter Größe, noch leitet es ein General, doch die neuen Richtlinien sind bereits erlassen. Weitere Maßnahmen zur Begrenzung des militärischen Einflusses sind die Schaffung von fiskalischer Transparenz und parlamentarischer Kontrolle militärischer Ausgaben, die Ersetzung der Militärrichter bei den Staatssicherheitsgerichten durch Zivilisten und das Verbot der Verurteilung von Zivilisten vor den Militärgerichten. Der Nationale Sicherheitsrat wird künftig auch nicht mehr monatlich, sondern nur noch jeden zweiten Monat tagen.

Nicht minder schwer waren die Schritte zur Entspannung der Kurdischen Frage. Nach ihrer militärischen Niederlage hatte die PKK politisch auf die Gewährung kultureller Rechte gedrängt, woraufhin türkische Nationalisten ähnlich gelagerte Forderungen der EU als Kumpanei Europas mit Terroristen verunglimpft hatten. Trotzdem strich das Parlament im Oktober 2001 erst den Begriff «verbotene Sprache» aus der Verfassung, ließ dann im August 2002 Kurse zum Erlernen lokaler Sprachen zu und liberalisierte im Juli 2003 die Vorschriften für diese Kurse nochmals. Des weiteren wurde der absolute Bann des Kurdischen in Rundfunk und Fernsehen aufgehoben und die Vergabe kurdischer und anderer nichttürkischer Vornamen gestattet.

Die Abschaffung der Todesstrafe hing ebenfalls eng mit dem Kurdenproblem zusammen. Zwar sind in der Türkei seit 1984 keine Todesurteile mehr vollstreckt worden, doch eine aufgebrachte und aufgeputschte Öffentlichkeit wollte sich die Hinrichtung von PKK-Chef Abdullah Öcalan nicht nehmen lassen. Auch hier vollbrachte das Parlament das jeweils Mögliche: Im Oktober 2001 wurde die Todesstrafe auf Terrorvergehen und Verurteilungen während Kriegshandlungen beschränkt, und im August 2002 folgte ihre generelle Ächtung.

Die strikte Begrenzung der Meinungsfreiheit war ebenfalls eng mit dem Kurdenproblem verbunden. Eine Reihe von Gesinnungsparagraphen ermöglichte es, jeden abzustrafen, der sich außerhalb der offiziellen Ideologie zu Wort gemeldet hatte. Auch in dieser Richtung hat sich viel getan: Die Verfassungsänderung vom Okto ber 2001 hat den Schutz der Grundrechte allgemein gestärkt. Im Strafgesetzbuch wurden die Paragraphen zur Beschränkung der freien Meinungsäußerung gelockert und das Strafmaß vermindert. Verurteilungen nach dem Antiterrorgesetz können jetzt nur noch erfolgen, wenn zur Gewalt aufgerufen wird. Und die Strafvorschrift für «Propaganda gegen die Unteilbarkeit des Staates», worunter früher oft schon die bloße Nennung der Kurden fiel, wurde im Juni 2003 ganz gestrichen.

Zur Minderheitenfrage gehört auch die Lage der kleinen nichtmuslimischen Gemeinden. Ihnen gegenüber hat erstmals seit gut 50 Jahren ausgerechnet die muslimisch-konservative AKP einen neuen Ton angeschlagen. Die Stiftungen der im Vertrag von Lausanne genannten religiösen Minderheiten können jetzt eher über ihre Immobilien verfügen, und selbst bei der Priesterausbildung hat die Regierung versprochen, sich endlich zu bewegen.

Seit dem Militärputsch von 1980 haftet der Türkei das Image eines Folterstaates an. Unzählige Versprechungen der Politiker, Abhilfe zu schaffen, wurden bisher stets von den Berichten internationaler Menschenrechtsorganisationen blamiert, die die systematische Anwendung der Folter beklagen. Das Bündel von Maßnahmen, die seit 2001 getroffen worden sind, erlaubt jetzt erstmals begründete Hoffnung auf Besserung: Der Ausnahmezustand wurde auch in den letzten Provinzen des kurdisch besiedelten Südostens aufgehoben, Aussagen ohne Beisein eines Rechtsanwaltes sind gerichtlich nicht mehr verwertbar, die Incommunicado-Haft für Verfahren vor dem Staatssicherheitsgericht wurde abgeschafft und der Polizeigewahrsam von zehn auf vier Tage beschränkt. Um Folterer abzuschrecken, müssen die entsprechenden Verfahren jetzt zügig durchgeführt werden, Haftstrafen wegen Folter können nicht mehr in Geldstrafen umgewandelt werden, und bei Foltervorwürfen haben Polizeiführung und Innenministerium künftig keine Möglichkeit mehr, eine Anklageerhebung zu verhindern.

Schwer tat sich die Türkei damit, die Neuverhandlung von Verfahren zuzulassen, die vom Europäischen Gerichtshof für Menschenrechte aufgehoben worden waren. Lange hatte sich Ankara damit begnügt, zu Unrecht bestraften Bürgern Entschädigungen zu zahlen, die Verurteilungen selbst blieben bestehen. Zum Symbol dieses Streits mit der EU wurde der Prozeß gegen die kurdische Abgeordnete Leyla Zana und drei weitere Parlamentarier, die 1994 aus dem Parlament heraus verhaftet worden waren und erst im Juni 2004 freikamen. Auch hier hat die Türkei nachgegeben und mit den Reformen im Jahr 2003 das Recht auf Neuverhandlung selbst für Verwaltungsgerichtsverfahren anerkannt.

Reformen nur auf dem Papier? Im Juli 2003 hatte das Parlament das Antiterrorgesetz geändert. Nur noch Verherrlichung von Terror und Gewalt sollte strafbar sein, nicht schon bloße Propaganda. Zwei Monate später ließ der Staatsanwalt beim Staatssicherheitsgericht in Ankara den bekannten Sänger Haluk Levent von der Bühne weg verhaften. Levent war auf einem «Kurdischen Festival» in Gelsenkirchen aufgetreten. Der Staatsanwalt erhob Anklage, ganz so, als hätte es die Gesetzesänderungen nicht gegeben. Das ist kein Einzelfall. Nur wenige Tage vorher hatte Justizminister Cemil Çiçek den Juristen des Landes zugerufen: «Der Schlüssel zur EU liegt in euren Händen.»[61] Çiçek sagte, viele Juristen weigerten sich, in ihren Urteilen auf Buchstaben und Geist der von der Türkei ratifizierten internationalen Abkommen einzugehen, und auch die Rechtsprechung des Europäischen Gerichtshofs für Menschenrechte lasse die meisten Richter kalt. Lieber nutzten sie die noch verbliebenen restriktiven Paragraphen für Urteile im alten, autoritären Stil. Çiçek hat deshalb 105 Entscheidungen des Gerichtshofs ins Türkische übersetzen und an Richter und Staatsanwälte verteilen lassen. Ob das hilft, bleibt abzuwarten, denn unter beamteten Juristen ist der Glaube verbreitet, sie seien – zusammen mit dem Militär – die letzten Verteidiger einer national-laizistischen Republik.

Trotzdem hat sich einiges bewegt. Seit Juni 2004 werden Nachrichten in Minderheitensprachen ausgestrahlt, und nach langem hin und her konnten erste Kurdischkurse eröffnet werden. Immer noch freilich bleiben viele Folterer unbestraft, und noch verstricken sich die Stiftungen der religiösen Minderheiten im Kompetenzwirrwarr der Behörden. Zum Teil liegt das daran, daß es der Beamtenschaft schwer fällt, den Wandel vom Obrigkeits- zum Dienstleistungsstaat nachzuvollziehen. Ein anderes Hindernis sind Gruppen innerhalb der Staatsbürokratie, in den Geheimdiensten und im Militär, die die Reformen absichtlich blockieren. Um ihren Widerstand zu überwinden, hat die Regierung im September 2003 einen Ministerausschuß zur Umsetzung der Reformen gebildet. Die Verantwortlichen wissen, daß ihre Gerichte und Behörden zumindest in einigen Kernbereichen den Buchstaben und dem Geist der neuen Gesetze gemäß verfahren müssen, wenn Ende 2004 ein Datum für die Aufnahme der Beitrittsverhandlungen festgesetzt werden soll.

Dann wird die Türkei versuchen, ihre Reformen als Erfüllung der politischen Kriterien von Kopenhagen darzustellen. Die Kriterien selbst jedoch wird Ankara nicht in Frage stellen. Ganz anders liegt der Fall in der Außenpolitik. Hier hätte die EU vor einer türkischen Mitgliedschaft gerne den Streit um den Verlauf von Luft- und Seegrenzen in der Ägäis und auch das Zypernproblem geklärt gehabt. Die Türkei beharrte lange darauf, daß die politischen Kriterien und bilaterale Probleme voneinander getrennt werden müßten und letztere nicht einseitig zum Nachteil des Beitrittskandidaten gelöst werden dürften. Griechenland – und nach der Erweiterung vom 1. März 2004 auch die Republik Zypern – können jedoch als Mitglieder der Union prinzipiell alle Schritte zur Aufnahme der Türkei blockieren.

Der ewige Streit mit Griechenland

Der türkisch-griechische Streit ist bitter und geschichtlich vorbelastet. Im Laufe des 15. Jahrhunderts eroberten die Osmanen große Teile des heutigen Griechenlands, das damals zu Byzanz gehörte. Erst 1830 läutete die Gründung eines griechischen Staates die Epoche des Nationalstaats in Südosteuropa ein. Für die neu entstandenen Nationalstaaten auf dem Balkan und später für die Republik Türkei war die sprachliche und religiöse Mischung ihrer

Bevölkerungen, die sie vom Osmanischen Reich übernommen hatten, ein Problem. Minderheiten wurden zu Fremdkörpern, und Angehörige der eigenen Nation, die außerhalb des Staates lebten, sollten «Heim ins Reich», damit alle Angehörigen eines Volkes in einem Staat versammelt seien. Als sich die Osmanen nach dem Ersten Weltkrieg demilitarisieren mußten, versuchte Griechenland, seine «Megala Idea» zu verwirklichen: die Ausdehnung seines Staatsgebietes nach Kleinasien, wo große Gruppen von Griechen lebten, und die Rückeroberung Konstantinopels. Griechische Truppen besetzten die türkische Ägäisküste, und fast hundert Jahre, nachdem die Griechen ihren nationalen Befreiungskampf gegen die Osmanen geführt hatten, erkämpften die Türken jetzt in Kleinasien ihre nationale Unabhängigkeit gegen die Griechen. Zwei Jahre nach dem türkischen Sieg schlossen die beiden Staaten 1923 einen Vertrag über den Austausch ihrer Minderheiten. 1,4 Millionen griechisch-orthodoxe Christen mußten Kleinasien verlassen und vermehrten die damalige Bevölkerung Griechenlands um mehr als ein Fünftel. Im Gegenzug wurde eine halbe Million Muslime aus Griechenland ausgewiesen und in Anatolien angesiedelt. Angesichts der vorangegangenen Vertreibung von Muslimen aus den neuen Nationalstaaten des Balkans vor dem Ersten Weltkrieg und der armenischen Tragödie in Kleinasien erschien der staatlich geregelte Bevölkerungsaustausch damals als Fortschritt.

Trotz der leidvollen Geschichte ihrer Nationen schlossen Mustafa Kemal Atatürk und der griechische Ministerpräsident Eleftherios Venizelos in den dreißiger Jahren mehrere Abkommen, die für gute Beziehungen zwischen beiden Ländern und für Stabilität auf dem Balkan sorgten. Doch nach dem Zweiten Weltkrieg war es mit der türkisch-griechischen Annäherung vorbei. Athen verübelte es der Türkei, daß sie – ungeachtet des Balkanpakts – nicht auf die deutsche Besetzung Griechenlands reagiert hatte. Ankara hingegen fühlte sich in der Ägäis von Griechenland bedrängt. Denn der Dodekanes, die Inselgruppe direkt vor der türkischen Südwestküste, ging 1947 von den Italienern auf die Griechen über. Und als im Januar 1950 in einer Volksabstimmung auf Zypern auch noch 96 Prozent der Griechen den Anschluß der Mittelmeerinsel an Griechenland forderten, traten Konfrontation und Kriegsdrohungen an die Stelle von Verständigung und Kompromiß.

Der Streit um die Ägäis. Bis auf wenige Kilometer reichen die griechischen Inseln in der Ägäis an das türkische Festland heran. In den Augen der Griechen stecken die Türken hier ihre Füße in griechisches Gewässer. Bereits 1936 hatte Athen seine Seehoheit von 3 auf 6 Seemeilen ausgedehnt, worauf die Türkei dasselbe tat. Weil sich auf diese Weise um jede der zahlreichen Ägäisinseln eine Sechs-Meilen-Zone zieht, sind heute 43,7 Prozent der Ägäis griechische Hoheitsgewässer, 8,8 Prozent entfallen auf die Türkei, und 48,9 Prozent sind internationale Gewässer. 1995 kündigte Griechenlands stellvertretender Ministerpräsident Georgios Mangakis die Ausdehnung der griechischen Seehoheit auf 12 Seemeilen an. Ein solcher Schritt würde die internationale See in der Ägäis auf 19,7 Prozent reduzieren, und mit 71,6 Prozent wäre die Ägäis faktisch ein griechisches *mare clausum*. Die Zufahrt zu den ägäischen Häfen der Türkei und zu den Meerengen wäre vom Wohlwollen Athens abhängig, eine Seeverteidigung der Türkei unmöglich und die Erdölvorräte der Ägäis allein griechisches Eigentum. Im Juni 1995 entschied das Parlament in Ankara deshalb, eine solche Ausdehnung der Hoheitsgewässer als *casus belli* zu betrachten. Ein weiterer Streitpunkt ist der Verlauf des Festlandsockels. Griechenland geht von einem gemeinsamen Festlandsockel des Peloponnes und der griechischen Inseln aus. Die Türkei dagegen zieht die Grenze in der Mitte der Ägäis, zwischen dem griechischen und dem türkischen Festland. 1974 und 1987 brachten Erdölexplorationen beider Seiten die Länder an die Schwelle eines Waffengangs. In der Frage der Lufthoheit wiederholte sich der Streit, und von 1974 bis 1980 ruhte der Luftverkehr in der Ägäis. Auf die Spitze getrieben wurden die Spannungen zwischen der Türkei und Griechenland jedoch durch die Ereignisse auf Zypern.

Zypern: Weltpolitik um einen Zwergstaat

Zypern liegt weit im Osten des Mittelmeers, keine hundert Kilometer von Syrien entfernt. Die Kontrahenten um das Eiland jedoch waren lange Zeit Griechenland und die Türkei. Während des Kalten Krieges freute sich die Sowjetunion über jeden Krach auf Zypern und über die Probleme, die die NATO damit hatte. Lachender Dritter ist noch heute Großbritannien, denn keine der Konfliktparteien hat die großen britischen Militärbasen auf der Insel bisher ernsthaft zum Problem gemacht.

1878 mußten die Osmanen Zypern, das sie 1571 den Venezianern abgenommen hatten, England als Protektorat überlassen, und zu Beginn des Ersten Weltkriegs ging die Insel ganz an Großbritannien über. Unter dem Sultan hatte auf Zypern eine muslimische Minderheit eine meist Griechisch sprechende christliche Mehrheit regiert. Die Engländer machten sich diese Teilung der Bevölkerung zunutze und nahmen Türken bevorzugt in die Verwaltung auf. Die Griechen hingegen sprachen sich 1950 bei einer Volksabstimmung zu 96 Prozent für die «Enosis» aus, die Vereinigung der Insel mit Griechenland. Das alarmierte die Republik Türkei, für die Zypern bis dahin kein wichtiges Thema gewesen war. Ankara sorgte sich, daß die Griechen bei einer Vereinigung nicht nur in der Ägäis, sondern auch im Mittelmeer den Aktionsraum der Türkei begrenzen könnten.

Sowohl in Griechenland als auch auf Zypern waren in jenen Jahren die Kommunisten eine starke Kraft. England fürchtete deshalb bei einer Übergabe der Insel an Griechenland, seine Stützpunkte mittelfristig zu verlieren. Die Briten brachten deshalb die Türkei als Schutzmacht der Zyperntürken ins Spiel und sicherten ihre Teilnahme an den Konferenzen von Zürich und London, auf denen 1955 die Entlassung der Insel in die Unabhängigkeit vorbereitet wurde. Am 16. August 1960 wurde die unabhängige Republik Zypern ausgerufen, ihre Vereinigung mit Griechenland jedoch verhindert. Die Verfassung des neuen Staates ruhte auf einem Proporzsystem, das den etwa 18 Prozent türkischen Muslimen zwischen 30 und 40 Prozent der politischen Ämter und einen ebenso hohen Anteil an Posten in den wichtigsten Behörden garantierte.

Die Türkei begrüßte diesen Stand der Dinge. Doch nur drei Jahre später verlangte der Präsident der neuen Republik, der orthodoxe Erzbischof Makarios, mehrere Änderungen der Verfassung. Um der Vereinigung mit Griechenland die Tür zu öffnen, sollte die türkische Minderheit auf ihr faktisches Vetorecht verzichten. Übergriffe gegen die türkischen Zyprioten begannen, in deren Verlauf Hunderte umgebracht wurden und Tausende sich in rein türkische Enklaven zurückziehen mußten. Der Weltsicherheitsrat entsandte eine Friedenstruppe, die jedoch diesen und auch späteren Ausschreitungen nur hilflos zusah. Bereits damals war die Türkei zu einer Invasion bereit, und nur ein Drohbrief von US-Präsident Lyndon B. Johnson verhinderte die Landung türkischer Soldaten. Die Abkommen von Zürich und London hatten die Türkei, wie Griechenland und Großbritannien, zur Garantiemacht der Inselrepublik erhoben, die berechtigt war, auch alleine einzugreifen.

Gut zehn Jahre später, am 20. Juli 1974, vermochten auch die USA es nicht mehr, die Türkei zurückzuhalten. Mit Unterstützung der griechischen Obristen hatte in Nikosia die Nationalgarde gegen die Regierung von Erzbischof Makarios geputscht. Daraufhin landeten innerhalb von drei Tagen türkische Truppen in Kyrenia. Sie errichteten einen Korridor bis zur Hauptstadt Nikosia und besetzten etwa 4 Prozent der Insel. Das Debakel auf Zypern führte in Athen zum Sturz des Obristenregimes und ermöglichte dort die Rückkehr zur Demokratie. Für drei Wochen hatte die Türkei den Beifall der Welt auf ihrer Seite. Dann jedoch rückte das türkische Militär weiter vor und besetzte den ganzen Nordteil der Insel: 36 Prozent des Territoriums mit mehr als der Hälfte der zyprischen Landwirtschaft, der Industrie und des Tourismus. Die Griechen flohen in den Süden, die Türken suchten Zuflucht im Norden. Ankara konnte seinen militärischen Erfolg jedoch weder wirtschaftlich noch diplomatisch absichern. Der türkische Mittelstand verließ die Insel Richtung London, und heute stellen Zuwanderer aus Anatolien, türkische Beamte und

Studenten fast zwei Drittel der Wohnbevölkerung im Norden. Ein von der UNO ausgesprochenes Embargo führte zu vollkommener wirtschaftlicher Abhängigkeit Nordzyperns von der Türkei und zu gesellschaftlicher Stagnation. Als der prosperierende Süden auch noch in die EU aufgenommen wurde und der Norden außen vor blieb, machte sich in Nordzypern Demoralisierung breit.

Seit 1974 herrschte in der Zypernfrage Stillstand. Ankara forderte eine bizonale Konföderation. Die beiden Teilstaaten sollen eine starke Stellung haben und die türkischen Garantierechte fortgeschrieben werden. 1975 rief Rauf Denktaş, der Führer der türkischen Zyprioten, einen «Türkischen Föderativen Staat Zypern» aus, der 1983 als unabhängige «Türkische Republik Nordzypern» (TRNZ) verfestigt wurde. Die türkische Minirepublik ist ein Vermächtnis des Militärregimes nach dem Putsch von 1980. Sie wurde in der Übergangsphase von der Militärherrschaft zur zivilen Regierung Özal gegründet, und wer in Ankara tatsächlich die Verantwortung für sie trägt, ist ungeklärt. Umso unnachgiebiger jedoch wurde die Existenz der TRNZ verteidigt. Nach jahrzehntelangem Stillstand gab es im November 2002 erneut eine Chance zur Lösung. Ein von UN-Generalsekretär Kofi Annan vorgelegter Plan erkennt die türkische Minderheit nicht nur als konstituierende Gruppe mit Proporz- und faktischen Vetorechten an, sondern gesteht ihr auch erstmals seit der türkischen Invasion einen Teilstaat mit eigenem Territorium und eigener Staatsbürgerschaft zu. Mehr noch, der Annan-Plan beläßt der Türkei auch ihre Rechte als Garantiemacht für die Insel. Denktaş und das türkische Militär jedoch wollten zunächst mehr. Aus strategischen Gründen könne die Türkei ihre Truppen erst abziehen, wenn ihre Aufnahme in die EU garantiert sei, hieß es aus Ankara. Dort befürchtet man, daß aus dem reichen Süden in den Norden zurückkehrende Griechen den türkischen Norden aufkaufen und mittelfristig die türkische Selbstverwaltung ganz aushebeln könnten. Im Dezember 2002 demonstrierten im türkischen Norden 30 000 Menschen, ein Sechstel der dortigen Bevölkerung, gegen Ankaras Blockadepolitik und für den Annan-Plan. Um dem Unmut die Spitze zu brechen, ließ Denktaş im April 2003 nach

28 Jahren erstmals die Grenzen zum Süden öffnen. Rund 180 000 Menschen, ein Viertel der gesamtzyprischen Bevölkerung, nutzte die Gelegenheit und besuchte den jeweils anderen Teil. Im Dezember 2003 wurden im türkischen Norden Wahlen abgehalten. Zum ersten Mal konnten die Parteien, die auf Ausgleich und Vereinigung mit dem griechischen Süden setzten, dem von Ankara unterstützen Block um Denktaş die Stirn bieten und die Regierung stellen. Gleichzeitig mußte auch die Türkei sich bewegen. Denn die Republik Zypern drohte als EU-Mitglied ab 1. Mai 2004 jeden türkischen Schritt auf Europa hin zu blockieren.

Widerwillig und nur auf Druck aus Ankara erklärte sich Denktaş bereit, den Annan-Plan als Verhandlungsgrundlage zu akzeptieren. Jetzt zeigte sich, daß die Vorbehalte der griechischen Seite, die bisher wegen Denktaş' Blockadehaltung nicht Farbe hatte bekennen müssen, nicht weniger groß waren. Die türkische Seite akzeptierte die Regelungen von UN-Generalsekretär Kofi Annan, der zum Abschluß der Verhandlungen die bis zuletzt strittigen Punkte entschieden hatte. Die Zyperngriechen sagten Nein.

Mit einem zweiten griechischen Nein, diesmal von mehr als 75 Prozent der Inselgriechen, wurde am 24. April 2004 beim doppelten Referendum die Teilung Zyperns vorläufig besiegelt. Die zyperngriechische Regierung hatte, entgegen allen Absprachen, seit Wochen für ein Nein getrommelt und setzte auf die Ausgrenzung der Türkei von der EU. Im türkischen Norden dagegen stimmten 65 Prozent für den auch von der EU und den USA befürworteten Annan-Plan, ignorierten den *hardliner* Rauf Denktaş und gewannen damit nach 30 Jahren die internationale Sympathie zurück.

Der Nordirak: Kurden und Öl

Der Einmarsch auf Zypern gilt als der erste und einzige Versuch der Republik Türkei, mit militärischen Mitteln Außenpolitik zu betreiben. Das stimmt jedoch nicht ganz. Am 12. Oktober 1924, gerade ein Jahr nach Ausrufung der Republik, überschritt das

Siebte Türkische Armeekorps die Grenze zum Irak. Anlaß war ein Aufstand der christlichen Nestorianer, die im Dreiländereck Türkei, Irak und Iran lebten. Ankara war sich sicher, daß diese Erhebung, genauso wie der im Frühjahr 1925 begonnene Aufstand des kurdischen Scheichs Said, von den Engländern angezettelt worden war. Die junge Türkei und England stritten sich nämlich um den Nordirak, um dessen kurdische und turkmenische Bewohner und mehr noch um das Öl von Mossul und Kirkuk. Für das Osmanische Reich war der Weltkrieg am 31. Oktober 1918 mit dem Waffenstillstand von Mudros zu Ende. Die neue Regierung in Ankara beanspruchte als ihr Territorium jene Gebiete, die von den Osmanen zur Zeit des Waffenstillstands noch gehalten worden waren. Dazu gehörten auch Mossul und Kirkuk sowie das gebirgige Hinterland der beiden Städte. Die Engländer waren erst nach dem Waffenstillstand in Mossul einmarschiert, und die Kurden in den Bergen Nordiraks hatten im Krieg – anders als die Araber – treu zum Kalifen gehalten. Jetzt, sechs Jahre nach dem Waffenstillstand, rückten türkische Einheiten erneut nach Mossul vor. Doch London war bereit, für das Öl ein weiteres Mal in den Krieg zu ziehen, und Ankara mußte sich dem englischen Ultimatum beugen. Am 5. Juni 1926 unterzeichneten die Türkei, Großbritannien und Londons Ziehkind, der Irak, ein Abkommen, das Ankara auf 25 Jahre 10 Prozent vom Erlös der irakischen Ölfelder zusprach. 18 Jahre lang zahlte der Irak – mit vielen Unterbrechungen – den Türken ihr Trostpflaster. Erst 1958, nachdem die Monarchie im Irak gestürzt worden war, wurden die Zahlungen eingestellt.

Im türkischen Parlament waren es 1924 vor allem kurdische Abgeordnete aus Bitlis und Diyarbakir, die – um die Kurden des Nordirak in die Republik zu holen – den Konflikt mit London wagen wollten. Von «türkischen» und «irakischen» Kurden war damals keine Rede. Die Bevölkerung diesseits und jenseits der neuen Grenze hatte eine gemeinsame osmanische Geschichte.

Heute ist von solch türkisch-kurdischer Eintracht nichts mehr übrig. Als das Parlament in Ankara im Oktober 2003 der Regierung Vollmacht für die Entsendung von Truppen in den

Nordirak gab, versammelten sich in Mossul Hunderte von Stammesältesten. Sie drohten mit Krieg, und die Kurdenführer Masut Barzani und Dschalal Talabani setzten alles daran, die Türken fernzuhalten. Mit ihrer Turkisierungspolitik hat die Türkei sich nicht nur den eigenen Kurden, sondern auch den Kurden des Irak entfremdet.

Von Mossul und Kirkuk und dem dort vorhandenen Öl träumen in Ankara freilich noch immer viele. Schon während des iranisch-irakischen Krieges begann das laute Nachdenken über die Möglichkeit, Kirkuk und Mossul zurückzuholen. Als schließlich 1990 die Amerikaner Saddam Husseins Soldaten aus Kuwait vertrieben, wollte Staatspräsident Turgut Özal das Militär in den Irak schicken. Er scheiterte am Generalstab, und die Armee blieb im Lande. Mit dem dritten Golfkrieg 2003 begann die Diskussion aufs neue. Wieder sollten türkische Soldaten in den Nordirak einmarschieren, und zur Begründung kramten Bürokratie und Politik das Abkommen von 1926 hervor. Journalisten berechneten die alte Ölschuld des Irak mit Zins und Zinseszinsen, um damit die kritischen Stimmen gegen den Krieg zu übertönen. Die rechte amerikanische Presse machte den Türken zusätzlich Mut.

Unmerklich jedoch ist in den neunziger Jahren der Nordirak für die Türkei von einem Objekt der Begierde zu einem Hort der Gefahr geworden. 1988 und 1991 mußten die irakischen Kurden nach der Niederschlagung ihrer Erhebungen Zuflucht vor Saddam Husseins Truppen in Anatolien suchen. 1991 favorisierte Turgut Özal die Schaffung einer für die Kurden sicheren Zone im Irak. Er hoffte auf einen Sicherheitsstreifen unter türkischer Kontrolle. Doch es war schließlich eine internationale Truppe unter Führung der Amerikaner, die die Kurden vom türkischen NATO-Stützpunkt Incirlik aus vor Saddam Hussein schützte. In diesen Jahren bildete sich unter dem internationalen Schutzschirm ein kurdischer Protostaat, der relativ stabil ist, solange die Konkurrenz der großen Stammesverbände nicht in bewaffnete Auseinandersetzung umschlägt. Er hat eine Bevölkerung von 3,4 Millionen, Parlament und Justiz, Polizei und Militär, drei Universitäten und

Schulen, die auf Kurdisch unterrichten. Er hat eine vielfältige Presse, zivilgesellschaftliche Organisationen, und genießt zur Zeit relativen Wohlstand.

Der Türkei bereiten soviel kurdische Autonomie und Wohlergehen jenseits der Grenze Sorge. Man fürchtet die Anziehungskraft des Experiments auf die Kurden im eigenen Land. Wiederholt hat Ankara deshalb erklärt, daß man im Irak keine föderative Struktur dulden werde. Und im Falle von Mossul und Kirkuk geht es trotz aller Schuldenrechnerei weniger darum, das Öl für die Türkei zu gewinnen, als zu verhindern, daß die Kurden aus ihm allzu großen Nutzen ziehen. Der Protostaat im Nordirak soll wirtschaftlich nicht überlebensfähig werden.

Diese Fixierung auf «die kurdische Gefahr» belastet das Verhältnis zu den USA. Seit Mitte der neunziger Jahre herrscht in der türkischen Bevölkerung die Überzeugung, Amerika betreibe mit der Gründung eines Kurdenstaats im Nordirak langfristig die Spaltung der Türkei, und selbst das türkische Militär mißtraut seinem langjährigen Verbündeten. Vor allem deshalb hat das Parlament am 1. März 2003 die Stationierung amerikanischer Soldaten in der Türkei nicht genehmigt und auch die Entsendung eigener Soldaten in den Nordirak verhindert. Es ist wohl besser so. Denn es gibt keinen Grund zu glauben, daß türkische Außenpolitik unter ethnisch-nationalen Vorzeichen im Irak erfolgreicher sein könnte als auf Zypern.

Die Allianz mit Israel

Der erste israelische Staatspräsident auf Besuch in der Türkei kam als Privatmann. Im Juli 1992 war Chaim Herzog der Einladung eines jüdischen türkischen Unternehmers nach Istanbul gefolgt. Er wurde wie ein Staatsgast empfangen, sprach mit Ministerpräsident Süleyman Demirel, und Staatspräsident Turgut Özal stellte ihm seine Jacht zur Rundfahrt auf dem Bosporus zur Verfügung. Anlaß für Herzogs Besuch war ein Ereignis, das nach 500 Jahren erstmals gefeiert wurde. 1492 hatte Sultan Bayezid II. zahlreichen

Juden, die von der Spanischen Reconquista vertrieben worden waren, im Osmanischen Reich Zuflucht gewährt. Es war der Beginn einer jahrhundertelangen Freundschaft. Anders als ihre Glaubensbrüder im christlichen Europa erlebten die Juden des Osmanischen Reiches weder Ausgrenzung noch Pogrome. Auch die Republik schützte die Juden. Im Zweiten Weltkrieg widersetzte sich Ankara dem deutschen Druck zur Deportation, und nach 1941 gelangten an die 100 000 Juden, die vor den Nazis geflohen waren, über die Türkei nach Palästina. Im Laufe der Jahrzehnte wanderten aber auch ungefähr 120 000 türkische Juden nach Israel aus. Zusammen mit den jüdischen Gemeinden in Istanbul und Izmir bilden sie heute eine Art natürliche Brücke zwischen beiden Ländern.

Trotzdem waren die zwischenstaatlichen Beziehungen noch bis vor kurzem ein stetes Auf und Ab, und Tel Aviv mußte beständig um die Gunst Ankaras werben. «Wie eine Mätresse» fühlte sich Israel von der Türkei behandelt «und nicht wie ein Partner, mit dem man ordentlich vermählt ist», klagte 1958 Israels erster Ministerpräsident David Ben-Gurion.[62] Dabei hatte die Türkei Israel bereits im März 1949 anerkannt, als erstes Land mit muslimischer Bevölkerung. Die Politik der USA wies jedoch der Türkei eine andere Rolle zu als heute. Ankara sollte zusammen mit Ländern wie dem Irak, Iran und Pakistan sowjetischen Einfluß begrenzen und mußte deshalb auf das muslimische Sentiment in diesen Ländern Rücksicht nehmen. Ausdruck dieser Politik waren der 1955 geschlossene Bagdadpakt und sein Nachfolgevertrag, die CENTO. In den siebziger und achtziger Jahren fesselten die hohen Ölpreise Ankara an die arabisch-islamische Welt und erzwangen Distanz zu Israel. Erst der Zusammenbruch des Ostblocks und die Beruhigung an der Ölfront erlaubte die erneute Annäherung beider Seiten, die 1992 mit dem Gedenken an den großherzigen Sultan und die spanischen Juden eingeleitet wurde. 2002 erreichte das Handelsvolumen zwischen beiden Ländern 1,2 Milliarden Dollar. Die Türken verkaufen über Israel Textilien in die USA und erhalten umgekehrt über Tel Aviv militärische High-Tech-Produkte. Israel engagiert sich in großem Stile in der GAP-Region, und türkische

Die Synagoge Beit Israel (Das Haus Israel) ist das Zentrum der jüdischen Gemeinde Izmirs, wo nach Istanbul die meisten der rund 17 000 türkischen Juden leben. – Foto: Günter Seufert

Bauunternehmer sind in Israel tätig. Der Kern der Zusammenarbeit jedoch ist militärischer Natur. Im Februar 1996 unterzeichneten Tel Aviv und Ankara mehrere Abkommen über weitreichende Kooperationen. Israelische Kampfflugzeuge üben jetzt Tiefflüge in der Ebene von Konya, und die Türkei läßt ihre Luftwaffe und Panzer von Israel modernisieren. Israel benutzt die Türkei als Horchposten gegen Iran und den Irak, dafür nimmt die Türkei sich die Absperrung auf den Golanhöhen zum Vorbild für Grenzabriegelungen gegen den Irak und Syrien. Auch die Geheimdienste arbeiten eng zusammen. Nach Berichten französischer, türkischer und deutscher Zeitungen war der MOSSAD an der Ergreifung von PKK-Chef Abdullah Öcalan im Februar 1999 maßgeblich beteiligt. Israel dementierte die Meldungen, die Türkei schwieg dazu.

Der Traum von einer großtürkischen Welt

Am 17. April 1993 erlag der türkische Staatspräsident Turgut Özal 65jährig überraschend einer Herzattacke. Nur zwei Tage zuvor war er von einer zweiwöchigen Rundreise durch die fünf Turkrepubliken zurückgekommen, die durch den Zusammenbruch der Sowjetunion 1991 zu selbständigen Staaten geworden waren. In Aserbaidschan, Turkmenien, Usbekistan, Kasachstan und Kirgisien leben mehr als 50 Millionen Menschen «türkischer Zunge», und in der Türkei begann man, von einer türkischen Welt von der Adria bis an die Westgrenze Chinas unter türkischer Führung zu träumen. Ab 1992 wurden alljährlich «Türkische Gipfeltreffen» abgehalten. «Wenn wir unsere historische Chance richtig nutzen und keinen Fehler machen», sagte Turgut Özal auf dem ersten Gipfel, «dann wird das 21. ein türkisches Jahrhundert.»[63]

Kein halbes Jahr später mußte Özal sich bei seiner Rundreise eingestehen, daß das «türkische Jahrhundert» vorbei war, ohne daß es recht begonnen hatte. In Berg-Karabagh hatte Armenien aserbaidschanisches Territorium besetzt, und Özal drohte unverhohlen mit einer militärischen Aktion. Doch die vier anderen Turkrepubliken interessierten sich wenig für die Aserbaidschaner und wollten oder konnten es sich mit den Russen, die die Armenier unterstützten, nicht verderben. Auch in der Wirtschaftspolitik verbindet die Turkrepubliken noch heute mehr mit Moskau als mit Ankara, und Ähnliches gilt für die Türkei. Nur 2 Prozent ihres Außenhandels erfolgen mit den Turkstaaten, viel weniger, als sie mit Rußland austauscht.

Kein Wunder, daß auch die kulturelle Annäherung nur schleppend vorankommt. In Istanbul und Ankara war man pantürkischer Propaganda aufgesessen und glaubte wirklich, das eigene Türkisch würde bis nach China hinein verstanden. Bald mußte man erfahren, daß es schon in Turkmenien mit der Verständigung vorbei war. Auch mehr als zehn Jahre nach dem ersten Türkischen Gipfel gibt es weder ein gemeinsames Alphabet der Turksprachen noch einen kulturellen Austausch, der mehr ist als Folklore. Am stärksten ist die Präsenz der Türkei im Schulwesen der neuen Staaten. Nichtstaatliche muslimische Gruppen um den türkischen Prediger Fethullah Gülen betreiben in den fünf Ländern zusammen 84 Schulen und zwei Universitäten, in denen auf Türkeitürkisch und Englisch unterrichtet wird.

Am engsten ist das türkisch-aserbaidschanische Verhältnis. Doch Ankara konnte nicht verhindern, daß Rußland 1993 den türkeifreundlichen Präsidenten Ebulfeyz Eldschibey mit Hilfe eines aserbaidschanischen Warlords stürzte. Eldschibey hatte versäumt, die russische Erdölfirma Lukoil in einen Vertrag aufzunehmen, den er mit einem westlichen Konsortium zur Ausbeutung des aserbaidschanischen Öls geschlossen hatte. Sein Nachfolger Haidar Aliew sorgte dafür, daß auch Rußland von dem Deal profitierte. Im September 2002 erfolgte der erste Spatenstich für eine Pipeline von Baku über das georgische Tiflis bis zum türkischen Mittelmeerhafen Ceyhan. Die Pipeline soll aserbaidschanisches Öl in den Westen bringen. Rußland hätte das Öl lieber über eigenes Gebiet geleitet, und nur direkter Druck der USA brachte Moskau dazu, das Projekt zu akzeptieren. Die USA hatten Anfang der neunziger Jahre die pantürkische Begeisterung kräftig angefacht. Über die Türkei wollten sie sich am Rennen um das zentralasiatische Öl und Gas beteiligen. Jetzt, nach dem 11. September, dem weltweiten «Krieg gegen den Terror» und der Besetzung des Irak sind die USA in Zentralasien direkt präsent. Die Türkei muß ihre Beziehungen zur «Türkischen Welt» vollkommen neu und viel bescheidener gestalten.

7. Vom Nomadenzelt zur Postmoderne – die Kultur

Das kulturelle Erbe

Einen ersten Eindruck von der traditionellen Kultur der Türken in Innerasien kann man bei einem Besuch des Yörüken-Parks im Touristenstädtchen Kemer bei Antalya gewinnen. Hier hat man liebevoll Alltagsgegenstände einer Bevölkerungsgruppe bewahrt, deren Bräuche durch die Ansiedlung in Dörfern dem Untergang geweiht sind. Bis in die Mitte des 20. Jahrhunderts hatten die Yörüken – nomadisierende Türkenstämme des Taurusgebirges – ihre Lebensweise beibehalten können. Zur Grundausstattung gehörten das Zelt, das Kamel als Transportmittel und die Schafherden, von deren Fleisch und Milch man sich ernährte. Aus ihrer Wolle walkte man die wasserfesten Filzplanen der Zelte. Bunt eingefärbtes Wollgarn war das Grundmaterial für Teppiche und Kilims, die den Boden des Zelts bedeckten. Aus Wollgarn waren außerdem die farbenfrohen Taschen und Säcke für den Transport von Kleidern, Hausrat und Proviant. Durch den Austausch mit Ackerbau treibenden Gruppen empfingen die türkischen Nomadenreiche Zentralasiens nicht nur lebensnotwendiges Getreide und Hülsenfrüchte. Mit zunehmender Kontrolle des kontinenteübergreifenden Fernhandels auf der Seidenstraße übernahmen sie seit dem 9. Jahrhundert zusammen mit dem Islam auch dessen Wissenstraditionen und durch die Berührung mit iranischen Völkern deren persisch-islamische Verwaltungstraditionen. Diese Elemente sicherten Kontinuität, trotz der weiterhin herrschenden zentrifugalen Tendenzen der Nomadenstämme, auf deren militärische Kraft sich die führende Elite stützte.

So brachten die Seldschuken nach dem Sieg von Malazgirt 1071 nicht nur die türkische Volkskultur nach Kleinasien. Neben den Knüpf- und Webteppichen mit ihrem Schatz an abstrakten Symbolen, den typischen Wollsocken, an denen man ablesen kann, ob die Trägerin oder der Träger Jungfrau, Junggeselle oder verheiratet ist, neben den zahlreichen Volkstänzen und der Musik zur Langhalslaute *saz* hielt auch die Hochkultur des Islam ihren Einzug. Der Architektur und der sie schmückenden Kalligraphie kam eine besonders große Bedeutung zu. Kunstvoll verflochtene arabische Schriftzüge – meist Verse des Korans – zierten auf Fayencen gebrannt und als formvollendete Reliefs Moscheen und Medresen. Es gab aber auch herausragende mystische Dichter, zum Beispiel Yunus Emre (gest. zwischen 1307 und 1335), der in noch heute recht gut verständlicher Volkssprache dichtete, und Celaleddin Rumi Mevlana (1207–1273), Sohn eines aus dem nordwestlichen Iran geflüchteten Gelehrten, der in seinen Gedichten die ausgefeilte Lyrik arabischer und persischer Sprache vertrat.

In osmanischer Zeit stand die Entwicklung der Architektur – besonders nach der Eroberung Konstantinopels im Jahre 1453 – ganz im Zeichen der Auseinandersetzung mit byzantinischen Kirchenbauten, vor allem mit dem Wahrzeichen der Stadt, der Hagia Sophia. Mimar Sinan (um 1490–1588), Hofarchitekt mehrerer Sultane des 16. Jahrhunderts, gelang es, das Vorbild zu überwinden. Der ungeheuer produktive Architekt variierte die Idee einer runden Kuppel auf vieleckigem Grundriß und schuf Meisterwerke wie die Moschee Süleymans des Prächtigen in Istanbul oder die Moschee Selims I. in Edirne.

In der als literarische Gattung vorherrschenden Lyrik wandten osmanische Dichter das arabische Versmaß *Aruz* an. Aufgrund der komplizierten Metrik kurzer und langer Silben waren sie damit auch auf die arabische und persische Sprache verwiesen, da das Türkische selbst keine langen Vokale aufweist. Als Meister der *Divan* genannten Gedichtsammlungen, die Goethe zu seinem *West-Östlichen Diwan* inspirieren sollten, traten Fuzuli (1495–1556), Baki (1526–1600), Nabi (1642–1712) und als letzter großer Meister Scheich Galip (1757–1799) hervor.

Ein Kleinod unter den Moscheen Istanbuls: die Moschee des Şehit Sokollu Mehmet Pascha. Sie besticht vor allem durch die relativ sparsam, dafür aber sehr bewußt eingesetzten Iznik-Fayencen mit ihren kunstvollen Schriftbändern. Foto: Christopher Kubaseck

Gleichzeitig entstand eine Palastkunst, deren Formenkanon sämtliche Gattungen auf einen einheitlichen Stil verpflichtete. So kann man die in abstrakte geometrische Muster verflochtenen Darstellungen von Tulpe, Nelke und Hyazinthe auf Miniaturen und Teppichen ebenso wiederfinden wie auf Keramikfliesen und dem Palastgeschirr.

Mit der Tulpenzeit – einer kurzen Periode kultureller Hochblüte, die in der Zeit der ersten großen Gebietsverluste einsetzte und mit dem Patrona-Halil-Aufstand 1730 ein jähes Ende fand – setzte auch die Übernahme europäischer Stilelemente ein. Ähnlich wie in Europa, wo beispielsweise die «Moschee» des Schwetzinger Parks lediglich als exotische Staffage dient oder die

Moschee in Potsdam als Verkleidung eines Pumpwerkes mit dem Schornstein als Minarett gestaltet ist, verwendeten die armenischen Hofarchitekten der Osmanen Bestandteile europäischer Architektur gelegentlich als zweckentfremdete, schmückende Zutaten. Dagegen sind «barocke» Elemente westlicher Architektur in den sogenannten Ufer-Moscheen Istanbuls, zum Beispiel der 1822–1826 entstandenen Nusretiye-Moschee, oder auch im wenig später entstandenen Beylerbeyi-Palast bereits in einen eigenen, harmonisch abgestimmten Formenbestand eingebunden.

Mit der Einfuhr industriell produzierter Massenwaren setzte um 1850 der Niedergang des osmanischen Kunsthandwerkes ein. Begleitet wurde er von einer Neuorientierung der Literatur an französischen Vorbildern und – nach der Gründung der Republik – von der bewußten Einführung europäischer Architektur, etwa der Bauhausarchitektur in der dreißiger und vierziger Jahren, sowie später der nordamerikanischen Architektur.

Bildende Kunst: Stiefkind auf dem Weg zur Mündigkeit?

Das Abbilden der Realität im Ausschnitt eines Gemäldes – das ist auch die Kunst, das Unendliche in einen festen Rahmen zu bannen. Dieser muß notgedrungen über sich hinausweisen, sei es durch die Perspektive, die eine Landschaft in der Ferne dahinschwinden läßt, sei es durch die Andeutung von Mustern, die sich jenseits des Rahmens fortsetzen würden. Dies hat die islamische Kunst zum Königsweg gewählt: das abstrakte Muster, das sich ins Unendliche fortsetzen würde – wäre da nicht die Bordüre des Teppichs, der Rand der von geometrischen Formen überzogenen Zimmerdecke, die Ecke des fayencenüberzogenen Gebäudes, die dem Muster der Fliesen Einhalt gebieten. Der Betrachter denkt sich das Muster weiter. Und so setzt sich, mag man interpretieren, das Ideal individueller und gesellschaftlicher Harmonie symbolisch im Jenseitigen fort; eine von Gott wohlgeordnete Welt, die Aussicht auf unendlichen Fortbestand im Paradies bietet.

Ausnahmen gelten für den Bereich des geschriebenen Wortes, zumal des von Gott verkündeten. Dieses hat als Satz Anfang und Ende, hat eine festgelegte Bedeutung und findet seine individuelle Ausprägung im Schriftzug des Kalligraphen – nicht nur auf dem Papier, sondern auch weithin sichtbar als Schmuck religiöser Gebäude. Auch die unbeseelte Natur – Pflanzen und Blumen vor allem – kann dargestellt werden, droht doch in ihrem Falle weder die Hybris, es dem Schöpfergott durch eigene Schöpfung beseelter Lebewesen gleichtun zu wollen, noch der Vorwurf, man schaffe sich Götzen, die man an seiner Stelle anbeten könnte. Werden Menschen dargestellt, so wie in den Miniaturen zur Ausschmückung von Büchern mit weltlichen Texten, dann erscheinen sie geflissentlich entindividualisiert. So tragen die persischen Helden und legendären Liebespaare in osmanischen Miniaturen traditionell mittelasiatische Züge, Schlitzaugen beispielsweise, und einheitliche Gesichtszüge, die sie ununterscheidbar machen.

Nachwirkungen dieser Grundhaltung osmanischer bildender Kunst sorgen bis heute für einen bemerkenswerten Unterschied in der türkischen Einstellung zu Gemälden auf der einen und Statuen auf anderen Seite. Sie zieht sich durch die Geschichte der türkischen Republik und wirkt noch heute fort: So entspann sich noch im Februar 2004 eine erregte Diskussion um die geplante Aufstellung einer Statue des pergamenischen Königs Attalos II., dem Gründer der nach ihm benannten Stadt Antalya: Warum wolle die Stadt einem dekadenten Homosexuellen ein Denkmal setzen, so fragten die Vertreter von 20 aufgebrachten örtlichen Vereinen – und verspürten merkwürdigerweise kein Unbehagen über den Namen der Stadt, wie der Bürgermeister ihnen entgegenhielt. Es kann auch kein Zufall sein, daß sich der Zorn islamistischer Aktivisten während der neunziger Jahre häufig gegen die allgegenwärtigen Statuen des Republikgründers Atatürk richtete – wohingegen keine Übergriffe gegen seine noch verbreiteteren Porträts bekannt geworden sind. Der Umgang mit Gemälden und Fotografien ist in der Türkei zwanglos. Deshalb konnte sich die Malerei weitaus früher aus der Rolle eines behüteten Pfleglings des Staates befreien als die Bildhauerei. War der Staat, der im Zuge seiner kulturellen Reformmaßnahmen seit Beginn der dreißiger Jahre Maler zum Studium nach Paris schickte und ausländische Lehrer wie L. Levy an die Akademie der Schönen Künste in Istanbul berief, über lange Jahre nahezu der einzige Abnehmer der Gemälde, so änderte sich dies bereits 1950 durch die Gründung der Galerie Maya in Istanbul. Auch aufgrund des Erfolges der abstrakten Malerin Aliye Berger, die 1954 den ersten Preis des internationalen Kunstkritikervereines AICA gewann, entstanden weitere Galerien. Vor allem in den siebziger und achtziger Jahren dienten diese zunehmend als Geldanlage des entstehenden Großbürgertums. Dies befreite die künstlerische Produktion auch von den Fesseln gemeinsamer Programme, wie sie unter den Gruppen akademischer Herkunft wie «d Grubu» (Protagonisten: Nurullah Berk und Abidin Dino) und «Yeniler» (vor allem Mümtaz Yener und Avni Arbaş) vorherrschten. Unter den nun offeneren und auch wirtschaftlich etwas günstigeren Bedingungen konnten sich bedeutende Maler wie Bedri Rahmi Eyüpoğlu und Orhan Peker nun freier ihren individuellen künstlerischen Anliegen widmen.

In der extrem politisierten Zeit der späten siebziger Jahre kam es im Rahmen des Achten Film- und Kunstfestivals in Antalya zu Übergriffen gegen die Werke fortschrittlich gesinnter Künstler, denen die Stadtverwaltung die Möglichkeit geboten hatte, Wandbilder zu erstellen. So ließ der Provinzgouverneur ein Gemälde Cihat Arals entfernen, das er für «thematisch ungeeignet» hielt. Es folgten Übergriffe rechtsgerichteter Gruppen, die die Gemälde zerstörten. Nach dem Putsch von 1980 verlor die Malerei ihre politische Bedeutung, ist aber seit Beginn der neunziger Jahre durch die Biennale Istanbul deutlich stärker in die internationale Kunstszene eingebunden.

Wenn es weiterhin einen Bereich der bildenden Kunst gibt, der die Rolle als Stiefkind des Islam weiterspielt, dann ist das die Bildhauerei. Hier ist der Hauptabnehmer der Produktion – wohl auch aufgrund der hohen Kosten für den Metallguß im Falle «klassischer» Statuen – weiterhin der Staat, und die einfallslose, oft auch wenig sorgfältige Ausarbeitung öffentlicher Statuen deutet darauf hin, daß in diesem Bereich wenig Wettbewerb und noch weniger künstlerische Begeisterung herrscht. Bildhauer wie Kuzgun Acar, der abstrakte und phantastische Objekte mit höchster Ausdruckskraft und unter kreativer Verwendung einer Vielzahl hauptsächlich metallener Materialien geschaffen hat, und eine Reihe noch wenig bekannter junger Künstler, die mit verschiedenen Formen der Installation experimentieren, bilden die Ausnahme.

Mit Sicherheit ist die öffentliche Wirkung bildhauerischer Werke ein Grund für die mangelnde Akzeptanz einer Kunstform, die auch auf die Kreativität ihrer Produzenten rückzuwirken scheint. Kaum ein Jahr vergeht, in dem nicht eine Statue über die nationale Presse zum landesweit diskutierten Skandal hochgespielt wird, der sich meist am Vorwurf «sexueller Freizügigkeit» in der Darstellung entzündet. Andererseits ließ im März 2000 zum Beispiel eine sonst eher unberufene Person wie General Doğu Silahçıoğlu eine 1981 in Samsun zum hundertsten Geburtstag von Atatürk geschaffene Statue, die seinerzeit als «pornographisch» angesehen und in ein Depot abtransportiert worden war, wieder an Ort und Stelle aufstellen. Den Befehl zum Abriß des Kunstwerkes hatte einst Putschgeneral Kenan Evren gegeben.

Der Film: zwischen Zensur und Freiheit

Abdülhamid II., absolutistischer Herrscher der Osmanen zur Zeit des Fin de Siècle, wird in der republikanischen Türkei gerne ausschließlich als reaktionärer, grausamer Despot dargestellt. Dabei übersieht die offizielle Geschichtsschreibung geflissentlich, daß gerade dieser widersprüchliche Sultan eine ganze Reihe fortschrittlicher Neuerungen einführte, die die Gründung der Republik überhaupt erst ermöglichten. Ohne die Telegraphenleitungen und das Schienennetz Anatoliens beispielsweise hätte der türkische Befreiungskrieg – der von in der Zeit Abdülhamids II. ausgebildeten Offizieren geführt wurde – wohl kaum gewonnen werden können. Der mit Begeisterung tischlernde Monarch – Möbel aus seiner Hand sind noch heute im Palast von Beylerbeyi zu besichtigen – hatte vielfältige Interessen. So war er ein Fan des

Sherlock Holmes-Erfinders Sir Arthur Conan Doyle, dessen Romane er ins Türkische übersetzen ließ. Und auch die erste Filmvorführung des Landes fand in seinem Palast statt: Dort durfte der französische Abenteurer Bertrand einen Streifen aus Paris vorspielen.

Reformen und Modernisierung zur Sicherung der staatlichen Kontinuität – unter diesem Motto drehte das Zentrale Militärische Lichtspielamt der Türkei nach dem Beginn des Ersten Weltkrieges auch die ersten türkischen Dokumentar- und Propagandafilme. An der Unterordnung unter staatliche Ziele sollte der türkische Film noch lange leiden. Der erste Spielfilm *Die Hochzeit des reichen Himmet* wurde dem Publikum nach dem Krieg von Militärregisseur Fuat Uzkınay präsentiert.

In der Zeit zwischen den beiden Weltkriegen stand der türkische Film ganz im Zeichen des Theaters. Muhsin Ertruğrul, Gründer des Stadttheaters Istanbul, spielte zwischen 1922 und 1939 gleichzeitig auch die Rolle des einzigen kommerziellen Kinoregisseurs des Landes. Dementsprechend blieben die Filme dieser Periode den Mitteln des Theaters verhaftet. Thematisch dominierten der Befreiungskrieg, Romanverfilmungen türkischer Autoren und Melodramen, obwohl Nazım Hikmet, bekanntester Dichter und zugleich einer der führenden Kommunisten des Landes, als Drehbuchautor auch Elemente des russischen realistischen Kinos einführte.

Trotz seiner künstlerischen Schwächen konnte sich das Filmtheater bis Ende der dreißiger Jahre zu einem Massenmedium entwickeln: Bereits 1939 lockten 130 Kinos jährlich 12 Millionen Besucher an. Die sechziger Jahre schließlich sollten einen regelrechten Kino-Boom erleben. Mit 229 Filmen erreichte die Türkei 1966 Platz vier in der Weltproduktion nach Japan, Indien und Hongkong. Doch Quantität bürgte nicht für Qualität: Sujet, Handlung und Szenen wurden schlicht und einfach von ausländischen Filmen abgekupfert, Schauspieler arbeiteten rund um die Uhr und standen an einem Tag gleich für mehrere Filme vor der Kamera. Gezeigt wurde der gigantische Ausstoß an billigen Rührstücken – oft mit regelmäßigen Gesangseinlagen populärer Stars aus der Musikbranche, die nun auch Kinohelden spielen durften – nicht nur in Kinosälen, sondern vor allem auf dem Lande auch in den beliebten «Sommerkinos»: einfachen Höfen, ausgestattet mit Klappstühlen, einer Leinwand und dem Vorführgerät. Die Vorführung startete nach Einbruch der Dunkelheit, wobei die Bewohner umliegender Wohnungen mit hochgelegenen Balkons in den Genuß von Freiplätzen kamen. Erst Anfang der achtziger Jahre sollten diese liebenswerten Freiluftkinos der Konkurrenz des Fernsehens zum Opfer fallen.

Künstlerisches Versagen bei gleichzeitigem wirtschaftlichen Erfolg – dieser Widerspruch ist nicht den Filmschaffenden und auch kaum dem Geschmack des Publikums zuzuschreiben. Seit nunmehr Jahrzehnten ziehen Filmfestivals in Istanbul und Ankara mit einem anspruchsvollen Programm ausländischer Filme Scharen begeisterter Kinoliebhaber in die Lichtspielhäuser. Verantwortlich ist vielmehr die staatliche Filmzensur, die von 1939 bis 1986 Drehbüchern einen ganzen Katalog von inhaltlichen Beschränkungen auferlegte: Verboten waren zum Beispiel der Verstoß gegen den allgemeinen Anstand und die Sitte, die Verletzung des militärischen Ehrgefühles, die Schädigung der Sicherheit und Ordnung im Lande sowie antitürkische Propaganda. Mit solchen und einer Vielzahl weiterer Bestimmungen konnte so gut wie jedes mißliebige Drehbuch abgelehnt werden. Die Aufführung des fertigen Filmes mußte schließlich noch einmal genehmigt werden, ebenso eine Vorführung im Ausland. 1964 zum Beispiel untersagte die Regierung Metin Erksans Film «Ein Sommer ohne Wasser» (*Susuz Yaz*) die Teilnahme am Berliner Filmfestival mit der Begründung, er «stelle das ländliche Leben in der Türkei in grotesk übersteigerter Weise dar». In seinem ersten Streifen «Dunkle Welt: Das Leben des Aşık Veysel» (*Karanlık Dünya: Asık Veysel'in Hayatı*) hatte der sozialkritische Regisseur auf Anordnung der Zensurbehörden bereits Szenen amerikanischer Erntemaschinen einfügen müssen, da die ärmlichen Weizenhalme der Originalaufnahmen im anatolischen Hochland Anstoß erregt hatten.

Daß engagierte Regisseure wie Yılmaz Güney, bekannt vor allem durch den Film «Yol – der Weg» und Erden Kıral, dessen

«Eine Saison in Hakkari» (*Hakkari'de bir Mevsim*) weltweit Aufsehen erregte, trotz dieser Hindernisse sozialkritische und gleichzeitig künstlerisch anspruchsvolle Filme drehen konnten, muß man unter diesen Bedingungen schon fast ein Wunder nennen. Yılmaz Güney mußte sein Engagement mit erheblichen Repressalien bezahlen. So brachte ihm die von den türkischen Behörden nicht genehmigte Aufführung seines Filmes «Die Hoffnung» (*Umut*) beim Filmfestival in Cannes 1971 eine mehrjährige Gefängnisstrafe ein.

Die freie Atmosphäre nach der Aufhebung der Filmzensur im Jahre 1986 hat denn auch sehr schnell deutlich werden lassen, welche Talente die restriktive Zensurbehörde bis dahin erfolgreich unterdrückt hatte. Nach einer Reihe sozialkritischer und oft im Rückgriff auf Brechtsche Verfremdungstechnik gedrehter Filme des Regisseurs Atıf Yılmaz, der immer wieder die gesellschaftliche Unterdrückung der Frau zum Thema machte, nahmen sich Mitte der neunziger Jahre Regisseure wie Yavuz Tuğrul, Mustafa Altıoklar und Ferhan Özpetek anderer mutiger Themen an. Yavuz Tuğrul versetzte 1996 in seinem Kassenerfolg «Der Räuber» (*Eşkıya*) die Person eines klassischen Räubers der ostanatolischen Berge in die pittoreske Dachlandschaft des Istanbuler Stadtteils Beyoğlu und verwob ihr Schicksal mit dem Leben jugendlicher Kleinkrimineller der Großstadt. Mustafa Altıoklar, der 1997 den Roman «Cholera-Blues» (*Ağır Roman*) verfilmte, zeichnete überzeugend den Mikrokosmos des innerstädtischen Istanbuler Armenviertels Tarlabaşı mit seinen griechischen, armenischen und Roma-Minderheiten. Dabei legte er Wert auf eine anteilnehmende Darstellung der Halbwelt aus Kleingangstern, Taschendieben, Prostituierten und Zuhältern mit dem dazugehörigen Ehrenkanon. Ferhan Özpetek erforschte 1997 in *Hamam*, einem türkisch-italienischen Setting, in dem es um ein verfallenes türkisches Bad geht, Stadien homosexueller Selbstvergewisserung.

Nuri Bilge Ceylan schließlich konnte nach seinen sensiblen Filmen «Landstädtchen» (*Kasaba*, 1997) sowie «Beklemmender Mai» (*Mayıs Sıkıntısı*, 1999), über das Leben einfacher Menschen in der Provinz mit «Entfernt» (*Uzak*) 2003 den Großen Preis der

Jury in Cannes gewinnen. Er bekam die Auszeichnung für die eindringliche Darstellung der Entfremdung zwischen Yusuf, dem großstädtischen, individualistischen Intellektuellen, und seinem aus dem Heimatdorf angereisten, arbeitssuchenden Cousin Mahmut. Liberalisierte Zensurvorschriften und die inzwischen gut eingespielte Finanzierung durch die europäische Filmförderung «Euroimages» werden mit Sicherheit weitere anspruchsvolle Filme ermöglichen, die, so ist zu hoffen, auch über die Grenzen des Landes hinaus Beachtung finden.

Lebendige Volksmusik, spritziger Pop

Der Begriff Volksmusik löst in Deutschland und der Türkei höchst unterschiedliche Reaktionen aus. Hier assoziiert man mit ihm häufig die Vereinnahmung durch Nationalsozialisten und später reaktionäre Vertriebenenverbände, konservative Haltung, Rückständigkeit und Deutschtümelei. In der Türkei dagegen hat man eine ungebrochene, positive Haltung zur Volksmusik, und für viele steht sie gar symbolisch für eine fortschrittliche, betont linke Einstellung. Andererseits verbinden viele Türken die traditionelle Kunstmusik mit dem osmanischen Regime und sehen sie als rückständig an. Ein Grund dafür mag die heute fast unverständliche Sprache dieser Gattung sein.

Die Stars der Volksmusik singen meist in den gut verständlichen ländlichen Dialekten ihrer jeweiligen Region und erreichen ihr Publikum deshalb auch durch den Inhalt ihrer Lieder. Diese handeln nicht nur von Liebesschmerz, Trennung und Leid, sondern seit jeher auch von Alltagsproblemen, ungerechten Machtverhältnissen und gesellschaftlicher Unterdrückung: eine Tradition, die zurückreicht in Zeiten, in der sich nomadisierende Stämme und Bewohner der ländlichen Peripherie der Zentralregierung durch Aufstände widersetzten. Zeilen wie «Dem Padischah seine Erlasse, die Berge sind unser!» (*Ferman Padişahın, dağlar bizimdir*) oder «Mögen die Richter und Muftis ihre Fetwas ausstellen/Hier ist der Strang, hier mein Hals/Hier ist das Schwert, hier mein

Kopf/Soll abtrünnig werden, wer will, ich bleibe dem Weg nur treu» (*Kadılar müftüler fetva yazarsa/İşte kement, işte boynum asarsa/İşte hançer, işte başım keserse/Dönen dönsün, ben dönmezsem yolumdan*) richten sich gegen die Zwangsansiedlung der Nomaden und den religiösen Anpassungsdruck auf die alewitische Bevölkerung. In der Volksliteratur wurde der Protest von Dichtern wie Pir Sultan Abdal und Karacaoğlan bis in die heutige Zeit überliefert und lebendig gehalten. Erst 1973 verstarb mit Aşık Veysel der letzte bedeutende Volksdichter, der die Tradition der zur Langshalslaute *saz* gesungenen Vierzeiler weitergeführt hatte.

In den siebziger Jahren jedoch wurde diese Musik von linken Intellektuellen wiederaufgegriffen und zum Instrument gegen die Unterdrückung sozialistischer Bewegungen gemacht. Wie der herausragende Zülfü Livaneli, der wegen seiner künstlerischen Tätigkeit für Jahre ins schwedische Exil gehen mußte, ergänzten Rockgruppen (zum Beispiel die Band Moğollar) ihre Vorlagen aus der Volksliteratur um Vertonungen oppositioneller Dichter, zu denen neben Nazım Hikmet der erst durch Zülfü Livaneli erneut populär gemachte Sabahattin Ali gehörte. Auch Muhlis Akarsu, ein Dichter der jüngeren Generation, wurde vertont. Er fiel 1993 in Sivas dem Brandanschlag gegen alewitische Künstler zum Opfer. Heute führen Musiker wie der Saz-Virtuose Arif Sağ und Musa Eroğlu diese Tradition fort. Chansonniers und Rockstars, zum Beispiel die liebevoll «Spatz» genannte Sezen Aksu und die bereits verstorbenen Cem Karaca, Fikret Kızılok und Barış Manço, genehmigen sich gelegentlich Anleihen, überzeugen aber weitaus mehr durch ihre eigenen Kompositionen.

Sprachlich deutlich getrennt, doch ebenso fest verwurzelt in dieser Art der protestorientierten Volksmusik stehen kurdische Sänger. Der auch in Deutschland bekannte Şivan Perwer, Dengbej Haco und der virtuose Musiker und Sänger Nizamettin Arıç greifen neben eigenen Kompositionen häufig auf das Vorbild der kurdischen Dengbej-Sänger zurück, die in eigenem, unverwechselbaren Gesangstil in epischer Breite vom Schicksal ihres unterdrückten Volkes erzählen. Nizamettin Arıç bereichert dabei seine Lieder seit einiger Zeit mit persischen und aserbaidschanischen

Elementen und hat mit seinen «Kurdish Ballads» einen ganz eigenen, unverwechselbaren Stil geschaffen.

Noch weitere Aufmerksamkeit als die weltanschaulich relativ festverortete Volksmusik fand die sogenannte Arabesk-Musik. Entstanden im städtischen Umfeld, nimmt sie sich der sozialen und wirtschaftlichen Probleme der städtischen Neubürger in einer sentimentalen bis nihilistischen Weise an, die in dem fast schon als programmatisch empfundenen Titel «Soll diese Welt doch untergehen!» *(Batsm bu dünya!)* von Orhan Gencebay gipfelt. Gencebay ist neben Ferdi Tayfur, Müslüm Gürses und seit einigen Jahren auch Mahsun Kırmızıgül einer der führenden Vertreter dieser Richtung, die Popelemente, arabische Rhythmen und musikalische Phrasen der osmanischen Kunstmusik verbindet. Der vor allem bei Intellektuellen verpönten arabesken Musik hat auch ein jahrzehntelanges Auftrittsverbot im staatlichen Fernsehen den Erfolg nicht verwehren können. Auf billigen Kassetten verbreitet, erreichten die Titel Millionenauflagen.

Nach einem begeisternden Aufbruch in den dreißiger Jahren, als der junge türkische Staat fünf begabte Komponisten zum Studium ins Ausland schickte, von denen Adnan Saygun und Cemal Reşit Rey später auch mit respektablen Werken aufwarteten, erschöpft sich heute der klassische Musikbetrieb – wie wohl überall – in der Wiederholung des allgemein bekannten Repertoires. Immerhin hat die Türkei mit Fazıl Say und dem Zwillingspaar Süher und Güher Pekinel Pianovirtuosen von Weltrang hervorbringen können. Überdies ziehen die Freiluftaufführungen bekannter Opern im wunderbar erhaltenen römischen Amphitheater von Aspendos bei Antalya seit Jahren nicht nur Touristen aus aller Welt, sondern auch türkische Liebhaber klassischer Musik in Scharen an.

Spätestens seit Tarkan und noch mehr seit dem langersehnten Grand-Prix-Erfolg Sertap Ereners mit dem Titel «Everything That I Can» konnte der türkische Pop seine Talente auch auf internationaler Ebene unter Beweis stellen. Dabei dürften ausgefeilte Arrangements und ein wesentlich verbesserter Sound, der (etwa im Fall von Sertap Erener) durch das finanzielle Engagement internationaler Konzerne wie Sony ermöglicht wurde, den Ausschlag gegeben haben. Denn um intelligente Texte und mitreißende Kompositionen waren auch Pop- und Rockmusiker wie Özlem Tekin und Haluk Levent sowie Gruppen wie Athena und MFÖ nie verlegen gewesen – ein schwerer Nachteil ist jedoch auf internationaler Ebene die türkische Sprache.

Perspektiven der Literatur

Als das literarische Mittel schlechthin zum Ausdruck von Gefühlen, Eindrücken und Beobachtungen galt in osmanischer Zeit das Gedicht. Dessen Vorherrschaft im emotionalen Bereich verwies die Prosa auf praktischere Felder: Geschichtsschreibung und Reiseschriftstellerei. Einer der produktivsten Vertreter dieses Genres war der Polyhistor Kâtip Çelebi, auch bekannt unter dem Namen Hacı Halfa. Er zog für seine Studien erstmals in der Geschichte der osmanischen Literatur auch französische und lateinische Quellen hinzu und nahm damit bereits Mitte des 17. Jahrhunderts die 200 Jahre später einsetzende Westorientierung vorweg. Evliyâ Çelebi, der berühmte türkische Globetrotter, ebenfalls zu Beginn des 17. Jahrhunderts geboren, beschrieb in 10 Bänden seine Beobachtungen und Erfahrungen. Seine Schilderungen beziehen fast das gesamte Territorium des Osmanischen Reiches in seinen ehemaligen Grenzen ein, von den osteuropäischen bis zu den arabischen Provinzen. Wenn gelegentlich auch Abstriche am Wahrheitsgehalt gemacht werden müssen, sind sie alles in allem jedoch eine unterhaltsame und nützliche Geschichtsquelle.

Nach belletristischer Prosa indessen sucht man vor Einsetzen der osmanischen Reformzeit vergebens. Doch nachdem osmanische Intellektuelle in Paris mit europäischer Literatur vertraut geworden waren – 1927 hatte Mahmud II. erstmals eine Reihe von Studenten zur Ausbildung nach Frankreich geschickt –, brachen sich Romane westlicher Prägung machtvoll Bahn: Mit den 200 Bänden des Vielschreibers Ahmed Mithad (1844–1912) etwa, oder İbrahim Şinasi (1826–1871), der sich vor allem der europäischen Dramenliteratur angenommen hatte. Namık Kemal (1840–1888) setzte sich in seinen Dramen nicht nur für den osmanischen Patriotismus, sondern in der Tradition der Französischen Revolution auch für soziale Fragen wie das Schicksal der Sklaven und die Emanzipation der Frau ein.

Beflügelt wurden eigenständige, künstlerisch und inhaltlich freiere Leistungen durch den Befreiungskampf und die Begeisterung über die Gründung der türkischen Republik. Die im Befreiungskrieg engagierte überzeugte Vertreterin der Frauenemanzipation Halide Edip Adıvar (1884–1964) etwa brachte vielbeachtete Werke hervor, die zunächst der nationalistischen Strömung nahestanden. Doch ebenso wie der Meister psychologischer Studien Yakup Kadri Karaosmanoğlu (1889–1974) hinterfragte auch sie bald die mangelnde Umsetzung der republikanischen Ideale und mußte schließlich dafür ins Exil gehen. Yakup Kadri Karaosmanoğlu griff in seinem vielbeachteten Roman «Der Fremde» (*Yaban*) die kulturelle Kluft zwischen einer aufgeklärt-reformerischen Elite und der zu «Herren der Nation» erklärten, dem neuen Regime gegenüber aber im besten Falle mißtrauischen Landbevölkerung auf.

Das städtische Umfeld brachte Autoren wie Reşat Nuri Güntekin (1889–1956), Hüseyin Rahmi Gürpınar (1864–1964) und Ahmet Hamdi Tanpınar (1901–1960) hervor, die sich in ihren Romanen aktueller Themen, zum Beispiel der Rolle der Frau in der neuen Republik, annahmen oder, wie Tanpınar, ideologische Auswüchse der geistigen Neuorientierung mit beißender Ironie geißelten. Mit Sait Faik Abasıyanık (1906–1956) und Sabahattin Ali (1907–1948) traten zwei bisher unübertroffene Meister der Kurzgeschichte auf die literarische Bühne. Die Welt einfacher Fischer, Kleinbürger und Arbeiter Istanbuls verwob Sait Faik mit eindringlichen Schilderungen der natürlichen Umgebung Istanbuls zu kurzen Ausschnitten aus dem Leben in der Bosporusstadt von hoher Eindringlichkeit. Der am deutschen Realismus und Naturalismus geschulte Sabahattin Ali dagegen – nach staatlich finanziertem Studium in Deutschland durch regierungskritische Äußerungen in Ungnade gefallen und zur Strafe als Lehrer im armen

Zentralanatolien eingesetzt – schilderte das Leben der Landbevölkerung in realistischen, prägnanten und pointierten Erzählungen. Er stand der Gruppe dezidiert kommunistischer Dichter und Schriftsteller um Nazım Hikmet (1902–1963) nahe, dem großen Erneuerer der türkischen Lyrik, in die er mit seinem Band «835 Zeilen» die freie, reimlose Zeile einführte. Später sollte Hikmet in einem atemberaubenden Wechselspiel traditionelle und moderne Lyrik zu einer poetischen Konzentration verbinden, deren humanitäres Anliegen weit über die engen Ziele kommunistischer Programme hinausging. Von dieser formalen Befreiung profitierten auch die Dichter der Bewegung «Garip». Ihr Protagonist Orhan Veli Kanık (1914–1950) beispielsweise konnte durch Sprachwitz, dichteste Reduktion des Sujets und Umgangssprachlichkeit ebenso wie durch Ironie und Humor schnell ein weites Publikum erreichen. Turgut Uyar (1927–1985) und Cemal Süreya (1931–1990), Vertreter der Bewegung «Zweite Neue», wandten sich später gegen die formelle wie inhaltliche Reduktion der Garip-Bewegung und öffneten das türkische Gedicht damit neuerlich einer weiter gefaßten individuellen Phantasie und Empfindsamkeit.

Ein 1950 unter dem Namen «Unser Dorf» (*Bizim Köy*) erschienener sensationeller Bestseller, dessen Autor Mahmut Makal (geb. 1933) das rückständige Leben in seinem Heimatdorf beschrieb, leitete die Periode der «Dorfliteratur» ein, die neben Fakir Baykurt (geb. 1929) auch einen der international bekanntesten türkischen Schriftsteller, Yaşar Kemal (geb. 1922), hervorbrachte. Letzterer wurde vor allem durch seinen Roman «Memed mein Falke» (*İnce Mehmet*) berühmt, in dem er das Leben eines armen Bauern beschreibt, der in Auflehnung gegen lokale Notabeln und den Staat «in die Berge geht» und zum Räuber à la Robin Hood wird.

Die späten siebziger und frühen achtziger Jahre dominierten insbesondere erfolgreiche Autorinnen wie Sevgi Soysal (1936–1976), Adalet Ağaoğlu (geb. 1929) und Tomris Uyar (1942–2003), die sich vor und nach dem Militärputsch sozialistisch engagierten. Nach seinem spektakulären Erstlingsroman «Cevdet Bey und seine Söhne» (*Cevdet Bey ve Oğulları*) setzte sich in den neunziger Jahren Orhan Pamuk (geb. 1952) als meistgelesener und gleichzeitig künstlerisch anspruchsvoller Autor durch. Pamuk wurde bisher in 14 Sprachen übersetzt und hat auch in Deutschland große Aufmerksamkeit gefunden. Mit ihm, dem Dichter und Dramatiker Murathan Mungan (geb. 1955), Ahmet Altan (geb. 1950) sowie seit längerem auch Nedim Gürsel (geb. 1951) hat sich die türkische Literatur noch weiter von dem Primat der Gesellschaftskritik und Politik über die Kunst befreien können, der sowohl in der Gründungsphase der Republik als auch in den Jahren bis 1980 Themen und oft auch formale Mittel bestimmt hatte. So trennt Orhan Pamuk sein politisches Engagement als beherzter Kritiker von Menschenrechtsverletzungen bewußt und sachlich von seiner Tätigkeit als Literat: «Bertolt Brecht hat einmal gesagt, daß Autoren, wenn sie nach ihren politischen Ansichten gefragt werden, nicht ihre Parteiausweise, sondern ihre Bücher vorzeigen sollten. Ich mache das gerade anders herum. Wenn man mich nach meinen politischen Einstellungen fragt, verweise ich nicht auf meine Bücher, sondern auf das, was ich auf politischem Gebiet unternehme.» Die postmoderne Emanzipation der Literatur von der Politik, so beweist es auch der Erfolg Pamuks, hat der türkischen Literatur gut getan.

Zeittafel

600 000 v. Chr	Erste Werkzeugfunde bei Dursunlu/Konya.
11 000–7000 v. Chr.	Entstehung erster Dorfgemeinschaften in Anatolien, Beginn des Neolithikums.
6500 v. Chr.	«Keramisches Neolithikum» beginnt, Besiedelung von Çatal Höyük bei Konya.
5000 v. Chr.	In Mesopotamien setzt die Obeyd-Kultur ein.
4900 v. Chr.	Werkzeugfunde in der Siedlung Yumruktepe bei Mersin. Die Werkzeuge bestehen aus Kupfer, das aus Erzen ausgeschmolzen wurde.
2920 v. Chr.	Älteste Siedlung in Troja entsteht.
1950 v. Chr.	Die Hethiter fallen in Anatolien ein.
1750 v. Chr.	Aufbau einer hethitischen Zentralverwaltung.
1180 v. Chr.	Zerstörung der hethitischen Hauptstadt Hattuša, Beginn des «Dunklen Zeitalters», das durch die zweite indoeuropäische Wanderung ausgelöst wird.
um 1000 v. Chr.	Griechen besiedeln die Küsten Westanatoliens.
um 700 v. Chr.	Phrygerkönig Midas schickt Weihegeschenke an das Orakel von Delphi, die anatolischen Reiche beginnen, sich an Griechenland zu orientieren.
696 v. Chr.	Die Kimmerer erobern die lykische Hauptstadt Sardes.
um 650 v. Chr.	Kolonisierung des Schwarzmeergebiets.
546 v. Chr.	Tod des Lyderkönigs Kroisos, Ionien wird von den Persern erobert.
479 v. Chr.	In der Schlacht bei Plataia gewinnen die ionischen Stadtstaaten ihre Unabhängigkeit zurück.
334 v. Chr.	Alexander der Große bricht zu seinem Feldzug gegen die Perser auf.
282 v. Chr.	Philetairos wird Herrscher von Pergamon.
279 v. Chr.	Die Kelten kommen nach Kleinasien.
159 v. Chr.	Attalos II., König von Pergamon, gründet Antalya.
133 v. Chr.	Attalos III. stirbt und vermacht das Königreich Pergamon den Römern.

um 100 v. Chr.	Gründung des Reiches von Kommagene.
ab 45 n. Chr.	Apostel Paulus reist nach Anatolien.
60	Paulus reist nach Rom, wo Anklage gegen ihn erhoben wird.
330	Konstantinopel wird neue Hauptstadt des Römischen Reiches.
391	Das Christentum wird Reichsreligion.
395	Teilung des Römischen Reiches.
476	Untergang des Weströmischen Reiches.
537	Die Hagia Sophia wird fertiggestellt.
726–843	Ikonoklasmus (Bilderstreit) in Byzanz.
1054	Schisma, Entstehung der katholischen und der orthodoxen Kirche.
1071	Schlacht bei Malazgirt (Mantzikert), türkische Landnahme in Anatolien.
1077	Reich der anatolischen Seldschuken wird begründet.
1204	Eroberung Konstantinopels durch die «Lateiner».
1243	Niederlage der Seldschuken gegen die Mongolen, ihr Reich zerfällt in kleine Fürstentümer.
1261	Rückeroberung Konstantinopels durch die Byzantiner von Nikaia.
1281–1326	Osman I. begründet das Osmanische Reich.
1326	Bursa wird erste Hauptstadt der Osmanen.
1354	Osmanen gewinnen nördlich des Marmarameers erste Besitztümer in Europa.
1362	Edirne wird zweite Hauptstadt der Osmanen.
1389	Sieg über die Serben auf dem Amselfeld.
1402	Niederlage gegen Timur Lenk.
1453	Eroberung Istanbuls durch Mehmed II. Fatih.
1461	Mehmed II. gründet das Armenische Patriarchat in Istanbul.
1492	Bayezid II. nimmt sephardische Juden aus Spanien auf.
1514	Selim I. besiegt die Safawiden bei Çaldıran, Feldzug gegen die Alewiten in Anatolien.
1520–1566	Glanzzeit des Osmanischen Reiches unter Süleyman dem Prächtigen.
1529	Erste Belagerung Wiens.
1571	Eroberung Zyperns, das zu Venedig gehörte.
1683	Zweite Belagerung Wiens.

1699	Friede von Karlowitz, Verlust von Ungarn und Teilen des Balkans.
1718	Friede von Passarowitz, Verlust Belgrads.
1774	Friede von Küçük Kaynarca, die Krim fällt an die Russen.
1821–1829	Griechischer Freiheitskrieg, Griechenland wird unabhängig.
1826	Mahmud II. vernichtet die Janitscharen.
1832	Mehmed Ali von Ägypten schlägt die Osmanen bei Konya.
1838	England erzwingt den ersten Freihandelsvertrag (Kapitulation).
1839	Mehmed Ali schlägt die Osmanen bei Nizip. Erlaß des «Großherrlichen Handschreibens» *(Hatt-ı Şerif)* von Gülhane, mit der die Reformzeit *(tanzimat)* einsetzt.
1843	Aufhebung der Todesstrafe beim Abfall vom Islam.
1853–1856	Krimkrieg.
1856	Die Osmanische Bank wird gegründet.
1859	Das «Kaiserliche Handschreiben» *(Hatt-ı Hümayun)* setzt die Reformen fort, Nichtmuslime werden vor Gerichten und in der Besteuerung gleichgestellt, Putschversuch der Ulema und Jungosmanen.
1861	Autonomer Verwaltungsbezirk im Libanongebirge entsteht.
1862	Aufstände in Armenien.
1863	Osmanische Bank wird Reichs- und Notenbank.
1866	Aufstand auf Kreta.
1867	Aufstand in Bulgarien.
1875	Erster osmanischer Staatsbankrott.
1876	Beginn der Herrschaft Abdülhamids II., erste konstitutionelle Monarchie, Aufstände auf dem Balkan.
1877	Auflösung des ersten osmanisches Parlaments.
1878	Kongreß von Berlin, England wird Schutzmacht der Armenier und übernimmt die «Verwaltung» Zyperns.
1881	Geburtsjahr Atatürks, zweiter osmanischer Staatsbankrott, europäische Schuldenverwaltung.
1888	Konzession der Anatolischen Eisenbahn an das Deutsche Reich.

1889	Gründung des Geheimbundes *İttihâd ve Terrâkî* (Einheit und Fortschritt).
1894–1896	Niederschlagung des Armenieraufstandes durch kurdische Regimenter.
1898	Orient-Reise Kaiser Wilhelms II.
1902	Kongreß der Jungtürken in Paris.
1903	Konzession der Bagdad-Bahn an das Deutsche Reich.
1908	Der Geheimbund «Einheit und Fortschritt» gelangt an die Regierung, Abdülhamid II. setzt das Parlament neu ein und die Verfassung von 1876 wieder in Kraft.
1909	Abdankung Abdülhamids II.
1911–1912	Libyen und die Dodekanes fallen an Italien.
1912	Ausrufung des Kriegsrechts.
1912–1913	Balkankriege, Südmakedonien und Westthrakien gehen verloren.
1913	Parteienverbot.
1915–1916	Armenische Katastrophe: Hunderttausende sterben bei der «Umsiedlung» in die syrische Wüste.
31. 10. 1918	Waffenstillstand mit der Entente in Mudros.
Mai 1919	Griechische Truppen landen in Izmir.
19. 5. 1919	Mustafa Kemal landet in Samsun.
23. 6. 1919	Kongreß von Erzurum.
4. 9. 1919	Kongreß von Sivas, Verabschiedung des «Nationalpakts».
23. 4. 1920	Bildung des Nationalen Parlaments in Ankara.
3. 5. 1920	Mustafa Kemal wird Chef der Nationalregierung.
19. 8. 1920	Nach dem Vertrag von Sèvres bleibt nur ein türkischer Rumpfstaat zurück, Istanbul steht unter Entente-Verwaltung.
März 1921	Sieg gegen die Griechen am Fluß Sakarya.
15. 9. 1922	Griechen räumen Izmir, Brand der Stadt.
November 1922	Abschaffung des Sultanats.
24. 7. 1923	Im Vertrag von Lausanne wird die Türkei in den heutigen Grenzen (ohne Provinz Hatay) anerkannt, Vertrag zum Bevölkerungsaustausch mit Griechenland.
13. 10. 1923	Ankara wird neue Hauptstadt.
29. 10. 1923	Ausrufung der Republik, Mustafa Kemal wird Präsident, İsmet İnönü Ministerpräsident, der Islam wird Staatsreligion.

3.3.1924	Abschaffung des Kalifats, Aufbau des nationalen Bildungssystems, das Ministerium für religiöses Recht und religiöse Gerichtshöfe werden abgeschafft.
20.4.1924	Annahme der Verfassung.
17.11.1924	Gründung der Republikanischen Fortschrittspartei.
12.10.1924	Türkische Truppen bleiben im Nordirak bei der Eroberung Mossuls erfolglos.
1925	Verbot der Republikanischen Fortschrittspartei, generelles Parteienverbot, Schließung der muslimischen Ordenskonvente.
11.2.1925	Aufstand des kurdischen Nakşibendiye-Scheichs Said.
4.3.1925	Das «Gesetz zur Sicherung der öffentlichen Ruhe» wird verabschiedet.
25.11.1925	Verabschiedung vom «Hutgesetz», das den Fez verbietet und das Tragen europäischer Hüte vorschreibt.
26.12.1925	Einführung des internationalen Kalenders.
5.6.1926	Mossul und Kirkuk fallen an den Irak.
1.7.1926	Reform des Strafrechts nach italienischem, des Zivilrechts nach schweizerischem Vorbild.
1.9.1926	Einführung der Zivilehe, Sperrung des öffentlichen Dienstes für Nichtmuslime (bis 1956).
10.4.1928	Abschaffung des Islam als Staatsreligion.
1.11.1928	Einführung des lateinischen Alphabets.
12.8.1930	Gründung der Freien Republikanischen Partei.
17.11.1930	Auflösung der Freien Republikanischen Partei.
22.1.1932	Verbot des arabischen Gebetsrufs.
18.7.1932	Die Türkei tritt dem Völkerbund bei.
31.5.1933	Beschluß der Hochschulreform.
1934	Erster Fünfjahresplan wird verabschiedet.
9.2.1934	Balkanpakt mit Griechenland, Rumänien und Jugoslawien.
21.6.1934	Gesetzesbeschluß zur Einführung der Nachnamen.
13.7.1934	Umsiedlungsgesetz zur Assimilation kurdischer Stämme und Einwanderer aus dem Balkan.
24.11.1934	Mustafa Kemal erhält den Nachnamen «Atatürk».
3.12.1934	Das Tragen religiöser Gewänder wird verboten.
5.12.1934	Frauen erhalten allgemeines aktives und passives Wahlrecht.
1936	Provinzvorsitzende der Einheitspartei werden zu Gouverneuren, Griechenland dehnt seine Hoheitsge-

	wässer auf 6 Meilen aus. Beginn der schleichenden Enteignung nichtmuslimischer Gemeinden.
1937	Prinzipien der CHP werden in die Verfassung integriert.
28.6.1938	Verbot der Gründung von Vereinen, die auf religiöser, ethnischer, klassenmäßiger oder verwandtschaftlicher Zugehörigkeit beruhen.
10.11.1938	Tod Atatürks.
26.6.1939	Beitritt Alexandrettes (Hatay), kurdisch besiedelte Gebiete werden militärisch kontrolliert.
9.10.1941	Lieferung von Chrom an Deutschland, Hunderttausende Juden flüchten über die Türkei nach Palästina.
1942	Einführung der Sondereinkommenssteuer zur Schädigung nichtmuslimischer Bürger.
28.2.1945	Kriegserklärung an Deutschland und Japan.
7.6.1945	UdSSR fordert die «Rückgabe» von Kars und Ardahan und eine gemeinsame Verteidigung der türkischen Meerengen.
7.1.1946	Gründung der Demokratischen Partei.
Juli 1946	CHP zieht Neuwahlen vor.
4.7.1948	Türkisch-Amerikanisches Wirtschaftsabkommen, erste US-Rüstungshilfe.
13.7.1948	Die Türkei wird Mitglied des OECD.
15.2.1949	Religionsunterricht wird Wahlfach an den Schulen.
24.3.1949	Anerkennung Israels.
12.12.1949	Die Türkei wird Mitglied im Europarat.
1950	Wahlsieg der DP, Bildung der Regierung Menderes, Gebetsruf erfolgt wieder auf Arabisch.
25.7.1950	Militäreinsatz in Korea, 96 Prozent der Zypern-Griechen sind für den Anschluß an Griechenland.
18.2.1952	Die Türkei tritt der NATO bei.
14.12.1953	Die Regierung der DP enteignet die CHP.
14.5.1954	Erneuter Wahlsieg der DP.
1955	In London findet Zypernkonferenz statt, Abschluß des Bagdadpakts.
6./7.9.1955	Organisierte Ausschreitungen gegen religiöse Minderheiten in Istanbul.
1957	Wahlsieg der DP.
1959	Der EWG-Ministerrat nimmt die Anträge der Türkei und Griechenlands auf Assoziierung an.

1960	In Istanbul und Ankara wird der Ausnahmezustand verhängt.
27. 5. 1960	Militärputsche unter Cemal Gürsel.
16. 8. 1960	Zypern wird unabhängig.
29. 9. 1960	Verbot der DP.
1961	Gründung der Militärunterstützungskasse OYAK, Hinrichtung von Adnan Menderes, Wahlsieg der CHP, Koalitionsregierung İnönü wird gebildet. Annahme der neuen Verfassung, das Amt für Wirtschaftsplanung wird geschaffen. Türkische Gastarbeiter kommen in die BRD.
1962	Die Türkei wird assoziiertes Mitglied der EWG.
1964	In der Zweiten Londoner Zypernkonferenz wird die Regierung zum Militäreinsatz auf Zypern ermächtigt.
4. 4. 1964	Auf Zypern erklärt Makarios die Londoner Verträge für nichtig.
5. 6. 1964	Brief L. B. Johnsons verhindert einen türkischen Militäreinsatz auf Zypern, Zehntausende griechische Staatsbürger werden aus Istanbul ausgewiesen.
1965	Wahlsieg der AP, Bildung der Regierung Süleyman Demirel.
1970	Das Zusatzprotokoll zum Assoziierungsvertrag sieht die spätere Vollmitgliedschaft der Türkei vor.
12. 3. 1971	Memorandum des Generalstabs, die Regierung Demirel dankt ab, das Technokratenkabinett wird gebildet, das orthodoxe Priesterseminar zwangsgeschlossen.
1972	Bülent Ecevit wird Parteivorsitzender der CHP.
1973	(Relativer) Wahlsieg der CHP.
25. 1. 1974	Ecevit bildet eine Koalitionsregierung mit Erbakans islamistischer MSP.
April 1974	Parlamentswahlen, Bildung der Koalitionsregierung Demirel
15. 7. 1974	Putsch gegen Makarios auf Zypern.
20. 7. 1974	Türkischer Militäreingriff auf Zypern.
14. 8. 1974	Scheitern der Genfer Verhandlungen, Ausweitung der Besetzung Zyperns, Grenzstreit in der Ägäis, Griechenland und die Türkei stehen am Rande des Krieges.

1975	Stopp amerikanischer Militärhilfe, Bildung eines Türkisch-Föderalen Staats auf Zypern.
1977	300 politische Morde, Parlamentswahl, Demirel wird zum Ministerpräsidenten gewählt.
1978	104 Tote bei anti-alewitischen Ausschreitungen, 1000 politische Morde in einem Jahr.
1979	1300 politische Morde.
12.9.1980	Militärputsch unter Kenan Evren.
1981	Auflösung aller Parteien.
1982	Annahme der neuen Verfassung, Kenan Evren wird Staatspräsident.
1983	Verbot des Kurdischen in den Medien, Gründung neuer Parteien, an der Wahl nehmen auch AnaP, HP und MDP teil, die AnaP siegt unter Turgut Özal, in der Interimsperiode erfolgt die Gründung der Türkischen Republik Nordzypern.
1984	Beginn des PKK-Terrors, Aussetzung der Vollstreckung von Todesurteilen.
1986	Gründung des Menschenrechtsvereins (İHD).
1987	Alte Parteiführer Ecevit, Demirel, Erbakan und Türkeş erlangen durch Volksabstimmung das Recht auf politische Betätigung zurück, die Türkei stellt Antrag auf Vollmitgliedschaft in der EU.
1988	Massenflucht irakischer Kurden in die Türkei.
1989	Die EU vertagt die Entscheidung über die Vollmitgliedschaft.
1991	Zweite Massenflucht irakischer Kurden in die Türkei, fünf ehemalige Sowjetrepubliken türkischer Sprache werden unabhängig.
1992	Ministerpräsident Demirel erkennt eine «kurdische Realität» der Türkei an.
1993	Koalition von DYP und SHP unter Tansu Çiller, Anschlag auf alewitische Künstler in einem Hotel in Sivas mit 36 Toten, Verbot der pro-kurdischen Partei HEP, die EU verabschiedet die Kriterien von Kopenhagen.
1994	Bei den Kommunalwahlen wird die RP stärkste Partei, Istanbul und Ankara erhalten pro-islamische Bürgermeister, im Südosten steht die PKK auf dem Höhepunkt ihrer militärischen Macht, Verbot der

	prokurdischen Parteien DKP und DEP (Verhaftung Leyla Zanas und anderer Parlamentarier).
1995	Auch bei den Parlamentswahlen wird die RP stärkste Partei, Bildung der Koalition von AnaP und DYP, Griechenland kündigt die Ausdehnung der Hoheitsgewässer auf 12 Meilen an.
1996	Koalitionsregierung Erbakan und Çiller, Abschluß der Zollunion mit der EU.
1997	Militärabkommen mit Israel, EU-Gipfel in Luxemburg lehnt die Kandidatur der Türkei ab.
28.2.1997	Juni 1997 «Sanfte Intervention» des Militärs erzwingt in der Folge den Rücktritt Erbakans.
1998	Verbot der RP, Kriegsdrohung gegen Syrien, Öcalan in Moskau und Rom.
1999	Verurteilung R. T. Erdoğans wegen «Volksverhetzung», Wahlsieg von Ecevits DSP, Verbot der prokurdischen HaDeP. Der Türkei wird auf dem EU-Gipfel in Helsinki der Kandidatenstatus gewährt.
16.2.1999	Festnahme Öcalans in Kenia.
2001	Verfassungsänderungen erfolgen, der Begriff der «verbotenen Sprache» wird abgeschafft und die Todesstrafe auf Terrorvergehen und auf Kriegszeiten eingeschränkt. Eine allgemeine Liberalisierung setzt ein, der Ausnahmezustand wird vollständig aufgehoben, die Folter wird weiter bekämpft.
2002	Spatenstich für die Pipeline Tiflis-Baku-Ceyhan. Prinzipielle Zulassung von Kurdischkursen, vollkommene Abschaffung der Todesstrafe, Wahlsieg von Erdoğans AKP, Bildung der Regierung Abdullah Gül, der EU-Gipfel in Kopenhagen nennt kein Datum für die Aufnahme von Beitrittsverhandlungen, UN-Generalsekretär Kofi Annan präsentiert Zypernplan.
Juni 2003	Das Recht auf freie Meinungsäußerung wird ausgeweitet.
Juli 2003	Bedingungen für die Zulassung von Kurdischkursen werden liberalisiert, Verbot der pro-kurdischen Partei DeHaP. Das Siebte Reformpaket zur EU-Anpassung schränkt die Rolle des Militärs in der Politik entscheidend ein, Einführung des Rechtsanspruchs auf

	Neuverhandlung von Strafverfahren, die von dem Europäischen Gerichtshof für Menschenrechte moniert wurden.
November 2003	Bombenanschläge auf Synagogen, das englische Konsulat und eine englische Bank in Istanbul.
Dezember 2003	Wahl in Nordzypern mit knappem Sieg der Opposition.
19. 2. 2004	Aufnahme direkter Gespräche beider Volksgruppen auf Zypern.
Juni 2004	Freilassung Leyla Zanas und dreier weiterer pro-kurdischer Parlamentarier.

Abkürzungen von Organisationen und Institutionen

AKDTYK   *Atatürk Kültür, Dil Tarih Yüksek Kurumu*: Hohe Atatürk-Gesellschaft für Kultur, Sprache und Geschichte

AKP   *Adalet ve Kalkınma Partisi*: Gerechtigkeits- und Entwicklungspartei

AnaP   *Anavatan Partisi*: Mutterlandspartei

AP   *Adalet Partisi*: Gerechtigkeitspartei

ASALA   *Armenian Secret Army for the Liberation of Armenia*: Armenische Geheimarmee zur Befreiung Armeniens

Bağ-Kur   *Esnaf ve Sanatkârlar ve Diğer Bağımsız Çalışanlar Sosyal Sigortalar Kurumu*: Sozialversicherungsanstalt für Gewerbetreibende, Handwerker und andere Freiberufliche

Çaykur   *Çay Kurumu*: Teeanstalt

CEM   *Cumhuriyet Eğitim Vakfı*: Republikanische Erziehungsstiftung, offizieller Name einer bedeutenden alewitischen Kulturstiftung

CHP   *Cumhuriyet Halk Partisi*: Republikanische Volkspartei

CTP   *Cumhuriyet Terraki Partisi*: Republikanische Fortschrittspartei

DeHaP   *Demokrat Halk Partisi*: Demokratische Volkspartei

DEP   *Demokrat Emekçi Partisi*: Partei der Demokratischen Werktätigen

DKP   *Demokrat Kitle Partisi*: Partei der Demokratischen Massen

DP   *Demokrat Partisi*: Demokratische Partei

DSİ   *Devlet Su İdaresi*: Staatliche Wasserverwaltung

DSP   *Demokrat Sol Partisi*: Demokratische Linkspartei

DYP   *Doğru Yol Partisi*: Partei des Rechten Weges

FP   *Fazilet Partisi*: Tugendpartei

GAP   *Güneydoğu Anadolu Projesi*: Südostanatolien-Projekt, Staudamm- und Bewässerungsprojekt

HaDeP   *Halkın Demokrasi Partisi*: Volksdemokratische Partei

Hak-Par   *Hak ve Özgürlükler Partisi*: Freiheits- und Demokratie-Partei

HEP	*Halkın Emek Partisi:* Partei des Werktätigen Volkes
İHD	*İnsan Hakları Derneği:* Menschenrechtsverein
KADEK	*Kongra Azadi u Demokrasiya Kurdistan:* Kongreß Freiheit und Demokratie Kurdistan
KDY	*Kurdistan Devrimci Yol:* Revolutionärer Weg Kurdistans
KKTC	*Kuzey Kıbrıs Türk Cumhuriyeti:* Türkische Republik Nordzypern (TRNZ)
Kongra-Gel	Volkskongreß
Mazlum-Der	*Mazlumların Haklarını Koruma Derneği:* Verein zum Schutz der Rechte von Unterdrückten (muslimisch orientierter Menschenrechtsverein)
MHP	*Milliyetçi Hareket Partisi:* Nationale Aktionspartei
MNP	*Milli Nizam Partisi:* Nationale Ordnungspartei
MSP	*Milli Selamet Partisi:* Nationale Heilspartei
MTA	*Maden Tetik ve Arama Enstitüsü:* Institut zur Suche und Erforschung von Bodenschätzen
MÜSİAD	*Müstakil Sanayicileri ve İş Adamları Derneği:* Unabhängiger Industriellen- und Unternehmerverband
OYAK	*Ordu Yardımlaşma Kurumu:* Militärische Unterstützungskasse
PKK	*Partîya Karkêren Kurdistan:* Arbeiterpartei Kurdistans
RP	*Refah Partisi:* Wohlfahrtspartei
SCP	*Serbest Cumhuriyet Partisi:* Freie Republikanische Partei
SHP	*Sosyaldemokrat Halk Partisi:* Sozialdemokratische Volkspartei
SSK	*Sosyal Sigortalar Kurumu:* Sozialversicherungsanstalt
TİHV	*Türk İnsan Hakları Vakfı:* Türkische Menschenrechtsstiftung
TİP	*Türk İşçi Partisi:* Türkische Arbeiterpartei
TMO	*Toprak Mahsulleri Ofisi:* Amt für Landwirtschaftsprodukte
Türk-İş	*Türkiye İşçi Sendikaları Konföderasyonu:* Konföderation der Türkischen Gewerkschaften
TÜSİAD	*Türk Sanayicileri ve İş Adamları Derneği:* Türkischer Industriellen- und Unternehmerverband

Anmerkungen

1 Vgl. D. Jung/W. Piccoli: Turkey at the crossroads, London 1998 und E. J. Zürcher: The rise and fall of modern Turkey, London 1993.

2 Vgl. B. Lewis: The emergence of modern Turkey, London 1961, S. 175–209.

3 Vgl. L. A. Nussenbaum (Essad Bey): Allah ist groß – Niedergang und Aufstieg der islamischen Welt, München 2002, S. 69 f.

4 Vgl. E. J. Zürcher: Turkey, a modern history, London 1993, S. 87.

5 Zürcher 1993, S. 120 und S. Yerasimos: 1915 olaylarını Türk yazmalı, Radikal, 8. 9. 2002, S. 8.

6 H. Berktay: 1915'i yeniden düşünmek, Radikal, 27. 4. 2004, S. 8 und S. Yerasimos: 1915 olaylarını Türk yazmalı, Radikal, 8. 9. 2002.

7 S. Yerasimos: 1915 olaylarını Türk yazmalı, Radikal, 8. 9. 2002.

8 Zürcher 1993, S. 171.

9 Vgl. Jung/Piccoli 1998, S. 66.

10 M. Tunçay: Der Laizismus in der türkischen Republik, in: J. Blaschke/M. v. Bruinessen (Hg.): Religion und Politik in der Türkei, Berlin (West) 1985, S. 55 f.

11 Vgl. M. Turhan: Siyasal elitler, Ankara 1991, S. 107.

12 Vgl. Tunçay 1985, S. 70.

13 Vgl. Tunçay 1985, S. 75.

14 Am Ende der Einparteienperiode liegt die Beschulungsrate erst bei 45 Prozent, vgl. Tunçay 1985, S. 89.

15 E. Werner/W. Markov: Geschichte der Türken, Berlin (Ost) 1979, S. 272 und Faruk Şen: Türkei, München 1996, S. 48.

16 G. Göncü: Kore savaşı, August 2002, S. 105 und S. 108.

17 Vgl. N. Kara-İncioğlu: Türkiye'de çok partili sisteme geçiş ve demokrasi sorunları, in: E. Kalaycıoğlu/A. Y. Sarıbay (Hg.): Türkiye'de politik değişim, Istanbul 2000, S. 268.

18 Vgl. M. Tunçay: Cumhuriyet'in dönüm noktaları, in: Cumhuriyet'in 80. Yılı, Istanbul 2003, S. 6.

19 So Erol Anar, führendes Mitglied des Menschenrechtsvereins (İHD), vgl. G. Plagemann: Human Rights organizations, in: Yerasimos (Hg.): Civil society in the grip of nationalism, Würzburg 2000, S. 160.

20 Vgl. N. Göle: Authoritarian secularism and Islamist politics, in A. R. Norton (Hg.): Civil society in the Middle East, Leiden 1996, S. 15–43.

21 Vgl. M. Çelikkan: Kıbrıs ve işçi sınıfı, Tageszeitung Radikal, 22. 2. 2003, Nuray Mert: Taşıma usuluyla demokratikleşme, Radikal, 7. 2. 2003 und Kurslara büyük tepki, Radikal, 8. 12. 2003.

22 Vgl. N. Göle: Mühendisler ve ideoloji, Istanbul 1986, S. 66.

23 Vgl. G. Weiher: Die innenpolitische Rolle des Militärs, in K.-D. Grothusen (Hg.): Türkei, Göttingen 1985, S. 306.

24 Zum Anteil von Abgeordneten mit militärischem Hintergrund in den verschiedenen Parlamenten vgl. Turhan 1991, S. 109 und S. 166.

25 Vgl. Jung/Piccoli 1998, S. 85.

26 Vgl. Weiher 1985, S. 315.

27 Äußerung des ehemaligen Erziehungsministers Hasan Celal Güzel in Radikal, 22. 9. 2003.

28 Radikal, 27. 5. 2003.

29 «Gazanız mübarek olsun» zitiert nach Prof. Dr. Nur Vergin, Vortrag: Türkiye'de laiklik, Istanbul (Armada), 24. 10. 2003.

30 Vgl. Tavır, Mai/Juni 1986, S. 30, sowie İkibin'e doğru, 4. 1. 1987, S. 8 und 29. 3. 1987, S. 14.

31 Atatürk Kütür, Dil Tarih Yüksek Kurumu = Hohe Atatürk-Gesellschaft für Kultur, Sprache und Geschichte.

32 Vgl. B. Güvenç u. a.: Türk İslam sentezi, Istanbul 1991, S. 85.

33 Vgl. R. Çakır/F. Çalmuk: Recep Tayyip Erdoğan, Istanbul 2001, S. 50.

34 Vgl. Çakır/Çalmuk 2001, S. 53.

35 R. Çakır: Türkiye İslamcıları'nın politik krizi, Birikim 11/1992, S. 32.

36 Vgl. Çakır/Çalmuk 2001, S. 63.

37 Vgl. Interview mit Arife Avcu, Tageszeitung Milliyet, 21. 11. 1994, S. 17.

38 Vgl. zu den Zahlen und Siedlungsgebieten H. Kramer: Die Türkei, die Kurden und die PKK, Berlin 2002, außerdem CIA World Factbook 2003 und M. H. Yavuz: A preamble to the Kurdish Question, Journal of Muslim Minority Affairs, April 1998, S. 9.

39 H. von Moltke: Unter dem Halbmond. Erlebnisse in der alten Türkei (1835–1839).

40 Vgl. K. Öke: Musul ve Kürdistan sorunu, Ankara 1992, S. 77.

41 Vgl. K. Kirişçi/G. M. Winrow: Kürt Sorunu, Istanbul 1997, S. 84.

42 So der kurdische Politiker Şerafettin Elçi im Programm seiner sofort verbotenen «Partei der Demokratischen Massen» (DKP) vom 3. 1. 1997.

43 Vgl. Kirişçi/Winrow 1997, S. 117.

44 Vgl. A. R. Ghassemlou: Kurdistan and the Kurds, Prag 1965, vgl. außerdem Kirişçi/'Winrow 1997, S. 105.

45 Zit. nach S. Çağatay: Kemalist Dönemi'nde göç ve iskan politikaları, Toplum ve Bilim, 2002, S. 231.

46 Vgl. M. Yeğen: Yurttaşlık ve Türklük, Toplum ve Bilim, Istanbul 2002, S. 200–217.

47 Vgl. Kirişçi/Winrow 1997, S. 103.

48 Vgl. G. D. Tüfekçi: Atatürk'ün okuduğu kitaplar, Ankara 1983, S. 170 f.

49 Vgl. Kirişçi/Winrow 1997, S. 111.

50 Vgl. Kirişçi/Winrow 1997, S. 115 f.

51 K. Kuvvetleri Komutanlığı: Türkiye'de bölücü ve yıkıcı akımlar, Ankara 1982, S. 43.

52 Vgl. Kirişi/Winrow 1997, S. 153 f.

53 Vgl. Y. Benlisoy/E. Macar: Fener Patrikhanesi, Ankara 1996, S. 133.

54 So der in der Türkei und in Europa gleichermaßen angesehene Historiker Stefanos Yerasimos: 1915 Olayları'nı Türk yazmalı, Radikal, 8. 9. 2002, S. 8.

55 Vgl. H. Berktay: 1915'i yeniden düşünmek, Radikal 24. 4. 2004, S. 8.

56 Vgl. F. Gibbons, The Guardian, 17. 11. 2003.

57 So H. Kramer während einer Tagung der Heinrich-Böll-Stiftung in Berlin 2003.

58 Vgl. H. Kramer: Die Türkei und die Kopenhagener Kriterien, Berlin 2002.

59 EEC Information Memo No. 8667/X/62-E. Ankara, 12. 9. 1963.

60 H.-U. Wehler: Das Türkenproblem, Die Zeit, 12. 9. 2002.

61 Radikal, 7. 9. 2003.

62 Vgl. D. Jung/W. Piccoli: Turkey at the crossroads, London 2001, S. 154.

63 Vgl. Jung/Piccoli 2001, S. 189.

Literaturhinweise

Vorosmanisches Kleinasien

Akurgal, E.: Ancient civilizations and ruins of Turkey, Ankara 1985.

Bammer, A.: Ephesos. Stadt an Fluß und Meer, Graz 1988.

Brandau, B./Schickert, H.: Hethiter: Die unbekannte Weltmacht, München 2001.

Brandau, B.: Troia. Eine Stadt und ihr Mythos. Die neuesten Entdeckungen, Bergisch Gladbach 1997.

Bauer, W., u. a.: Götter, Heroen, Herrscher in Lykien, Wien, München 1990.

Dörner, F. K.: Der Thron der Götter auf dem Nemrud Dağ, Bergisch Gladbach 1987.

Elliger, W.: Ephesos. Geschichte einer antiken Weltstadt, Stuttgart u. a. 1985.

Erim, K. T.: Aphrodisias, Istanbul 2002.

Gruben, G.: Die Tempel der Griechen, München 1986.

Kunze, M.: The Pergamon Altar. Its rediscovery, history and reconstruction, Mainz 1995.

Maier, F. G. (Hg.): Die Verwandlung der Mittelmeerwelt, Frankfurt/M. 1982.

Radt, W.: Pergamon. Geschichte und Bauten, Funde und Erforschung einer antiken Metropole, Köln 1988.

Osmanisches Reich

Akçam, T.: Armenien und der Völkermord, Hamburg 1996.

Erdmann, K.: Die anatolische Karavansaray des 13. Jahrhunderts, Berlin 1961.

Eryılmaz, B.: Osmanlı devletinde millet sistemi, Istanbul 1992.

Fleischer, C. H.: Bureaucrat and intellectual in the Ottoman Empire, Princeton 1986.

Hansen, J./Philipp, T./Weber, S.: The empire in the city: Arab provincial capitals in the late Ottoman Empire, Würzburg 2002.

İnalcık, H.: The Ottoman Empire (1300–1600), London 1975.

Karpat, K.: An inquiry into the social foundations of nationalists in the Ottoman State, Princeton 1973.

Keskin, H.: Die Türkei. Vom Osmanischen Reich zum Nationalstaat, Berlin 1981.

Kreiser, K.: Der osmanische Staat 1300–1922, München 2001.

Kreiser, K./Neumann, Chr. K.: Kleine Geschichte der Türkei, Ditzingen 2003.

Matuz, J.: Das Osmanische Reich. Grundlinien seiner Geschichte, Darmstadt 1985.

Moltke, H. von: Unter dem Halbmond. Erlebnisse in der alten Türkei (1835–1839), Stuttgart 1984.

Ortaylı, İ.: Tanzimat'tan Cumhuriyet'e Yerel Yönetim Geleneği, Istanbul 1985.

Werner, E./Markov, W.: Geschichte der Türken, Berlin (Ost) 1979.

Tanzimat'tan Cumhuriyet'e Türkiye Ansiklopedisi (Zeitgeschichtliche Enzyklopädie), Istanbul.

Türkische Republik

Birand, M. A.: The generals' coup in Turkey, London 1987.

Blaschke, J./Bruinessen, M. v.: Islam und Politik in der Türkei, Berlin (West) 1984.

Conrad, C./Kocka, J. (Hg.): Staatsbürgerschaft in Europa, Hamburg 2001.

Ende, W./Steinbach U. (Hg.): Der Islam in der Gegenwart, München 1996.

Erzeren, Ö.: Septemberspuren. Türkei: Von Menschen, die der Folter widerstanden, Reinbek bei Hamburg 1990.

Erzeren, Ö.: Der lange Abschied von Atatürk, Berlin 1997.

Faist, T. (Hg.): Transstaatliche Räume, Politik, Wirtschaft und Kultur in und zwischen Deutschland und der Türkei, Bielefeld 2000.

Gülalp, H.: Kimlikler siyaseti: Türkiye'de siyasal İslam'ın temelleri, Istanbul 2003.

Gronau, D.: Mustafa Kemal Atatürk oder die Geburt der Republik, Frankfurt/M. 1995.

Grothusen, K. D.: Türkei, Göttingen 1985.

Heper, M.: The state tradition in Turkey, Walkington 1985.

İstanbul Barosu: Azınlık hakları, Istanbul 2002.

Jung, D./Piccoli, W.: Turkey at the crossroads, Ottoman legacies and a greater Middle East, London 2001.

Kazancıgil, A./Özbudun, E. (Hg.): Atatürk, founder of a modern state, London 1981.

Kramer, H.: A changing Turkey, Washington D. C. 2000.

Kreiser, K.: Kleines Türkei-Lexikon, München 1992.

Landau, J. M. (Hg.): Atatürk and the modernisation of Turkey, Boulder 1984.

Lewis, B.: The emergence of modern Turkey, London 1961.

Lewis, G.: The Turkish language reform. A catastrophic success, Oxford 1999.

Mardin, Ş.: Religion, society and modernity in Turkey, Syracuse 1999.

Meeker, E. M.: A nation of empire, Berkeley 2002.

Öncü, A./Weyland, P.: Space, culture and power. New identities in globalizing cities, London 1997.

Özdoğan, G. G./Tokay, G. (Hg.): Redefining the nation, state and citizen, Istanbul 2000.

Seufert, G.: Café Istanbul: Alltag, Religion und Politik in der modernen Türkei, München 1999.

Turhan, M.: Siyasal elitler, Ankara 1991.

Vorhoff, K.: Zwischen Glaube, Nation und neuer Gemeinschaft. Alewitische Identität in der Türkei der Gegenwart, Berlin 1995.

Wehlig, H.-G. (Hg.): Türkei: Politik, Gesellschaft, Wirtschaft, Opladen 2002.

Yerasimos, S./Seufert, G./Vorhoff, K. (Hg.): Civil society in the grip of nationalism: studies on political culture in contemporary Turkey, Würzburg 2000.

Zürcher, E. J.: The rise and fall of «modern» Turkey, London 1998.

Zürcher, E. J.: Turkey, a modern history, London 1993.

Islam

Başgil, A. F.: Din ve lâiklik, Istanbul 1985.

Bielefeld, H./Heitmeyer, W.: Politisierte Religion, Frankfurt/M. 1998.

Çakır, R./Çalmuk, F.: Recep Tayyip Erdoğan, Istanbul 2001.

Grog, G.: Formes nouvelles de l'islam en Turquie, Paris 1999.

Hamarlund, A./Olsson, T./Özdalga, E. (Hg.): Sufism, music and society in Turkey and the Middle East, Istanbul 2001.

Jung, C.: Islamische Fernsehsender in der Türkei, Berlin 2003.

Lemmen, T.: Islamische Organisationen in Deutschland, Bonn 2000.

Neuwirth, A./Pflitsch, A. (Hg.): Crisis and memory in Islamic societies, Würzburg 2001.

Nussenbaum, L. A. (Essad Bey): Allah ist groß: Niedergang und Aufstieg der islamischen Welt, München 2002.

Pusch, B. (Hg.): Die neue muslimische Frau, Würzburg 2001.

Schulze, R.: Geschichte der islamischen Welt im 20. Jahrhundert, München 1994.

Seufert, G./Waardenburg, J.: Türkischer Islam und Europa, Stuttgart 1999.

Seufert, G.: Neue pro-islamische Parteien in der Türkei, Berlin 2002.

Seufert, G.: Politischer Islam in der Türkei, Stuttgart 1997.

Tapper, R. (Hg.): Islam in modern Turkey, London 1991.

Thumann, M. (Hg.): Der Islam und der Westen, Berlin 2003.

Troll, C. W. (nach Caspar, R.): Muslime fragen, Christen antworten, Kevelaer 2003.

White, J. B.: Islamist mobilization in Turkey, Seattle 2002.

Political Islam, secular Islam, International Journal of Middle East Studies, Special Issue, 2003.

Wirtschaft und Entwicklung

Adaman, F./Çarkoğlu, A./Şenatalar, B.: Household views on the causes of corruption in Turkey, Istanbul 2002.

Gümrükçü, H. (Hg.): Globalisierung: Herausforderungen und Chancen für die Türkei, Hamburg 2001.

Gümrükçü, H. (Hg.): Küreselleşme ve Türkiye, Istanbul 2003.

Hütteroth, W.-D.: Türkei. Länderkunde, Darmstadt 1982.

Kleff, H.-G.: Vom Bauern zum Industriearbeiter. Zur kollektiven Lebensgeschichte der Arbeitsmigranten aus der Türkei, Mainz, Ingelheim 1985.

Kündig-Steiner, W.: Die Türkei. Raum und Mensch, Kultur und Wirtschaft in Gegenwart und Vergangenheit, Tübingen, Basel 1977.

Schöning-Kalender, C.: Mobilität und Mobiliar. Binnenmigranten in Istanbul, Tübingen 1985.

Werle, R.: Modell Türkei, Hamburg 1983.

Centrum für angewandte Politikforschung: Internationale Transformationsprozesse, Ludwig-Maximilians-Universität, München 2004.

Kurden

Balcı, C.: Die türkische Schulsprachenpolitik und die Lage kurdischer Kinder in den Schulen, Bremen 1994.

Ghassemlou, A. R.: Kurdistan and the Kurds, Prag 1965.

Gstrein, H.: Volk ohne Anwalt: Die Kurdenfrage im Mittleren Osten, Fribourg 1974.

Kirişçi, K./Winrow, G. M.: The Kurdish question and Turkey, London 1997 (übersetzt als «Kürt Sorunu»), Istanbul 1997.

Kramer, H.: Die Türkei, die Kurden und die PKK, Berlin 1999.

Mater, N.: Mehmets Buch: Türkische Soldaten berichten über ihren Kampf gegen kurdische Guerillas, Frankfurt/M. 2001.

Öke, K.: Musul ve Kürt Sorunu, Ankara 1992.

Strohmeier, M./Yalçın-Heckmann, L.: Die Kurden, München 2003.

Strohmeier, M.: Crucial images in the presentation of a Kurdish national identity, Leiden 2003.

EU-Beziehungen

Gieler, W. (Hg.): Turkey at the crossroads, Münster 2002.

Keridis, D./Triantaphyllou, D. (Hg.): Greek-Turkish relations in the era of globalization, London 2002.

Kramer, H.: Die Türkei und die Kopenhagener Kriterien, Berlin 2002.

Kramer, H.: EU-kompatibel oder nicht? Zur Debatte um die Mitgliedschaft der Türkei in der Europäischen Union, Berlin 2003.

Turunç, G.: La Turquie aux marchés de l'Union européene, Paris 2001.

Kultur

Gallwitz, E.: Istanbul, Frankfurt/M. 1981.

Kaçan, M.: Cholera-Blues. Roman, Berlin 2003.

Kalter, J./Schönberger, I. (Hg.): Der lange Weg der Türken, Stuttgart 2003.

Kubaseck, C./Mozer, I.: Türkei. Die Westküste, Nürnberg 1993.

Kubaseck, C./Neumann, C. K.: Türkei, München 1998.

Kündig-Steiner, W. (Hg.): Die Türkei, Tübingen 1977.
Necatigil, B.: Edebiyatımızda İsimler Sözlüğü, Istanbul 1985.
Sauermost, H. J./Mülbe, W.-Chr. von der: Istanbuler Moscheen, München 1981.

Periodika

ArkeoAtlas, Jahreszeitschrift für Archäologie, Istanbul.
Atlas (monatliche Geographie-Zeitschrift), Istanbul.
Avrupa Günlüğü – Euro Agenda, (Muslimisch-Liberale Halbjahresschrift) Bände I–IV Berlin 2001, 2002, 2003.
Birikim (Sozialistische Monatsschrift), Istanbul.
Bulletin der Schweizerischen Gesellschaft Mittlerer Osten und Islamische Kulturen (halbjährlich), Bern.
Cogito (politische Quartalsschrift), Istanbul.
Commission of the European Communities: Accession Reports, Brussels.
Die Welt des Islams (vierteljährlich), Leiden.
Geographische Rundschau (vierteljährlich), Braunschweig.
Informationen zur politischen Bildung (Türkei: 4. Quartal 2002), Bundeszentrale für politische Bildung, Bonn.
Insight Turkey (politikwissenschaftliche Quartalsschrift), Istanbul.
International Journal for Middle East Studies, (vierteljährlich) Tucson (Arizona).
İslâmiyat (theologische Quartalsschrift), Ankara.
Istanbuler Almanach (Jahrbuch des Instituts der Deutschen Morgenländischen Gesellschaft), Istanbul.
Jahrbuch der Europäischen Integration, hg. von Weidenfeld, W. & Wessels, Berlin (West), zuletzt 2003.
Journal of Muslim Minority Affairs (Quartalsschrift), USA 1/1998.
Konrad-Adenauer-Stiftung, KAS-Auslandsinformationen (monatlich) Konrad-Adenauer-Stiftung, Bonn.
Körber-Stiftung, Tagungsbände des Deutsch-Türkischen Symposiums 1–9, Hamburg 1993–2002.
Mazlum-Der Bülten (zweimtl. Menschenrechtsinformation), Istanbul.
New Perspectives on Turkey, Soziologische Quartalsschrift, Istanbul.
Orient (vierteljährlich), Deutsches Orient-Institut, Hamburg.
Spirita (Quartalsschrift für Religionswissenschaft), Marburg.
Südosteuropa-Mitteilungen (vierteljährlich), Südosteuroa-Gesellschaft, München.
SWP-Studien/Informationen, Stiftung Wissenschaft und Politik, Berlin.

Tezkire (muslimische religionswissenschaftliche Zweimonatsschrift), An-kara.

The Muslim World (vierteljährlich), Hartford, Connecticut.

Toplum ve Bilim (Soziologische Quartalsschrift), Istanbul.

Turkish Policy Quarterly, Istanbul.

TÜSİAD raporları (Berichte des Türkischen Industriellen- und Unter-nehmerverbands, unregelmäßig), Istanbul.

Wiener Zeitschrift für die Kunde des Morgenlands (vierteljährlich), Wien.

Yeşil Atlas (Jahreszeitschrift für Naturschutz), Istanbul.

Zeitschrift für Türkeistudien (vierteljährlich), Essen.

Quellen im Internet

Innenministerium der Republik Türkei: www.icisleri.gov.tr
Staatliches Institut für Statistik DİE: www.die.gov.tr
Staatliches Planungsamt DPT: www.dpt.gov.tr
Wasserverwaltungsamt DSİ: www.dsi.gov.tr
WWF Turkey: www.wwf.org.tr
CIA World Fact Book – Internetseiten 2003

Personenregister

Bücher zum islamischen Orient

Werner Ende/Udo Steinbach (Hrsg.)
Der Islam in der Gegenwart
Unter redaktioneller Mitarbeit von Gundula Krüger.
4., neubearbeitete und erweiterte Auflage. 1996.
1016 Seiten mit 15 Abbildungen und 1 Karte. Leinen

Dietmar Herz
Palästina
Gaza und Westbank
Geschichte – Politik – Kultur
5., völlig überarbeitete und aktualisierte Auflage. 2003.
252 Seiten mit 9 Abbildungen und 13 Karten. Paperback
Beck'sche Reihe Band 1433

Guido Steinberg
Saudi-Arabien
Politik, Geschichte, Religion
2004. 208 Seiten. Paperback

Suraiya Faroqhi
Geschichte des Osmanischen Reiches
3., durchgesehene und aktualisierte Auflage. 2004.
127 Seiten mit 2 Karten. Paperback
Beck'sche Reihe Band 2021
C. H. Beck Wissen

Udo Steinbach
Geschichte der Türkei
3., durchgesehene und aktualisierte Auflage. 2003.
128 Seiten mit 2 Karten. Paperback
Beck'sche Reihe Band 2143
C. H. Beck Wissen

Verlag C. H. Beck München